U0934086

感谢“福建省高校特色新型智库：创新与知识产权研究中心”和“厦门大学‘双一流’学科建设”基金的支持

中外知识产权评论

Chinese and International Intellectual Property Review

2018年·总第4卷

主 编 林秀芹

厦门大学出版社 国家一级出版社
XIAMEN UNIVERSITY PRESS 全国百佳图书出版单位

图书在版编目(CIP)数据

中外知识产权评论. 2018年·总第4卷 / 林秀芹主编.—厦门：厦门大学出版社，2019.10
ISBN 978-7-5615-7422-5

Ⅰ.①中… Ⅱ.①林… Ⅲ.①知识产权－世界－文集 Ⅳ.①D913.04-53

中国版本图书馆CIP数据核字(2019)第167962号

出 版 人 郑文礼
责任编辑 李 宁
封面设计 蒋卓群
技术编辑 许克华

出版发行 厦门大学出版社
社 址 厦门市软件园二期望海路39号
邮政编码 361008
总 机 0592-2181111 0592-2181406(传真)
营销中心 0592-2184458 0592-2181365
网 址 http://www.xmupress.com
邮 箱 xmup@xmupress.com
印 刷 厦门兴立通印刷设计有限公司

开本 787 mm×1 092 mm 1/16
印张 11
插页 2
字数 263千字
版次 2019年10月第1版
印次 2019年10月第1次印刷
定价 63.00元

本书如有印装质量问题请直接寄承印厂调换

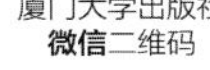

厦门大学出版社
微博二维码

目　录

◇会议综述

◇附录

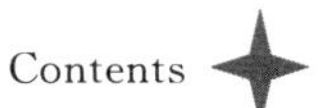

Contents

◇ Debate of Theory

◇ Thematic Focus

◇ Overseas Observation

◇ Intellectual Property Management

Academic New Voice

Meetings Summaries

Appendix

理论争鸣

商标的演变与商标权扩张的合理性及边界*

王太平**

摘　要:作为商标权客体,商标在很大程度上决定着商标权的法律性质和商标法的制度构造。商标不是一成不变的,而是经过了一个从不独立到独立再到异化的演变过程。随着商标的演变,商标权在客体范围和权利保护范围上均大大地扩张了。尽管商标权的扩张是商标演变的必然结果,具有其合理性,但这种扩张也助长了商标滥用,损害了自由竞争和言论自由。基于商标的现代演变,现代商标法必须既允许商标权合理扩张,同时也通过功能性原理、显著性条件、商标使用、过错、言论自由等对商标权进行限定,为商标权划定明确的边界。

关键词:商标的独立;商标的异化;商标权扩张;自由竞争;言论自由;商标权边界

The Evolvement of Trademark, the Rationalization of the Expansion of the Right of Trademark and the Border of the Trademark Protection

Wang Taiping

Abstract: As the subject matter of the rights of a trademark, a trademark largely determines the legal nature of the rights of a trademark and the structure of trademark law. A trademark is not static, but evolved from dependence to a trade name to an independent as itself to "a commodity" by dissimilation. With the evolvement of the trademark, the

* 本文获国家社科基金项目"商标符号利益分配视角下的商标法构造研究"(18BFX172)、广东外语外贸大学高层次人才项目"商标法专题研究"和"国际知识产权法治创新团队"项目资助,特此感谢!

** 王太平,广东外语外贸大学云山杰出学者,21世纪海上丝绸之路协同创新中心和华南国际知识产权研究院研究员。

rights of a trademark have expanded greatly in the subject matter and the scope of the right protection. Though the expansion of the rights of a trademark, which is the inevitable result of trademark evolution, is reasonable to a certain extent, the expansion is fueling the trademark abuse and harming the free competition and the freedom of expression. In view of the modern evolution of a trademark, the modern trademark law not only should allow the reasonable expansion of the rights of a trademark, but also limit it by functional doctrine, distinctiveness, trademark use, fault, and the freedom of expression to delimit a clear border for the rights of a trademark.

Key Words: the independent of a trademark; the dissimilation of a trademark; the expansion of the rights of trademark; free competition; freedom of speech; the border of trademark rights

一、引言

近几十年来,商标权日益扩张。在权利客体方面,商标法除保护传统可视性的平面文字和图形商标之外,渐渐地开始保护三维立体、颜色、声音、气味、触觉、味觉、全息图、动态标志等非传统商标和商业外观,商标权客体几乎已经无所不包。在权利保护范围方面,不仅传统的混淆已经扩张到包括售前混淆、售后混淆、反向混淆、关系混淆等多种非传统混淆中,驰名商标的跨类保护也使得商标权的效力突破了商标法传统的专有性原则而扩张到注册或使用的商品或服务类别之外,商标权的保护范围也空前扩大。

扩张后的商标权的边界日益不确定,带来了一系列问题。传统上,混淆可能性标准和专有性原则不仅将商标权限制于较为狭窄的范围之内,商标权的边界也是相对清楚的,因为混淆可能性和专有性原则较为清楚地确定并限制着商标权的边界。但因扩张而超出混淆可能性的范围和突破专有性原则之后,商标权究竟到何处为止却是不清楚的。美国商标法专家麦卡锡指出:"一旦人们离开混淆可能性测试的合理确定性而进入淡化的领域,就很难知道在哪里画[商标保护]这条线。判例只提供了微不足道的指导,而原告们仍在继续迫切要求越来越多的保护。"① 模糊的商标权边界不但导致商标敲诈,② 产生商标"总体财产权"(property in gross),③ 而且可能形成商标"符号圈地"④ 和"商标垄断"⑤,以致有学者写道:

---

① J. Thomas McCarthy, *McCarthy on Trademarks and Unfair Competition*, 5th ed., Thomson/West, 2017, pp.24-114.

② Port K L., Trademark Extortion: The End of Trademark Law. *Washington & Lee Law Review*, 2008, 65(2), pp.585-634.

③ Uli Widmaier, Use, Liability, and the Structure of Trademark Law, 33 *Hofstra L. Rev.* 603, 604(2004).

④ 李琛:《商标权救济与符号圈地》,载《河南社会科学》2006 年第 1 期。

⑤ Glynn S. Lunney, Jr., Trademark Monopolies, 48 *Emory L.J.* 367, 486(1999).

“除非我们谨慎小心，我们最终就会进入一个所有事物、所有思想和所有字词都被人所有的世界。”[①]“除非这种趋势被矫正，它可能会导致如我们所了解的商标法的死亡。”[②]鉴于商标权扩张导致的严重问题，大部分学者均主张用某种方法限制和清楚界定商标权，[③]少数学者则主张从不同的角度理解商标法，以扩张或者限制商标权。[④]

那么，究竟应该如何看待以及如何对待商标权的这种扩张？商标权的这种扩张究竟是对社会现实的正常反应还是商标法的变态发展？究竟应该默认商标权当前的这种扩张还是应该采取措施将商标权恢复到原有的混淆可能性和专有性原则的范围之内？本文认为，要回答这些问题就必须回到商标的市场现实中去。因为“商标法是市场的法律，它的社会价值在于和那个市场的现实一致性”[⑤]，只有“通过将商标法的目的符合现代经济现实，商标保护的恰当边界才能实现”[⑥]。本文认为，市场中商标的角色和功能的客观状况就是商标法所面临的最大的市场现实。因此，本文从商标的演变出发，分析评价商标权扩张的合理性与消极影响，并在此基础上通过一些制度建议确定商标保护的合理边界。

二、商标的发展演变

作为商标权的客体，商标“是支撑整个商标法律理论之树的躯干”之一，[⑦]商标的角色与

---

① Mark A. Lemley, The Modern Lanham Act and the Death of Common Sense, 108 *Yale L.J*. 1687, 1715(1999).

② Kenneth L. Port, Kenneth L. Port, Trademark Extortion: The End of Trademark Law, 165 *Wash & Lee L. Rev*. 585, 635(2008).

③ Robert C. Denicola, Trademarks as Speech: Constitutional Implications of the Emerging Rationales for the Protection of the Trade Symbols, 1982 *Wis. L. Rev*. 158(1982); Rochelle Cooper Dreyfuss, Expressive Genericity: Trademarks as Language in the Pepsi Generation, 65 Notre Dame L. Rev. 397 (1990); Graeme B. Dinwoodie, The Death of Ontology: A Teleological Approach to Trademark Law, 84 *Iowa L. Rev*. 611 (1999); Stacey L. Dogan & Mark A. Lemley, Trademark and Consumer Search Costs on the Internet, 41 *Hous. L. Rev*. 777 (2004); Uli Widmaier, supra note 3; Margreth Barrett, Internet Trademark Suits and the Demise of “Trademark Use”, 39 U.C. *Davis L. Rev*. 371 (2006); Mark P. McKenna, A Consumer Decision-Making Theory of Trademark Law, 98 *Va. L. Rev*. 67(2012).当然，许多学者同样认识到了商标法不同于以往的社会现实。Graeme B. Dinwoodie, Id, 751; Mark P. McKenna, The Normative Foundations of Trademark Law, 82 *Notre Dame L. Rev*. 1839, 1843(2007).

④ 比如，有学者用品牌理论研究商标法，认为：“商标的品牌理论允许人们能够发现一项主张中攸关的真正利益，然后决定是否扩张或者限制商标法的范围。”Deven R. Desai, From Trademarks to Brands, 64 *Fla. L. Rev*. 1044(2012).

⑤ Graeme B. Dinwoodie, The Death of Ontology: A Teleological Approach to Trademark Law, 84 *Iowa L. Rev*. 611, 751(1999).

⑥ Vincent Chiappetta, Trademarks: More than Meets the Eye, 2003 U. Ill. J.L. Tech. & Pol'y 35 (2003).

⑦ 刘春田:《商标与商标权辨析》，载《知识产权》1998 年第 1 期。刘春田先生所说的支撑商标法律理论的另一“躯干”是商标权。本文认为，在商标与商标权这两个概念中，商标是比商标权更为基础的概念。因为作为权利客体，商标不仅是“第二性”的商标法律中的概念，同时还是“第一性”的社会生活中的概念，是决定商标权的最终因素。

功能不但直接决定着商标权的性质、特点和权利范围，还影响着商标法的整体构造。同时，商标不是一成不变的，不但单个的商标有一个形成、发展、演变的过程，而且商标在整个社会中的角色和功能也处于不断的演变之中，深刻地影响着商标法的变迁过程。

(一)商标与商号不分阶段：商标的萌芽

在从遥远的古代到工业革命完成这个很长的历史时期里，商标虽已出现，但大部分商标并未完全从商号中独立出来，而是和商号一起发挥作用或者辅助商号而发挥作用，其最重要的证据是商标的物理来源功能和商标非财产性的法律属性。

在工业革命完成之前甚至完成之后相当一段时间之内，商标的功能主要是物理来源功能。在物理来源功能下，商标还不是财产，是不可转让的。在英国，工业革命完成于 19 世纪 40 年代，但此时商标尚不是财产，既不能转让，也不能许可使用。直到 19 世纪 60 年代，主张将商标确立为财产的提议才开始在英国兴起。1862 年，两位议员提交了一份商标法案，其将商标规定为财产并允许转让，但当时普遍的商标观念导致该法案未能通过。服装制造商约翰·狄龙的话代表了当时占统治地位的商标观念，他指出："在谢菲尔德使用某商标的产品制造商搬到伯明翰后，你们还会允许他继续使用该商标吗？不会。正是因为这个明显的原因，商标是一种表明特定事实的标记，即它代表在特定地域，由特定商人或企业生产的产品。如果改变产地或生产商，标记就被破坏了。我听说过有人想要出售其商标，但我立刻想到了战士准备卖掉其勋章。"① 在这种商标观念下，商标不是财产，商标的功能是识别商品的物理来源，即商品的生产商。在这种商标观念下，商标既是不可转让的，也是不能许可使用的。在美国，工业革命的完成时间迟于英国，物理来源理论一直支配着商标法理论直到 20 世纪 20 年代。此时，要受到保护，商标必须指示它所附贴的商品的物理的、"个人的"来源。② 没有销售者或者许可人的整个企业的转让，商标不能转让和许可。③ 总而言之，在工业革命之前，商标不是财产，而仅仅标志着商品的物理来源(企业)，不能与其物理来源相分离，不仅不能转让，也不能被许可使用。

工业革命之前，商标的不独立是由当时的简单商品经济条件决定的。在简单商品经济条件下，尽管已经形成了一定的社会分工，出现了经常性的商品交换，但生产的规模仍然比较小，市场比较狭小。消费者和生产者之间的经销链条还比较短，消费者主要是通过识别生产者本身(即商号)而不是商标来购物。这大概就是早期商标的来源功能中的来源是指物理来源的根本原因。同时，商标形成的前提条件之一是稳定的产品质量和较大的市场规模。而在简单商品经济条件下，生产是由各具个性的个别工匠手工进行的，生产的标准化程度较低，产品质量不稳定，市场规模较小，尚不存在商标形成的客观条件。有关材料显示，甚至直到战后，美国杂货店仍然以货物的方式提供其商品。燕麦、咖啡和咸饼干以不加包装的形式出售，顾客会随身带着一个袋子，而杂货店则用顾客想要数量的燕麦、面粉或者豆子装满它。花生黄油装在坛子里，零售时用铲子挖出来，放进自己的坛子或者另买的纸桶里。培根是厚

---

① 余俊：《商标法律进化论》，华中科技大学出版社 2011 年版，第 113 页。

② Barton Beebe, The Semiotic Analysis of Trademark Law, 51 *UCLA L. Rev.*621, 678(2004).

③ J. Thomas McCarthy, *McCarthy on Trademarks and Unfair Competition*, (5th Edition), Thomson/West, 2017, § 3:8.

板状的，订购时切一块。面粉放在大储藏箱里——杂货店会为你装一纸包面粉。干豌豆和豆子放在盒子里；泡菜放在巨大的坛子里，每次卖一个。[①] 商品是非标准化的，质量也是不稳定的。不仅如此，商标也是不必要的，消费者是从地方销售商那里购买商品，如果他们需要购买更多同样的商品或者投诉他们买到的商品，他们可以直接去找销售商。这个过程中并不需要商品以某种方式标记以向消费者指示这些商品的来源。[②] 总而言之，在工业革命之前，尽管形式上商标已经出现，但简单商品经济使得市场交易既不需要商标，也没有商标产生所必要的条件，商标只是已经萌芽而已，尚未从商号中独立出来。

(二)商标与商号的分立阶段：商标的独立

工业革命深刻改变了市场交易的环境，商标开始识别商品而不是商品的生产者，商标渐渐真正成为商品的标志，而不再是来源(厂商)的标志，或者说商标的来源已经从提供商品的商人变成了商品本身，商标从商号中独立出来而成为它自身。

商标独立的基本标志是商标财产观念的确立和匿名来源理论的产生。在最早完成工业革命的英国，19 世纪后半叶，随着工业革命的完成，商标渐渐被视为财产。在中世纪，普通法和衡平法对商标提供的保护都是通信基础的：普通法诉讼源自欺诈，要求证明欺诈的意图；衡平法体制则要求被告可能误导的错误陈述，也就是说均是一种通信行为。而随着工业革命的深入，至 19 世纪末期，商标渐渐被广泛承认为财产。[③] 在工业革命完成稍晚的美国，大规模消费、现代广告以及国家市场的形成使得严格来源理论再也站不住脚了，商标原理不能再假设大规模生产的品牌商品的消费者了解或者在意了解其所购买的品牌的真正来源，匿名来源理论应运而生。根据这种理论，为了符合保护条件，商标只需要指示一个单一的尽管可能是匿名的来源。在匿名来源理论下，商标被理解为发挥着质量保证的功能，并因此受到保护。[④] 商标的质量功能意味着商标不一定必须指示唯一的制造者或者商人来源，而是发挥着指示一致质量水平的功能。[⑤] 尽管质量保证功能并未替代来源功能，且和来源功能是“并列的”，[⑥]但它的产生具有非常重要的意义。因为“正是保证功能提供了品牌创造和促进的经济激励。通过确定和维持其产品的一致质量，制造者和包装者也能够设定一种一致和统一的价格。购买者则能够确定，在商标名称之下销售的燕麦、咖啡、巧克力或者肥皂每一天、每一袋和每一个商店都具有同样的质量。因为这种保证，消费者将情愿付钱，而制造

---

① Thomas D. Drescher, The Transformation and Evolution of Trademarks —From Signals to Symbols to Myth, 82 TMR 301, 321(1992).

② Laura A. Heymann, Naming, Identity, and Trademark Law, 86 *Ind. L.J*. 381, 387(2011).

③ Lionel Bently, From communication to thing: historical aspects of the conceptualisation of trade marks as property, in Trademark Lawand Theory: A Handbook of Contemporary Research (Eds. Graeme Dinwoodie and Mark D. Janis), Edward Elgar, Northampton, MA, USA, 2008, pp.4-5.

④ Barton Beebe, The Semiotic Analysis of Trademark Law, 51 *UCLA L. Rev*. 621, 679(2004).

⑤ J. Thomas McCarthy, *McCarthy on Trademarks and Unfair Competition*, (5th Edition), Thomson/West, 2017, § 3:10.

⑥ J. Thomas McCarthy, *McCarthy on Trademarks and Unfair Competition*, (5th Edition), Thomson/West, 2017, § 3:10.

商则能够收取额外费用"[①]。

商标财产观念的确立和匿名来源功能的产生使得商标既可以独立于营业而转让,也可以被许可使用。于是,商标正式从商号中独立出来,商标开始直接识别商品而不是商品的生产者,商标真正变成了商品的标志,而不再是生产者的标志,商标开始传递商品本身而不是生产者的信息,商标来源功能中的"来源"已经从商品的生产者蜕变为商品本身。

工业革命之所以能够导致商标的独立,是因为它从根本上改变了商品的生产、竞争和市场环境。从技术观点来看,工业革命的特点在于发明和使用那些能够加速生产和经常增加产量的方法,如纺织工业中的机械方法、冶金工业中的化学方法等,这些方法都在准备商品的材料或者决定商品的形式。从经济观点来看,工业革命的特点就是资本的集中和大企业的形成。[②] 在工业革命的新的技术和经济条件下,生产是大规模的、标准化的,市场是全国甚至全球性的。大规模标准化生产的质量远高于传统的工场手工业,产品质量的稳定性也更高,这为商标的形成提供了前提条件。可以说,工业革命使得产品的生产开始遵循生产技术规律而不依赖于工场手工业主的个人技艺,产品显现出更多的技术特征而不是技艺特征,也开始渐渐地和工场手工业主相分离,因此,识别商品的商标也渐渐从识别工厂手工业主的商号中独立出来。而全国甚至全球市场的形成则促进了竞争,产生了运用商标进行竞争的急迫需要。

(三)商标成为商品阶段:商标的异化

如果说工业革命的完成改变了生产和市场的基本结构的话,工业革命的深化则改变了人们的消费,促进了消费社会的形成。在消费社会到来之前,商标仅仅是商品的标志,商标和商品的关系是"红娘"和"莺莺"的关系,是"标"和"本"的关系,商标的功能是区别和指示,是"介绍人"或者联络人,重要的是商品而不是商标,只要"莺莺"漂亮,"红娘"的丑俊是无关紧要的。[③] 一旦完成识别和区别商品的任务,商标的使命就宣告完成。但在消费社会,商标已经不再仅仅是商品的标志,不再仅仅是"介绍人"或者联络人,商标本身已经变成了商品,即商标不但继续发挥"红娘"的作用,还摇身一变而成为"莺莺";不仅商品成为消费的对象,商标本身也成为消费的对象,甚至只有商标才是消费对象;商标已经不再仅仅是"标",而是渐渐演化成了"本",成为消费的最终目标。商标不但携带关于来源和实质产品特征的信息——耐久性、易用性、回收材料、关注细节的信息,而且携带同样有价值的感觉的、财务上"值得的"、环境意识的创新信息。"结果,商标已经成为一种提供强有力的交流经济市场外同样有价值的信息的方式。当用这种方式使用时,商标携带超出发出购买相关信息的信号而变成在其自身权利中的独特'产品'的方式。"[④]换言之,商标已经异化成消费的对象,成为"商品"本身。

---

① Thomas D. Drescher, The Transformation and Evolution of Trademarks —From Signals to Symbols to Myth, 82 TMR 301, 327(1992).

② [法]保尔·芒图:《十八世纪产业革命:英国近代大工业初期的概况》,杨人楩、陈希秦、吴绪译,商务印书馆1983年版,第386~387页。

③ 刘春田:《商标与商标权辨析》,载《知识产权》1998年第1期。

④ Vincent Chiappetta, Trademarks: More than Meets the Eye, 2003 U. Ill. *J.L. Tech. & Pol'y* 96 (2003).

商标符号表彰功能的出现和商品符号价值的产生是商标异化的主要表现。商标符号表彰功能的出现是随着消费社会中人们心理消费需求的不断提升而自然产生的结果。在消费社会，商标除了具有“认牌购物”的指示意义外，更是人们彼此间进行社会交流的媒介和桥梁。一方面，基于人们对商品所形成的双重效用的认知，商标“所指”的内涵得到了拓展，其不仅承载着反映产品客观效用的质量、功能等信息内容，还涵括了反映产品主观效用的文化、精神等信息内容。另一方面，随着消费者的消费观念由物质消费向意义消费的转化，原本在商标结构中占据重要地位的“对象”要素——产品——对消费者的意义正在逐渐减弱，消费者更看重的是对商标所承载的符号意义的体验，[①]“曾经仅仅发挥着作为指示出处、来源和商品质量的信号功能的表意符号已经凭其本身而成为产品，作为使用这些符号的人们的地位、偏好和抱负的指示器而有价值”[②]。也就是说，“消费者会使用品牌表达他们自己”，“品牌不是生产者的标志，而是消费者的标志”。[③]

商标符号表彰功能是商品符号价值产生的直接结果。在消费社会到来之前，商品只具有使用价值和交换价值两种价值，消费行为主要是一种满足生理需要的经济行为。而在进入消费社会之后，商品除了具有使用价值和交换价值之外，还具有符号价值，[④]商品符号价值的出现不但使得消费行为开始“从现实利益向符号意义拓展，逐渐超越具体的物的使用和占有，而展现出对符号意义的操控，使得消费具有更多意义的属性”，[⑤]而且使得消费行为“成为我们进行自我识别和归属，以及对他人进行识别和归类的重要方式”[⑥]。在消费社会中，商标是商品符号价值的主要载体和外在表现，“主要是虚构附着过程的结果，通过这种虚构附着过程，暗示的或者任意的商标不仅指涉产品本身，也指涉更宽泛的文化主题”[⑦]。而通过对商标商品的消费，人们可以“表达自己与他人或社会群体之间的同一性或差异性，将自己归属于特定的社会群体，从而对自己进行社会定位和归类”。[⑧]

商标异化的深层原因是消费社会的发展。概而言之，消费社会是相对于生产占主导地位的消费占主导地位的社会。在消费社会中，商品在消费之前呈符号状态，人们消费的不再是商品的使用价值，而是商品的符号价值，即商品被赋予的意义。[⑨] 符号消费的实质在于社会身份的建构，符号消费的目的不是寻求同质化，而是寻求差异化。在消费社会里，电视、报纸、广播、网络等大众媒体为符号消费和符号价值的认同提供了技术支撑，大众传媒不但成

---

① 徐聪颖：《论商标符号表彰功能的内涵及其法律保护》，载《市场营销》2010 年第 9 期。

② Rochelle Cooper Dreyfuss, Expressive Genericity: Trademarks as Language in the Pepsi Generation, 65 *Notre Dame L. Rev.* 397(1990).

③ Deven R. Desai, From Trademarks to Brands, 64 *Fla. L. Rev.* 991(2012).

④ 所谓的符号价值是商品满足人的多样需要的一种价值，是商品在意义上的有用性。伍庆：《消费社会与消费认同》，社会科学文献出版社 2009 年版，第 118 页。

⑤ 伍庆：《消费社会与消费认同》，社会科学文献出版社 2009 年版，第 106 页。

⑥ 伍庆：《消费社会与消费认同》，社会科学文献出版社 2009 年版，第 115 页。

⑦ Thomas D. Drescher, The Transformation and Evolution of Trademarks —From Signals to Symbols to Myth, 82 TMR 301, 329(1992).

⑧ 伍庆：《消费社会与消费认同》，社会科学文献出版社 2009 年版，第 113 页。

⑨ 姜帆：《品牌文化：消费社会背景下品牌竞争的核心——符号学视角的分析》，载《新闻界》2008 年第 4 期。

为符号消费的共谋,而且成为符号的直接生产者。[①] 商标异化就是作为符号消费的一部分而出现的,是符号消费的必然要求。因为在消费社会,一切商品或服务只有成为符号或者具有符号价值才能成为消费的对象,而商标是商品或服务最"显眼"的表露,不但是商品符号价值的最佳载体,而且是商品或服务进一步细分的唯一工具。

三、商标演变视角下商标权扩张的合理性与商标法的结构变迁

上述商标演变的最终结果是商标的功能日益丰富,商标在社会经济中的地位日益重要,这意味着应该对商标提供更多的保护,意味着扩张商标权具有相当的合理性。而事实上,随着商标的演变,商标权的客体范围和保护范围均大大地扩张了,商标法在悄悄地改变着,甚至其结构都发生了天翻地覆的变化。

(一)商标的演变与商标权扩张的合理性

商标权的扩张在很大程度上是商标发展演变尤其是商标异化的必然结果。随着商标的发展演变,商标的功能日益丰富,从最初仅具有来源识别功能发展到逐渐产生质量保证功能、广告营销功能、符号表彰功能、商誉积累功能等新功能。由于"授予专用权的目的是确保商标实现其功能",[②]因此,商标功能的丰富不仅意味着商标重要性日益提高,同时也必然要求商标受到更强的法律保护,要求商标权适度扩张。尤其是在商标异化之后,商标符号表彰功能的出现和商品符号价值的产生已经彻底颠覆了以往的商标观念,商标已经不再仅仅是商品的标志,而是本身变成了独立的商品——品牌。尽管商品仍然是市场交易和消费的重要对象和目的,却渐渐不再是最重要的,品牌才是最重要的。企业的经营重点,不再是如何制造商品或提供服务,而是如何处理足以影响品牌资产的关系利益人的关系。这是因为,品牌资产所代表的公司价值远超过制造商品或提供服务的实际资产价值。[③] 于是,商标法开始管理品牌而不是商标。[④]

当然,说商标法开始管理品牌而不是商标,并不是说商标法已经变成了品牌法。品牌的确不同于商标,前者是一个经济概念,后者是一个法律概念,前者不但适用于商品或服务,而且适用于企业或其他组织,而后者则仅适用于商品或服务。[⑤] 尽管如此,品牌和商标也有着紧密的联系,商标是品牌意义与信息的最主要、最基本的载体,或者说,品牌主要是附载在商标之上的。商标法仍然是商标法,只不过,商标法的商标观念已经变成了一种品牌观念,商标法渐渐从商标保护法变成了品牌保护法。事实上,也只有商标的品牌观念才能够解释商标权的扩张,品牌不同于传统商标的特征是商标权扩张的根本原因。

---

① 黄波:《鲍德里亚符号消费理论述评》,载《青海师范大学学报(哲学社会科学版)》2007 年第 3 期。

② WIPO, The Enforcement of Intellectual Property Rights: A Case Book, 3rd Edition ,2012, 53, available at: http://www.wipo.int/edocs/pubdocs/en/intproperty/791/wipo_pub_791.pdf, 下载日期:2018 年 8 月 4 日。

③ [美]汤姆 · 邓肯、桑德拉 · 莫里亚蒂:《品牌至尊——利用整合营销创造终极价值》,廖宜怡译,华夏出版社 2000 年版,第 4 页。

④ Deven R. Desai, From Trademarks to Brands, 64 *Fla. L. Rev.* 981(2012).

⑤ 丁桂兰:《品牌管理》,华中科技大学出版社 2008 年版,第 13～20 页。

首先，品牌内容的综合性要求商品的更多构成成分成为商标的构成要素，要求商标受到更全面的保护。品牌的理论研究表明，品牌的内容不仅包括名称、招牌、包装、广告等外在的具体要素，也包括企业价值观、企业文化、经营哲学等内在的抽象要素，不仅如此，这些具体要素和抽象要素还要保持执行上的一致性。[①] 品牌的综合性意味着无论是具体要素还是抽象要素均会影响品牌的形成和维系，要求品牌内容的这些要素均应尽可能受到商标法的保护，非传统商标的承认、商业外观的保护和混淆从单一出处混淆向多出处混淆的扩张均是品牌综合性的必然要求。

其次，品牌的动态性和全过程性要求从商标形成的全过程来为商标提供保护。品牌理论认为，品牌的本质是活动或过程，是创建、发展、管理和保护活动或过程，是一种关于如何积累、获取和配置资源的经营哲学。[②] 通常，品牌建立要经过品牌定位、品牌设计、品牌的传播与推广三个阶段，[③]品牌建立是过程性的。品牌的动态性和全过程性意味着品牌是动态的，其形成和演变过程中的任何步骤和环节都会影响品牌的建立和保持，这就要求商标法对商标进行全过程的保护，也就意味着现代商标混淆向售前和售后混淆的扩张具有相当的合理性。

最后，品牌的延伸性提供了驰名商标跨类保护的有力理由。品牌延伸是指借助原有的、已建立的品牌地位，将原有品牌转移使用于新进入市场的其他产品或服务，从而达到以更少的营销成本占领更大的市场份额的目的。[④] 品牌延伸“是企业在推出新产品过程中经常采用的策略，也是品牌资产利用的重要方式”[⑤]。品牌延伸之所以可能是因为商标的异化，商标异化为产品本身以及商标蕴含的产品物理信息之外的精神文化信息意味着商标与具体种类的商品或服务的关系已经不那么紧密，而是可以很容易地被转移到其他商品或服务中。品牌的延伸性意味着品牌所有人除了在原先注册或者使用的商品或服务类别之外具有实质性的商业利益，尽管该品牌当前并未延伸到相关商品或服务类别，但其将来延伸到这些商品或服务类别是可能的，商标法应该对品牌提供跨类保护，以保护品牌所有人在将来可能延伸的商品或服务类别中的商业利益。因此，品牌的延伸性为驰名商标的跨类保护提供了有力的理由。[⑥]

（二）商标的演变与商标法的结构变迁

随着商标从不独立到独立、从独立到异化，商标权客体的范围和商标权的保护范围均大

---

① [美]汤姆·邓肯、桑德拉·莫里亚蒂：《品牌至尊——利用整合营销创造终极价值》，廖宜怡译，华夏出版社2000年版，第75页。

② 张锐、张燚：《品牌学：理论基础与学科发展》，中国经济出版社2007年版，第100页。

③ 杨芳平：《品牌学概论》，上海交通大学出版社2009年版，第98页。这个过程还可以进行细化，比如细化为：确定要品牌化的对象；进行研究；定位产品或服务；进行品牌定义；设计名称、标志和宣传口号；推广品牌；管理、支持和保护品牌；重塑品牌。Bill Chiaravalle and Barbara Findlay Schenck, *Branding for Dummies*, Wiley Publishing, Inc., 2007, pp.30-37.

④ 丁桂兰：《品牌管理》，华中科技大学出版社2008年版，第196页。

⑤ 符国群：《品牌延伸研究：回顾与展望》，载《中国软科学》2003年第1期。

⑥ 卢洁华、王太平：《商标跨类保护的跨学科解释》，载《知识产权》2016年第4期。当然，驰名商标跨类保护的理由不限于此。

大地扩张了,尤其是随着商标的变异商标法渐渐开始承认非传统商标并对商业外观提供保护,驰名商标的权利已经从传统的相同类似商品扩张到不相同不类似的商品或服务范围,商标法的结构已经发生了颠覆性的变化。

1.商标权客体范围的扩大:传统商标与非传统商标并重

随着商标的演变尤其是商标的变异,除了传统商标之外,非传统商标日渐被承认已经成为世界商标立法的新趋势。非传统商标是与传统商标相对应的概念,是指商标标志不同于传统的文字、图形等视觉可见商标的商标,常见的非传统商标包括三维立体商标、颜色商标、声音商标、气味商标、触觉商标、味觉商标、全息图商标和动态商标等商标。[①] 在美国,《兰哈姆法》宽泛的用词使得非传统商标从未被排除出商标法的保护。1971 年,NBC 广播公司的三声响的报时声音商标获得注册。[②] 1990 年,美国商标评审委员会在一个案件中允许了一件用于商品的香味商标的注册。[③] 1997 年,一件用于珠宝设计的触觉商标获准注册。[④] 1995 年,美国最高法院在夸立泰克斯案中明确指出:"是商标的来源识别能力而不是其作为颜色、形状、香味、词语或符号的本体状态使得它发挥着这些基础作用"[⑤],从而最终明确了非传统商标的法律地位。在法国,1965 年的《商标法》第 1 条尚没有承认声音商标,而 1996 年的《知识产权法典》第 711-1 条则明确规定了如声音、乐句等音响标记。根据 S.M.D. Markeur 公司的统计,至 2012 年 9 月,已经有 132 个国家或地区的商标法承认颜色商标,131 个国家或地区的商标法承认三维立体商标,73 个国家或地区的商标法承认声音商标,44 个国家或地区的商标法承认全息图商标,33 个国家或地区的商标法承认气味商标,12 个国家或地区的商标法承认味觉商标,1 个国家承认触觉商标,[⑥]非传统商标已经得到越来越多国家或地区的商标法的承认。

2.商标权客体范围的扩大:从商标到商业外观

随着商业实践和商标的演变,商标法不但承认传统的属于牌子(brand)类型的商标,而且开始承认商品上除牌子之外的其他要素,商品的包装和商品本身的形状渐渐成为商标保护的对象。在 19 世纪晚期,美国只有内在显著的词语和设计的"技术性商标"才能作为商标获得保护,其他类型的产品标志基本上不能受到商标法的保护。[⑦] 1920 年,美国《商标法》第 3 条规定了"来源的错误指示"(false designations of origin),开始狭窄地保护那些可以识别

---

① V.K. Ahuja, Non-traditional Trade Marks: New Dimension of Trade Marks Law, E.I.P.R. 2010, 32(11), 575(2010).

② Registration No.0916,522 (July 13, 1971).

③ In re Clarke, 17 U.S.P.Q.2d 1238 (T.T.A.B. 1990).

④ Registration No.2,058,394 (April 29, 1997).

⑤ Qualitex Co. v. Jacobson Products Co., Inc., 514 U.S. 159 (1995).

⑥ NTM Database, http://www.country-index.com/non_traditional_tm_special.aspx? State=1,下载日期:2018 年 8 月 4 日。

⑦ Fairbanks v. Jacobus, 8 F. Cas. 951, 952 (C.C.S.D.N.Y. 1877) (No.4,608) (该案中,法院说:"某商标的采用或命名总是指示来源或所有权的某种事物,而且是某种不同于商标所指示的产品本身的某种事物……任何其他原理都不可能坚持;因为不然所有的色彩、所有的非主要的形式都可能被垄断为商标。"); Moorman v. Hoge, 17 F. Cas. 715, 718-19 (C.C.D. Cal. 1871) (No.9,783) (在该案中,法院指出:圆筒、盒子或包装绝不被看作商标)。

商品来源的商业外观。1946年,《兰哈姆法》不但规定了"来源的错误指示",而且规定了"错误描述或表示"(false description or representation);不仅识别来源的商业外观可能受到保护,那些商品上的描述或表示性质的商业外观也开始受到保护。到20世纪80年代早期,"产品本身的形状或设计"开始作为商业外观受到法院的保护。[①] 在欧洲,欧共体商标法统一之前,欧共体各国的商标法对商业外观的保护并不统一。在英国,欧共体商标法统一之前的1938年《商标法》第9条和第10条规定的可注册的商标尚没有包括"商品外形或其包装",而欧共体商标法统一之后的1994年《商标法》第1条则明确规定"商品形状或商品包装"可以作为商标注册。而在法国,欧共体商标法统一之前的1965年《商标法》就已经开始保护"产品或其包装的特型"等。1988年的《欧洲共同体委员会协调成员国商标立法第一号指令》(以下简称《指令》)和《欧洲共同体商标条例》(以下简称《条例》)将欧共体各国的商标法统一起来,《指令》第2条和《条例》第4条规定的商标构成要素中均包含"商品形状或其包装",商业外观作为商标的法定构成要素而受到保护,"商品形状或其包装"成为欧共体各国商标法中商标的构成要素,商业外观在欧共体各国得到了全面的商标法保护。

3.商标权的效力日益增强:混淆的内涵日益丰富

混淆可能性是美国和欧洲传统侵犯商标权的基本标准,[②]但随着商标的演变,混淆的范围日益扩张。在混淆的时间上,混淆从最初的售中混淆扩张到包括售前混淆(也称初始兴趣混淆)和售后混淆(也称旁观者混淆);在混淆的方向上,混淆扩张到包括反向混淆;在混淆主体上,从最初的购买者混淆扩张到包括旁观者混淆;在混淆的内容上,从最初的来源混淆扩张到包括关系混淆。[③]

4.商标权范围日益扩大:专有性原则日渐衰落

传统上,商标法严格按照商品或服务的类别进行商标保护,这就是商标法的专有性原则。美国商标法的历史演变清晰地显露出了商标法专有性的衰落。1905年《商标法》之前,除非被控侵权人在和商标所有人具有直接竞争关系的商品上使用近似标记,否则不可能有商标侵权。可见,此时商标保护的专有性原则最为严格,仅限于"竞争性的商品"之间。1905年的《商标法》将"竞争性的商品"拓宽为"相同描述属性"(same descriptive properties)的商品,即只要被控侵权人将和商标所有人的商标近似的商标使用于和商标所有人所使用的商品具有"相同描述属性"的商品,就有可能存在商标侵权。在1917年的"杰迈玛大婶"(Aunt Jemima)案[④]中,美国第二巡回上诉法院禁止被告在煎饼糖浆(pancake syrup)上使用原告使用在薄饼面糊(pancake batter)上的"杰迈玛大婶"商标,从而明确废除了"竞争性的商品"规

---

① J. Thomas McCarthy, *McCarthy on Trademarks and Unfair Competition*,(5th Edition), Thomson/West, 2017, §8:1.

② 《兰哈姆法》第32条、第43条和《欧洲共同体商标条例》第9条。不同的是,在商标相同、商品或服务也相同的情况下,《欧洲共同体商标条例》直接视其为侵权。

③ 彭学龙:《商标混淆类型分析与我国商标侵权制度的完善》,载《法学》2008年第5期;姚鹤徽:《英美法商标侵权判定之混淆标准的演化与启示》,载《北方法学》2017年第6期;Richard L. Kirkpatrick, Likelihood of Confusion in Trademark Law, Practising Law Institute 810 Seventh Avenue, NY, USA, 2010, §1:4。

④ Aunt Jemima Mills Co. v. Rigney & Co., 247 F. 407(2d Cir. 1917).

则。在 1946 年《兰哈姆法》的帮助下,第九巡回上诉法院在 1963 年的弗莱彻蒸馏公司案[①]中判决,由于啤酒和苏格兰威士忌是"相关的",被告侵犯了原告的"黑与白"(BLACK & WHITE)的商标权,从而商标保护的专有性原则进一步从"相同描述属性"规则扩张到"相关的商品"规则。今天,绝大多数法院遵循这种现代的"相关的商品"规则。[②]

5.商标保护方式的新变化:驰名商标的反淡化

国际上首次对驰名商标问题作出规定的是 1925 年《巴黎公约》的海牙修订,当时赋予驰名商标可以在有关国家取消与其相抵触的商标的注册,1958 年《巴黎公约》的里斯本修订赋予驰名商标禁止他人在相同或类似商品上使用的效力。[③] 1994 年的《TRIPS 协议》第 16 条第 3 款将驰名商标的效力扩张到与注册商标所标示的商品或服务不类似的商品或服务。因此,如果说《巴黎公约》仅仅提供了注册取得商标权体制下使用取得商标权的途径的话,《TRIPS 协议》则创立了商标保护的新类型,彻底改变了驰名商标保护的理论根据和基本面貌。至今,无论采用如美国和欧盟的淡化模式[④]还是如日本的防护商标制度模式,世界各国商标法对驰名商标的保护大多达到了履行《TRIPS 协议》义务要求的标准,即对未注册驰名商标进行保护以及对注册的驰名商标提供跨类保护,其中,驰名商标的跨类保护已经大大改变了世界各国商标法的根本面貌。

四、商标权扩张的消极影响与商标权的边界

尽管商标权的扩张在很大程度上是商标演变的必然结果,有其合理性,但商标权的扩张也模糊了商标权的边界,增强了商标权的力量,商标权人也不再仅仅保护其商标免受混淆性的侵害,而是开始攻击性地行使其商标权,不但针对竞争对手的混淆性的商标侵权行为,而且开始试图禁止一切商标利用行为。商标权的扩张已经将现代商标法带入了一个危险地带,有外国学者指出:"现代商标法范围可能过分干涉竞争,也可能是特别严肃的公共选择问题的结果。即便保护品牌价值的目标是值得的,现代学说也可能对言论施加不可接受的沉重负担。"[⑤]我国学者则指出:"商标权的范围如果不严格予以控制,商标侵权的判定标准如果设定得过宽,或者适用标准不统一,商标权人如果滥用其商标权,就会侵犯到市场自由竞争和表达自由,给其他厂商和消费者带来损害。"[⑥]因此,我们必须采取某种手段明确商标权的边界,将扩张的商标权限制于某种合理的范围之内。

---

① Fleischmann Distilling Corp. v. Maier Brewing Co. 314 F.2d 149, 136 U.S.P.Q 508(9th Cir. 1963).

② J. Thomas McCarthy, McCarthy on Trademarks and Unfair Competition, (5th Edition), Thomson/West, 2017, § 22:2-5.

③ [奥]博登浩森:《保护工业产权巴黎公约指南》,汤宗舜、段瑞林译,中国人民大学出版社 2003 年版,第 59 页。

④ 《兰哈姆法》第 43 条(c)款;《欧洲共同体商标条例》第 9 条第 1 款(c)项。

⑤ Mark P. McKenna, The Normative Foundations of Trademark Law, 82 *Notre Dame L. Rev.* 1839, 1916(2007).

⑥ 姚鹤徽:《论商标保护、自由竞争与表达自由》,载《邵阳学院学报(社会科学版)》2015 年第 3 期。

(一)商标权扩张的消极影响

1.商标权扩张容易导致商标权滥用

随着商标权的扩张,商标权人开始滥用其商标权,甚至进行商标敲诈[①]或恐吓[②],以至于美国于2010年通过《商标技术性与适应性修正法案》,除对《兰哈姆法》作了细微修改之外,特别提出要研究滥用商标诉讼策略对小企业的影响。[③] 根据该法案的要求,美国专利商标局于2011年进行了相关调查,尽管因回应者少以及回应者意见不一,相关调查结果被认为是靠不住的(anecdotal),该调查却也表明商标滥用和商标敲诈现象绝非空穴来风。调查显示,至少大多数直接受调查者宣称在某种程度上感受到了过度的攻击性商标诉讼或诉讼前策略(如停止侵权函)是针对小企业的,许多受调查者直接发出或者收到停止侵权函。少数小企业主说明,他们在收到停止侵权函后撤回了其商标申请,因为缺乏对抗规模更大、实力更强的公司的诉讼时间和资金资源。[④] 而另一份对美国《兰哈姆法》颁行以来全部商标侵权诉讼的实证研究则表明:"商标敲诈是真实的。……尽管商标诉讼活动的所有指标在过去58年的后萧条时期都增加了,在最新的经济衰退之后,商标诉讼活动指标一直在出乎意料地下降。损害判决、律师费判决、报告的诉讼主张数量和决定性的裁决都在继续下降,而在2001年经济衰退后最初提起诉讼的案件的总数量却在继续增加。"这种"现象可能导致商标权建立于敲诈的基础之上,而不是建立于使用之上"。[⑤] 因为人们起诉的目的不是最终的胜诉,而是敲诈,胁迫那些力量弱小的公司屈从于大公司的威胁。

公司监控其商标使用本无可厚非,因为不监控或不恰当地监控可能会导致公司失去其商标权。但问题是,大公司对其商标的监控是草率的:许多情况下,公司发出的停止侵权律师函未经任何分析,似乎只是有意威胁小企业或者个人放弃其商标的使用和/或注册;律师函通常由律师事务所或者大公司的法律部门发给并非律师的小企业主或个人,通常用援引着法院判例的法律措辞写成,但这些援引的案件与小企业主或个人可能有关也可能无关;律师函中通常模糊地宣称大公司的权利,且常常夸大该公司商标的"声誉";律师函通常声称小企业主或者个人必须支付律师费,且要求受恐吓的受害者在极短的时间里做出回应。[⑥] 由于大公司对其商标的监控是草率的,"这些法律诉讼和停止侵权函和只是制止将要成为被告的这种使用或行为有不同的目标,其目标是增加竞争者市场进入或者延续的成本"[⑦]。因

---

① Kenneth L. Port, Trademark Extortion: The End of Trademark Law, 165 *Wash & Lee L. Rev.* 585(2008), pp.585-634.

② Leah Chan Grinvald, Shaming Trademark Bullies, 2011 *Wis. L. Rev.*625(2011).

③ Trademark Technical and Conforming Amendment Act of 2010, Pub. Law, No.111-146, 124 Stat. 66 (2010).

④ The Department of Commerce, Report to Congress: Trademark Litigation Tactics and Federal Government Services to Protect Trademarks and Prevent Counterfeiting 17 (April 2011), available at http://www.uspto.gov/ip/TMLitigationReport_final_2011April27.pdf.,下载日期:2018年8月2日。

⑤ Kenneth L. Port, Trademark Extortion: The End of Trademark Law, 165 Wash & Lee L. Rev. 585, 634-635(2008).

⑥ Leah Chan Grinvald, Shaming Trademark Bullies, 2011 *Wis. L. Rev.* 629(2011).

⑦ Kenneth L. Port, Trademark Extortion: The End of Trademark Law, 165 *Wash & Lee L. Rev.* 585, 589(2008).

此,这些草率的商标使用监控明显构成了商标滥用。

2.商标权扩张对自由竞争的消极影响

自由竞争是现代市场经济的基础,正如美国第二巡回上诉法院所指出的那样:“在我们的经济中存在着一种根深蒂固且为法院所尊重的基本公共政策,这种公共政策建立于自由竞争能最好地促进社会福利的假设之上。”[①]垄断是“自由竞争的天敌”。[②] 不过,需要注意的是,垄断和自由竞争之间并非是截然对立的,它们之间还存在着不完全竞争。垄断竞争就是介于垄断和完全竞争之间的一种不完全竞争市场,这个市场是一种拥有许多出售相似但不相同产品的企业的市场结构。在这种市场上,每家企业都垄断着自己生产的产品,但许多其他企业也生产争夺同样顾客的相似但不相同的产品,有许多卖者、存在产品差别以及企业能够自由进入和退出是这种市场的三个特征。[③]

垄断竞争市场因存在垄断而不是最有效率的市场,其社会效率损失主要来自于两个方面:一是垄断定价的无谓损失;二是市场上的企业数量可能不是“理想”的数量而带来负的外部性。[④] 商标提供了区分同种商品的手段,使得其所有人能够将其商品和其他人提供的同种商品区别开来,且排除他人利用其商标,从而商标将对不同商标商品的市场的控制让渡给商标所有人。同时,尽管各种商标商品互有区别,但这些商标商品也能够为其他商标商品所替代。任何商标所有人都无法支配整个市场。因此,商标商品市场就是一种垄断竞争市场。

由于商标商品市场就是一种垄断竞争市场,这种市场是否有效率取决于市场上的企业数量是不是“理想”的数量,也即有过多或者过少的企业进入市场。商标法的诸多制度设计的目标在很大程度上就是平衡市场上的商标商品和新进入市场的商标商品之间的关系,维持公平竞争和自由竞争之间的平衡。以商标侵权判断标准的混淆可能性为例,混淆可能性中的可能性既有“很可能”(likelihood),也有“有可能”(possibility),出于平衡公平竞争和自由竞争的关系,商标法选择了“很可能”而不是“有可能”。对此,美国第二巡回上诉法院指出:无数的判例承认,后来者有义务在命名和装饰其产品时避免消费者将其和先来者的产品混淆的全部可能性(likelihood),但是说后来者有完全避免混淆的任何可能(any possibility)的义务则是不恰当的。[⑤]

随着商标权的扩张,商标权日益强化,尤其是混淆范围的扩张和淡化的承认使得商标权日益强化为和传统财产权几乎完全相同的绝对权利,不仅如此,商标权的边界也日益模糊。

---

① Eastern Wine Corp. v. Winslow-Warren, Ltd., 137 F.2d 955(2d Cir. 1943).

② 种明钊:《竞争法》,法律出版社2002年版,第309页。

③ [美]曼昆:《经济学原理》(第5版微观经济学分册),梁小民、梁砾译,北京大学出版社2009年版,第348页。

④ 市场上的企业数量可能不是“理想”的数量意味着可能有太多或太少的企业进入。每一企业进入时都会产生两种外部效应:一是产品多样化外部性。由于消费者从新产品引进中得到了消费者剩余,因此新企业进入给消费者带来了正的外部性。二是抢走业务外部性。由于其他企业因新竞争者进入而失去了部分顾客和利润,因此,新企业进入给原有企业带来了负的外部性。垄断竞争市场中产品太多还是太少取决于哪一种外部性大。[美]曼昆:《经济学原理》(第5版微观经济学分册),梁小民、梁砾译,北京大学出版社2009年版,第354页。

⑤ J. Thomas McCarthy, *McCarthy on Trademarks and Unfair Competition*, (5th Edition), Thomson/West, 2017, § 23:63.

这均变相地增加了市场的新进入者的注意义务，商标权在一定程度上已经成为市场的新进入者进入市场的障碍。事实上，上述大公司的商标滥用行为已经表明商标权构成了这种市场进入障碍。在这种情况下，商标权的存在事实上导致了市场上的企业数量过少，构成了商标垄断。因此，有学者指出："因没有效率优势补偿地产生了市场力量和反竞争损失，财产基础的商标保护完全配得上'商标垄断'的标签。"①

3.商标权扩张对言论自由的抑制作用

言论自由是基本人权之一，对现代社会的发展无疑具有非常重要的意义。然而，随着商标权的扩张，商标权人不但强有力地实施商标权以制止竞争对手的商标侵权行为，而且开始试图阻止对其商标的一切利用，渐渐构成了对言论自由的严重威胁。谷歌公司的商标律师曾邮件通知著名新单词网站"字谍"(WordSpy)的主办者保罗·麦克费德里斯(Paul McFedries)，要求其从"字谍"网站上删除"google"一词或者修改该词以考虑"Google"的商标状态。② 网络写手里奥·巴鲍塔曾因在其帖子《挫败控制你的恐惧的指南》中使用了"Feel the Fear and Do It Anyway"的短语而收到这个短语的商标权人律师的信，要求他在其帖子中的这个短语后插入(R)符号并注明："这是苏珊·杰弗斯博士的注册商标，经其允许使用。"③更有甚者，公共利益集团在一个电视广告中批评里根政府的战略防御计划而将其称为"星球大战"时，遭到了"星球大战"短语的商标所有人卢卡斯电影公司的起诉。④ 这些商标权的行使行为无疑已经给言论自由施加了实质性的影响，构成了对言论自由的压制。比如，"字谍"网站就不得不在"google"一词后面增加注释："Google 是识别谷歌技术公司的搜索技术和服务的商标。"⑤保护言论自由不是没有代价的。相反，"保卫你的言论自由权可能是很昂贵的，可能要花费数万美元。当未经许可使用著名商标时，这种法律遭遇的机会大大增加"。不仅如此，"当根据言论自由原则使用商标时，尽管存在着言论自由权，却不会阻止商标所有人提起一项诉讼。尽管存在着言论自由权，诉讼的经济学常常压制公司的批评者"。⑥

商标权保护之所以会和言论自由发生冲突，是因为商标意义和用途的复杂性。作为一种符号，商标不仅具有商品或服务信息的意义，还可能原本就是有意义的，而且经过长期使用也可能产生新的意义。比如，"长城"原本是古代中国的汉族统治者在不同时期为抵御塞北游牧部落联盟侵袭而修筑的规模浩大的军事工程的统称，但因在葡萄酒上使用而渐渐成为一种葡萄酒产品的名称。再如，"Google"本是谷歌公司的商标，是一种搜索引擎的名称，

---

① Glynn S. Lunney, Jr., Trademark Monopolies, 48 *Emory L.J*. 367, 486(1999).

② http://listserv.linguistlist.org/cgi-bin/wa? A2=ind0302D&L=ads-l&D=0&P=7254，下载日期：2018 年 8 月 4 日。

③ Leo Babauta, Feel the Fear and Do It Anyway (or, the Privatization of the English Language), http://zenhabits.net/feel-the-fear-and-do-it-anyway-or-the-privatization-of-the-english-language/，下载日期：2018 年 8 月 4 日。

④ Lucasfilm Ltd. v. High Frontier, 622 F.Supp.931 (D.D.C. 1985).

⑤ Word Spy, "Google", http://www.wordspy.com/words/google.asp. 下载日期：2018 年 8 月4 日。

⑥ Richard Stim Attorney, Patent, Copyright & Trademark: An Intellectual Property Desk Reference, Nolo, 12th ed., 439, 440(2012).

经过长期的使用,逐渐具有"网上搜索"的含义。与其意义的复杂性相对应,商标既具有识别商品或服务并将这些商品或服务和他人制造或销售的商品或服务区分开来的"发信号"(signaling)作用,也具有和购买决策无关的"表达性的"(expressive)作用。不仅如此,有时,商标的"发信号"作用和商标的"表达性的"作用还可能是混合在一起的。[①] 因此,当商标权人行使商标权时,商标的使用必然会受到限制,不仅会限制商标意义上的商标使用,也可能限制非商标意义上的商标使用,从而影响言论自由。

(二)商标权的边界

针对商标权的扩张,学者们纷纷提出了言论自由[②]、商标使用[③]、消费者决策理论[④]等方案或理论来限制商标权扩张。但正如本文前述,尽管商标权的扩张也带来了一些消极影响,商标权的扩张在一定程度上毕竟是商标演变的必然结果,有其合理性。因此,我们所面对的问题不仅是限制商标权扩张的问题,而且是在允许商标权扩张的前提下给商标权设定一个合理的边界。事实上,现代商标法面临的严重问题并非是商标权应该或者不应该扩张的问题,而是商标权扩张之后其合理边界应该在哪里的问题。因为在商标权扩张到传统的比较确定的客体范围和混淆边界之外以后,商标权的边界变得不再确定,从而引发了实践中的一系列问题。因此,问题的关键是在承认商标权扩张的前提下为商标权设定一个合理的边界。本文认为,美国学者提出的在文字中分配权利的框架[⑤]是合理扩张商标权并明确商标权界限的好方法,具体来说:以商标使用将商标符号的商标意义划归商标权人,而将商标符号的其他意义置于社会公共领域,以商标权用尽和指示性正当使用将商标符号的商标意义进一步分配,允许社会公众合理利用商标符号的商标意义,平衡商标权人和其他商标利用人之间的利益,以言论自由等基本权利作为商标权保护范围的终极限定。

1.商标使用对商标符号意义的分配

如前所述,商标权扩张之所以会产生消极影响,是因为商标权实施已经脱离了其传统的权利范围而违背了商标的本性,而要恢复符合商标本性的商标权实施,既合理扩张商标权的

---

① Rochelle Cooper Dreyfuss, Expressive Genericity: Trademarks as Language in the Pepsi Generation, 65 *Notre Dame L. Rev.* 401(1990).

② Robert C. Denicola, Trademarks as Speech: Constitutional Implications of the Emerging Rationales for the Protection of the Trade Symbols, 1982 *Wis. L. Rev.* 158(1982); Rochelle Cooper Dreyfuss, Expressive Genericity: Trademarks as Language in the Pepsi Generation, 65 *Notre Dame L. Rev.* 397 (1990).

③ Stacey L. Dogan & Mark A. Lemley, Trademark and Consumer Search Costs on the Internet, 41 *Hous. L. Rev.* 777 (2004); Uli Widmaier, Use, Liability, and the Structure of Trademark Law, 33 *Hofstra L. Rev.* 603(2004); Margreth Barrett, Internet Trademark Suits and the Demise of "Trademark Use", 39 U.C. Davis L. Rev. 371 (2006);祝建军:《判定商标侵权应以成立"商标性使用"为前提——苹果公司商标案引发的思考》,载《知识产权》2014 年第 1 期;凌宗亮:《商标性使用在侵权诉讼中的作用及其认定》,载《电子知识产权》2017 年第 9 期;刘维:《论商标使用在商标侵权判定中的独立地位》,载《上海财经大学学报》2018 年第 1 期;等等。

④ Mark P. McKenna, A Consumer Decision-Making Theory of Trademark Law, 98 *Va. L. Rev.* 67 (2012).

⑤ Rochelle Cooper Dreyfuss, Expressive Genericity: Trademarks as Language in the Pepsi Generation, 65 *Notre Dame L. Rev.* 397(1990).

范围，又合理限定商标权的范围，就必须确立商标使用在商标侵权构成中的基础性地位。这是由商标侵权的本质决定的，因为要构成侵权，必定存在就来源、控制关系、附属关系或赞同关系混淆的可能性。要发生侵权，潜在购买者必定面对着两个近似的都被用作商标的标志。由于被告是仿冒的搭便车者，每一相互竞争的标志都是用来识别不是一个单一来源而是两个不同来源。这导致潜在购买者头脑中的混淆和欺骗。这就是商标侵权。[①] 没有商标使用就不会有混淆，也就不存在商标侵权。因此，商标使用条件是为商标法划定合理边界的重要工具之一，"《商标法》划定的基本界限是排斥他人在商标意义上的使用行为"，"倘若他人作与商标意义无关的使用，就超越了商标权的保护"。[②] 正因如此，世界各国或地区的商标法中多将商标正当使用规定为侵犯商标权的抗辩事由。[③] 商标正当使用在很大程度上将商标权保护范围限于商标使用，非商标使用不会构成商标侵权。[④]

2.商标指示性正当使用和商标权用尽对商标符号利益的进一步分配

即便是商标符号的商标意义，显然也不是只有商标权人能够使用。现代社会是分工日益发达的社会，社会分工和专业化是劳动生产力提高的根本要求。今天，社会的分工已经不仅表现在生产部门和产品层次上，而且已经进入产品之内的零部件、工序中。社会分工和专业化意味着商标商品或服务均不是孤立存在的，商品和服务从生产出来到最终为消费者消费无不需要许多生产经营环节、许多生产经营者的参与。比如，产品的生产需要零部件，产品生产出来之后需要经销商，商品需要经过运输商的运输才能最终到达消费者手中，消费者使用产品可能需要修理服务。商品生产、销售、消费和服务提供均需要诸多协作的生产经营者的配合才能最终完成。显然，这些协作的经营者在进行协作时不可避免地要使用商标。比如，经销商在经销商标商品时不得不利用商标来称呼商标商品、商品的维修服务提供者在维修服务过程中不得不利用商标来称呼商标商品。这些对商标的利用显然均是对商标符合的商标意义的使用，但商标法上用商标权用尽制度和指示性正当使用制度将这些使用置于商标权范围之外。

3.言论自由对商标保护的终极限定

商标是一种符号，其主要功能是识别商品或服务。但如前所述，作为一种符号，不但某些商标原本就具有商标之外的意义，而且有些商标经过使用也可能产生商标意义之外的新意义。也就是说，"某些商标进入了我们的公共话语而成为我们词汇的组成部分"，某些"商

---

① J. Thomas McCarthy, *McCarthy on Trademarks and Unfair Competition*, (5th Edition), Thomson/West, 2017, § 23:11.50.

② 孔祥俊：《商标与不正当竞争法：原理与判例》，法律出版社 2009 年版，第 189 页。

③ 《欧洲共同体商标条例》第 12 条；美国《兰哈姆法》第 33 条(b)款、第 43 条(c)款第(3)项；日本《商标法》第 26 条；等等。

④ 当然，究竟是将商标使用作为商标侵权的前提要件(参见祝建军：《判定商标侵权应以成立"商标性使用"为前提——苹果公司商标案引发的思考》，载《知识产权》2014 年第 1 期；李士林：《商标使用：商标侵权先决条件的检视与设定》，载《法律科学》2016 年第 5 期；刘铁光：《〈商标〉中"商标使用"制度体系的解释、检讨与改造》，载《法学》2017 年第 5 期；刘维：《论商标使用在商标侵权判定中的独立地位》，载《上海财经大学学报》2018 年第 1 期)，还是仅仅作为侵权抗辩(参见王太平：《论商标使用在商标侵权构成中的地位》，载《法学》2017 年第 8 期)，仍然有进一步研究之必要。

标常常填补我们词汇中的空白并给我们的表达添加现代风味”。而“一旦具有这种表达价值,商标就成为我们语言中的一个词语,并发挥了商标法边界之外的作用”。[①] 于是,商标保护和作为“人类社会的共同利益要求”[②]的言论自由就可能发生冲突。

商标保护与言论自由之间的冲突在传统的混淆标准之下还不是太大的问题,因为此时言论所涉及的问题或者根本就不涉及商品或服务,或者和商标权人的商标所使用的商品或服务类别并不相同,因此,不大可能就商品来源发生混淆。但是在淡化标准之下,商标的保护范围扩张到原使用或者注册的商品或服务范围之外,当言论尤其是和商业有关的言论涉及商标权人的商标时,商标保护与言论自由之间的冲突就不可避免了。

那么,到底如何处理商标保护和言论自由之间的冲突呢?本文认为,商标法源于不正当竞争法,商标权在早期不过是一种正当竞争的利益,及至近代才渐渐被认可为私人的财产权。尽管如此,商标权不仅和言论自由的法律位阶无可比拟,即便和传统的财产权相比,其法律位阶也有所不如。因此,当商标保护与言论自由存在冲突时,即便存在着混淆可能性或者淡化等损害商标权的情况,商标保护也要向言论自由让步。正如美国第九巡回上诉法院所指出的那样:“商标所有人并无权利控制公共话语,无论何时,公众给其商标添加超出来源识别功能之外的意义。”[③]因此,言论自由成为商标保护的终极限定。

五、结论

经过不同的历史时期,商标的角色与功能已经发生了很大的变化。从遥远的古代到工业革命之前,商标虽然已经出现,但其不仅是和所有权标志、商号等混杂在一起,而且主要发挥着识别商品的生产者而不是商品本身的功能。工业革命的发展不仅促进了商品生产的规模化和标准化,也丰富和扩大了市场,全国甚至全球市场日渐形成,商标开始识别商品本身而不是商品的生产者,真正从商号中独立出来。工业革命的发达则改变了人类的消费而进一步将人类社会带进了消费社会,商标开始脱离商品的物理属性而具有自己独立的属性,开始“识别一种完整的生活方式、一种整体的‘体验’”,[④]渐渐成为身份的象征,商标从商品的标志一举异化为商品本身。

可以说,无论是商标权客体范围的扩大,还是商标权保护范围的扩张,商标权的大多数现代扩张在很大程度上正是商标角色与功能演变的必然结果,是法律对商标的经济现实正常反应的结果。事实上,只有从商标角色与功能演变出发,商标权范围的现代扩张才能得到合理的解释。但问题是,扩张的商标权渐渐模糊了本来清晰的商标权边界,而模糊的商标权则增强了商标权的力量,商标权人不仅开始攻击性地行使商标权,甚至开始进行商标敲诈;不仅开始威胁商标法原本要促进的自由竞争,甚至威胁着言论自由等人类社会赖以生存发

① Mattel v. MCA Records, 296 F.3d 894 (9th Cir. 2002).

② [美]亚历山大·米克尔约翰:《表达自由的法律限度》,侯健译,贵州人民出版社2002年版,第3页。

③ Mattel v. MCA Records, 296 F.3d 894 (9th Cir. 2002).

④ Thomas D. Drescher. The Transformation and Evolution of Trademarks —From Signals to Symbols to Myth, 82 TMR 301, 339(1992).

展的基本价值。

既然商标权扩张在很大程度上是商标角色与功能演变的必然结果，具有其合理性，商标权的肆意扩张又会带来严重的消极后果，那么，当前商标法研究的主要任务就不仅仅是像许多学者所做的那样仅仅设法限定商标权的范围，而是在为商标权设定较为清晰的边界的条件下允许商标权的合理扩张，从而使商标权的现代扩张既能充分反映现代市场的鲜活现实，又不越雷池一步。

作品独创性概念的比较研究及其借鉴意义

■徐　俊*

摘　要:作品受保护必须满足独创性条件,这是所有建立版权制度的国家普遍遵循的原则。但是就作品的界定和保护而言,两大法系出于对独创性概念理解的差异而呈现出不同。在英美法系国家,其版权传统所依据的逻辑体现了浓重的功利色彩,采取的是较为宽松的低度独创性标准,以确保尽可能多的作品纳入版权保护范畴。沿袭的作者权传统的大陆法系国家则认为,作者权是自然权利的必然产物,独创性反映的是作者体现在作品中的个性,相应地采取较为严格的独创性标准。尽管两大法系继承了不同的法律传统,但从发展的角度来看,英美法系国家在立法上反映出的实用主义与大陆法系所运用的哲学逻辑殊途同归,对独创性概念的理解开始趋近。一方面,独创性概念要求作品的形成来自作者自身的努力,而非抄袭自其他作品;另一方面,其还要求作品的表达体现出创造性,在摒弃创作高度标准的同时,坚持作品必须是智力创作的成果。只有将这两重含义相结合,才能实现对独创性概念的完整诠释。

关键词:作品;独创性;创造性;创作高度

A Comparative Study on the Concept of Originality of Works and Its Use for Reference

Xu Jun

Abstract: Works of authorship must be original in order to be copyrighted, which is a common principle in all countries with copyright law. However, in terms of the concept and protection of works of authorship, the two legal systems differ in understanding the concept of originality. As the Anglo-American copyright tradition is based on utilitarian justifications, the criterion of originality is relatively low to ensure more works of authorship to be protected. On the contrary, it is believed by civil law countries that authorship is the inevitable outcome of natural rights and originality is defined as the imprint of the personality of an author. Hence, the threshold of originality adopted is higher. Although the two legal systems inherited different legal traditions, from the perspective of development, the legislation of originality of common law countries in essence reflects the philosophical logic used in civil law system to some extent and the understanding of originality

---

* 徐俊,法学博士、博士后,高级法官,现任上海市浦东新区人民法院知识产权审判庭庭长,中国法学会知识产权法研究会理事,复旦大学法学院兼职硕士研究生导师。

of the two systems is gradually approaching. On the one hand, originality requires the authors to create independent works with their own efforts not to copy the work from other sources. On the other hand, the expression of the work should have a minimum amount of creativity. Works are not required to be novel but need to refer to creations of mind. Only by combining these two meanings together, can we interpreted originality more clearly and comprehensively.

Key Words: works of authorship; originality; creativity; threshold of originality

"无论是在英美法系还是在大陆法系国家，均采用独创性这一概念来作为作品是否受保护的实质性判断标准。"①独创性完全可以说是版权法上最为重要和最为基础的概念之一。由于法律历史的结果和法律传统的差异，即使是在共同经历过极其相似的经济和社会环境的大陆法系和英美法系国家之间，法律体系仍然存在着基本的区别。② 与此相应，两大法系在对作品独创性概念的理解上同样存在差异。就作品的界定和保护而言，两大法系出于对独创性理解的差异而呈现出不同。鉴于我国版权法是典型的法律移植制度，对独创性概念的研究尤其需要进行比较分析，既要了解两大法系独创性概念的历史形成，又要把握它们随历史进程的发展方向，以此加深理解，准确把握独创性概念的深刻内涵。

一、英美法系独创性概念分析

在英美法系，其版权传统所依据的逻辑体现了浓重的功利色彩，即版权保护的目的是以尽可能低的代价，来激发尽可能多形式的创造性作品的生产。③ 版权保护并不刻意追求维护作者的创作成果，而是根据经济学原理通过刺激人们对作品创作的投资来促进新产品的产生和传播。在这一基本思想的主导下，版权保护的对象自然地涵盖了通过智力创造的活动、凭技巧从事的活动，甚至劳动直接产生的能够被复制的结果。④ 这就要求英美法系国家采取一种较为宽松的低度独创性标准，以确保尽可能多的作品纳入版权保护范畴。

英国早期分散的版权立法对版权作品并无普遍的独创性要求，在司法实践中对独创性的要求非常之低。1900 年，英国事实上的最高法院——上议院在 Walter v. Lane 一案中认为，记者花费劳动并运用准确的速记技巧将公开演讲逐字逐句记录下来的文字应当受到版权法保护，未经许可将这些文字集结成书并予以出版的行为是对他人劳动成果的掠夺，应为版权法所禁止。即使不同的作者基于各自独立的劳动或技巧产生了相同的作品，也不影响

① 吴汉东、胡开忠:《无形财产权制度研究》，法律出版社 2005 年修订版，第 262 页。

② [美]艾伦·沃森:《民法法系的演变及形成》，李静冰、姚新华译，中国法制出版社 2005 年版，第 1～2 页。

③ [美]保罗·戈尔斯坦:《国际版权原则、法律与惯例》，王文娟译，中国劳动社会保障出版社 2003 年版，第 3～7 页。

④ P.E. Geller, Copyright in factual Compilations: U.S. Supreme Court Decides the Fiest case, *IIC*, Vol.22, 1991, p.6. 转引自金渝林:《论作品的独创性》，载《法学研究》1995 年第 4 期。

其就各自作品分别享有版权。[①] 1911年,独创性作为版权保护要件第一次明确写入统一的版权法,但这并不意味着给版权保护带来了任何变化,基于1911年版权法的法院判决仍然秉持了一直以来对独创性的宽松要求。[②] 1916年,Peterson法官在其广为传颂的University of London Press案件判决中写道:"'独创的'这个词在这里并不意味着作品必须是独创或创造性思想的表达。版权法与观念的独创性无关,而关联于思想的表达,在文学作品中是指打印或手写的思想表达,所要求的独创性与思想的表达相关。但是版权法并不要求表达必须以原创或新颖的形式,而是此作品不得复制自彼作品——它应当源自作者。"[③]"版权保护的是文学、戏剧、音乐和艺术作品,而不是思想,所需要的是作品完成过程中体现的独创性技能或劳动,而不是思想的独创性。"[④]作品的独创性意味着作者不是从别处毫无创意地纯粹复制了作品,而是通过他自身的技能、知识、劳动、品味或判断独立创作了作品。[⑤]这里涉及两个相互联系的方面。一方面,作品必须源自作者,在此意义上,此作品不得复制自彼作品。一个纯粹的复制者不能从其复制件中谋取版权。另一方面,即使作者凭借的是对他自己或者其他人而言都很普通的知识,或者使用的是现存已有材料,作品也仍有可能是独创的。无论作者是否利用了其他现有材料,只要作者在创作过程中付出的努力或相关技能不是无关紧要或微不足道的即可。很显然,版权法所要求的独创性标准是一项低标准,实际上很少有作品会因为缺乏独创性而不能获得版权。[⑥]

英国严格限制独创性所需要的水准,使其始终保持一个较低的标准。这可以从两个方面进行理解:"第一,在决定什么值得保护时,它将主观判断(以及随之产生的不确定性)的因素降到最低。第二,它允许保护以某种方式产生文学成果的劳动和资本投入。这同样适用于普通事实的汇编者和足球彩票表格的设计者,后者真正的努力在于决定最佳赌注组合的市场研究。版权在这里被用来弥补广泛不正当竞争概念的缺乏。值得注意的是,在这种存在版权的事例中,被告往往是直接的商业竞争者。另一方面,在已然存在某种其他反不正当竞争救济的情况下(比如对作品的标题),法院则往往倾向于拒绝授予版权。"[⑦]英国之所以未将创造性列入独创性要求,而设定如此之低的标准,重要的原因就是英国法上缺乏反不正当竞争的传统,没有普遍的反不正当竞争的概念。它对产生文学成果的劳动和资本投入的保护主要是基于商业上的判断,版权在这里被用来弥补广泛不正当竞争概念的缺乏。具体讲,英国需要降低独创性标准,以使版权替代其法律体系中缺乏的公平竞争权,实现对诸如

---

① Walter v. Lane, 1900 A.C. 539 (1900).

② Kevin Garnett etc., *Copinger and Skone James on Copyright*, 15th ed., Sweet and Maxwell Limited, 2005, pp.116-117.

③ University of London Press Ltd v. University Tutorial Press Ltd, 1916 Ch 2 601 (1916).

④ Kevin Garnett etc., *Copinger and Skone James on Copyright*, 15th ed., Sweet and Maxwell Limited, 2005, pp.116-117.

⑤ Hugh Laddie etc., *The Modern Law of Copyright and Designs*, 3rd ed., Butterworths, 2000, p.82.

⑥ Kevin Garnett etc., *Copinger and Skone James on Copyright*, 15th ed., Sweet and Maxwell Limited, 2005, pp.116-117.

⑦ William Cornish and David Llewelyn, *Intellectual Property: Patents, Copyright, Trademarks and Allied Right*, 6th ed., Sweet & Maxwell, 2007, pp.4-9.

基于普通事实机械产生的汇编作品等作品的保护。在此背景之下，英国当然拒绝将创造性要求纳入独创性内涵。实际上，英国在从文学产权到版权的历史进程中，也曾高举独创性旗帜，以此作为文学产权正当化的依据，并强调独创性对作者独特人格的表达，从而使版权独立于所有权，使作者区别于写者，使作品称之为作品。① 只是由于功利主义的渊源和商业至上传统，英国从实用角度出发，在具体的司法实践中还是选择了如此之低的独创性要求。

在美国，作品同样必须源自作者，而不是从其他来源复制的，这是作品具备独创性的必要条件，但是它并不总是一项充分条件。虽然美国的司法实践显示了其一直以来对独立创作过程中劳动、技能和判断的尊重，但其总是留有余地，同时暗含了创造性的前提。美国1976年的《版权法》第一次在成文法中明确将"独创性"作为作品受保护的要件。尽管该法对版权法中许多重要概念都进行了界定，却没有对独创性的含义进行界定。美国众议院关于1976年版权法报告说："对独创性作品一词，有意没有界定，是打算不加变化地将法院依据现行版权法律而确定的独创性标准纳入法律。"由此看来，独创性的具体含义和标准是由法院通过判例来界定的，今后也应该继续由法院去界定。②

美国版权法理论中的独创性可以追溯至Story大法官1839年和1845年的两起判决。他在1845年的Emerson v. Davies一案中说，"简而言之，通过自己的技能、判断和劳动写出的一部新作品，如果不是纯粹复制他人作品，较现存作品的变化并非表面或模糊的，就有权因此获得版权"。③ 1903年，在开创性的Bleistein v.Donaldson Lithographing Co.一案中，Holmes大法官从作者个性角度界定了宪法要求的独创性标准。他在判决中说："个性总是包含某种独特的东西。即使是在笔迹中也可以显示它的特点，而一件普通的艺术作品中也存在某些不可约减的东西，那就是个人独自的努力。除非法律规定有限制，那种独特的东西就可使之获得版权。"④其后的案例在判定独创性的关键问题上均着眼于作为系争作品独立来源的作者，而不考虑作品的艺术价值或新颖性。⑤ 从Bleistein案件判决引申出的一项原则就是：与先前作品相比较，作品存在任何"可区别的变化"，如果这种变化是作者独自努力的结果，并且不是微不足道的，就满足支持版权的独创性要求。⑥ "正如传统上阐述的那样，独创性要件通过确保对那些较早期作品稍有差异的作品保护，推进版权的目标——鼓励最大范围文学艺术表达的创作。"⑦与英国不同的是，在美国独创性的判断标准中，"……仍然存在一个狭窄区域，在这个区域里被确认的独自努力被视为太微不足道以至于无法支持版权。按照Holmes大法官的话，是在'最狭窄和最显而易见的范围'之内，独自努力要件之上至少还有一个最低限度的创造性要件"。⑧

正是在对待创造性问题上的不同认识，使英美两国对独创性的理解出现了分歧。1991

① 易建雄：《技术发展与版权扩张》，法律出版社2009年版，第48～74页。

② 李明德：《美国知识产权法》，法律出版社2003年版，第143页。

③ Paul Goldstein, *Goldstein on Copyright*, 3rd ed., Aspen Publishers, 2008, pp.7-8.

④ Bleistein v. Donaldson Lithographing Co., 188 U.S. 239, 23 S. Ct. 298, 47 L. Ed. 460 (1903).

⑤ Howard B. Abrams, *The Law of Copyright*, West Group, 1999, pp.4-5.

⑥ M.B. Nimmer and David Nimmer, *Nimmer on Copyright*, Matthew Bender, 2007, p.12.

⑦ Paul Goldstein, *Goldstein on Copyright*, 3rd ed., Aspen Publishers, 2008, p.10.

⑧ M.B. Nimmer and David Nimmer, *Nimmer on Copyright*, Matthew Bender, 2007, pp.12-13.

年,美国联邦最高法院在费斯特一案中判定,电话号码簿中按字母表顺序的排列不含有创作的成分,而创造性是版权法独创性要求不可分割的部分,因其不具有独创性,所以根本不应享有版权。实践中,美国法院对不同类型的作品适用不同的创造性要求。“在虚构作品中,诸如济慈的颂歌,创作者通过独特的眼光来过滤现实,即使只有很小的变化,法院也会判定其具有独创性。但在事实性和功能性作品中,独创性就会成为问题。诸如在地图和法律文书中,其特征是依赖于有形的现实或日常的公文程式;诸如在摄影和其他描述性艺术作品中,其目的是反映现实。”[①]在费斯特案件之前,美国法院在作品独创性审查时对创造性要求的把握一般比较谨慎,只是在有限的类别比如艺术复制品和具象摄影(与抽象摄影相对)案件中要求某种程度的创造性证明。这是因为,不像其他形式的作品不可避免地包含了艺术家个性那样,复制品或具象摄影这些作品通常看起来都是它们所反映形象的精确再现。电话簿白页就像费斯特案件中涉讼的那些一样,也属于这类作品,因为它们和艺术复制品、具象摄影一样,捕捉到的都是实际的现实反映。“早先就必须符合创造性标准的两类作品:艺术复制品和具象摄影,以及法院首次纳入该标准的电话簿白页,在它们之间实际上的一致性表明……法院还是打算将创造性要件限制在作者个性反映不太明显的作品类型之中。更确切地说,‘绝大多数作品因为它们存在的某些创造性火花可以轻易地满足这一标准’,联邦最高法院的这一观察表明了其在大多数种类版权作品中免除创造性内容逐案审查的意图。”[②]尽管美国法院在司法实践中根据作品类型的不同,放宽甚至是免除了大多数作品创造性内容的审查,但这样做的考虑只是因为作品本身已经满足了创造性要求,由此正说明了美国独创性概念对创造性的内在要求。

二、大陆法系独创性概念分析

与英美法系不同,大陆法系国家采取的是一种较为严格的独创性标准。独创性反映了作者与作品之间的紧密联系,这种联系就是作者体现在作品中的个性。从康德那里形成的文化渊源就提出,文学创作和作者个性密切相连。大陆法系所沿袭的作者权传统认为,作者权是自然权利的必然产物,从公平正义的角度讲,作者有权利保护其作品。[③]“在它们那里著作权被看作是作者个性的延伸,版权的重心是保护。”[④]

在知识财产领域,人们不可能像在有形世界中对一般事物那样轻而易举地分清彼此,创造者与其之外的他人存在着千丝万缕的联系,彼此之间通过各种渠道或媒介进行着精神文化交流。在这种情况之下,个人在知识财产之上的权利尤其需要与其他事物明确界分,并可以在社会生活中被独立感知。广义而言,任何作品在展示作者个性的同时,都包含了前人积累的成果,而作品中真正应当或者说值得保护的只是其中体现个性的部分。由于作者为人

---

① Paul Goldstein, *Copyright, Patents, Trademarks and Related State Doctrines*, 1997. 转引自李明德:《美国知识产权法》,法律出版社2003年版,第146页。

② Paul Goldstein, *Goldstein on Copyright*, 3rd ed., Aspen Publishers, 2008, p.15.

③ [美]保罗·戈尔斯坦:《国际版权原则、法律与惯例》,王文娟译,中国劳动社会保障出版社2003年版,第3、7～10页。

④ [澳]戴维森:《数据库的法律保护》,朱理译,北京大学出版社2007年版,第17页。

类知识宝库贡献的个性表达，他因而有资格成为“作者”受到版权法的保护。作品中这种可识别的个性是此作品区别于彼作品的标志。《德国著作权法》规定，作品是指个人的智力创作成果。作品必须由作者创作出来，这里需要有创造的活动，该活动导致作品产生。“创作必须更多地属于在自己的作品类型领域比人们所期待的普通的智力劳动能带来更多成果的活动。与普通的智力劳动相比，创作更具有独特性。”①著作权保护体现于作品之中的创造性劳动，只有具备这种创造性劳动才给予保护。著作权法以个人创作的特征表明，作品必须打上作者个性智力的烙印，必须显示出是作者带有个性的智力创造的结果。“在著作权领域，独创性存在于作品有创造性和有个人特性的表达之中，哪怕这种创造性和个性的分量十分微小。没有这一起码的条件，就没有保护这一说。著作权为作品提供保护的条件是作品具有某种属于作者个人所特有的东西。”②独创性要求作品由作者独立完成，而非抄袭自其他作品，但这在大陆法系国家还不够充分。独立完成的东西，并不一定就可以体现作者个性，甚至这种所谓独立完成的主体完全可以被替换。一件不能体现作者个性的所谓作品，即使替换作者的身份，分别由不同的人来完成，也不会对最终的成果产生根本性影响。所以，大陆法系国家特别强调作品中所体现的作者的独特性格，即个性。可以说，这种以个性为内容的创造性是作品的本质特征。

以德国为代表的大陆法系国家提出“作品的创作需要有一定的深度，以便于人们可以辨认出它的独创性特征。如果外界从作品中看到了作者意欲表达的思想、勾勒的气氛、虚构的形象、观察事物的方式以及他想表达的其他一些东西的话，就满足了作品独创性的深度要求”③。个性在作品中的表现程度可以很不相同，但是，智力创作劳动总是必须达到一个特定的最低标准。这个标准一般被称为创作高度，这是从量的角度来看个性。只有当创造性的个性达到所要求的创作高度时，才能产生受保护的作品。各个作品种类对创作高度的要求不同。没有什么普遍适用的下限标准，任何时候都要视每一具体事例的特定情形而定。④通过个性，著作权保护的作品和著作权不保护的大量日常、平庸以及处于一般范畴的东西才得以区分。纯工匠式的或常规性的制作，无论如何完美，如何手艺高超，都不带有个性的印记。⑤“那些运用普通人的能力就能做到的东西、那些几乎每个人都可以做成的东西，即使这些东西是新的，也不能作为作品受到保护。”⑥“那些仅仅由一般内容所制成的东西根本就不能得到保护，特别是使用那些人人都可以接触到的或者类似的内容所构成的东西。作品必须通过一定的创作水准来超越那些手工制作的、普通的东西。”⑦

---

① [德]M.雷炳德:《著作权法》(第十三版)，张恩民译，法律出版社 2005 年版，第 117 页。

② [西]德利娅·利普希克:《著作权和邻接权》，联合国教科文组织译，中国对外翻译出版公司 2000 年版，第 43 页。

③ [德]M.雷炳德:《著作权法》(第十三版)，张恩民译，法律出版社 2005 年版，第 52～53 页。

④ [德]乌尔里希·勒文海姆:《作品的概念》，郑冲译，载《著作权》1991 年第 3 期。

⑤ [德]乌尔里希·勒文海姆:《作品的概念》，郑冲译，载《著作权》1991 年第 3 期。

⑥ [德]M.雷炳德:《著作权法》(第十三版)，张恩民译，法律出版社 2005 年版，第 49 页。

⑦ [德]M.雷炳德:《著作权法》(第十三版)，张恩民译，法律出版社 2005 年版，第 116 页。

三、两大法系独创性概念发展

尽管从历史来看，两大法系继承了不同的法律传统，但是从发展的角度来看，英美法系国家在立法上反映出的实践性与大陆法系所运用的哲学逻辑殊途同归，两大法系都已将版权权利延伸到了作品经济价值所及的每个角落。① 随着跨国文化交流的频繁与国际图书贸易的增长，文化产品的国际保护问题逐渐浮出水面并日渐突出。1887年12月生效的《保护文学艺术作品伯尔尼公约》第一次将不同思想基础和法律传统的两大法系连接在了一起，开启了版权保护的新时代。② 而《与贸易有关的知识产权协定》《世界知识产权组织版权条约》等一系列国际协议的签署则进一步深化了这种联系。这些公约具有普遍性的最低标准，使得两大法系的国家建立了极为相似的法律规范。同时，两个体系中各国在经济状况、政治格局、社会结构中表现出的种种相似之处也促进了这一趋同倾向的形成。为了消除商品自由流动的障碍，欧盟自20世纪90年代以来颁布了一系列协调成员国版权法的指令。这些立法变化与一系列主要国家的判例发展都反映了各国对作品独创性概念理解的共识，彼此之间的认识逐渐接近。

《伯尔尼公约》虽然没有直接使用“独创性”一词，却将作者的“智力创造”(intellectual creation)成果作为保护对象，这就暗示了受保护的作品应当是作者智力活动创造的成果，而非仅仅是体力或“额头流汗”的劳动成果。③ 而德国著作权法上对作品创作高度的要求(在量的方面的独创性要求)也正在逐步向着“提高竞争法的保护标准、降低著作权在小铜币方面的保护要求”的世界性趋势作出让步。④ 1991年的《欧共体软件指令》(以下简称《软件指令》)第1(3)条规定，如果某计算机程序是独创性的，也就是说是其作者自身的智力创作结果，该程序作品则应受到保护，在确定其受保护性方面不应再附加任何其他条件。该规定对《软件指令》而言具有核心意义。因为协调各国对计算机程序受著作权法保护所设定的不同前提条件几乎是当初欧共体制定该指令最重要的动因。《软件指令》通过前，欧洲各国对独创性的要求大致可分为三类：其一是以英国、爱尔兰为代表，它们要求的作品独创性是指作品由作者自己完成而不能拷贝自他人；其二是法国、意大利等欧洲大陆国家，它们要求的独创性是指作品必须是作者个性的表达，这种创作水平的要求在实践中较低；其三就是德国的严格要求，它要求一定的创作高度。德国联邦最高法院曾在判决中要求计算机程序的创作必须高于普通水平程序员的技能才受著作权法的保护。最终，《软件指令》采取了居中的标准定义。该定义对后来的欧共体指令具有特别的指引作用，它实际上全面影响了正在成形

① [美]保罗·戈尔斯坦：《国际版权原则、法律与惯例》，王文娟译，中国劳动社会保障出版社2003年版，第3、7页。

② 易建雄：《技术发展与版权扩张》，法律出版社2009年版，第78～86页。

③ 王迁：《知识产权法教程》，中国人民大学出版社2009年第2版，第36页。

④ [德]M.雷炳德：《著作权法》(第十三版)，张恩民译，法律出版社2005年版，第116页。德国著作权法上小铜币概念的目的在于使那些简单但具有最低创作高度、位于创作门槛之精神创作如目录、价目表、食谱、使用说明书等受到著作权保护。小铜币理论在德国司法实践中的适用范围快速扩张，现已在越来越多的领域适用。许忠信：《著作之原创性与抄袭之证明(上)》，载《月旦法学杂志》2009年第8期。

的欧盟著作权法。1993年《欧共体保护期指令》第6条在统一摄影作品保护期的同时还制定了这样一个统一标准，即《伯尔尼公约》规定的摄影作品应当是独创性作品，如果该作品是作者的智力创造成果，并反映了作者本人的人格特征，则不应再考虑对其适用其他标准。1996年的《欧共体数据库指令》第3(1)条规定，通过对内容进行选择和编排而形成的数据库，如果构成了作者本人的智力创作，则应作为受版权保护的作品，对这类作品的受保护资格不得再规定其他标准。上述标准被称为"欧洲独创性标准"，该标准的相继通过，迫使以德国为首的其他国家放弃了发明创造性或智力创新的高标准，而英国等也不得不提高其对此类作品的独创性低标准。① 欧盟通过指令和法院判决协调成员国版权立法的过程，以及由此而产生的成员国版权法律体系一体化过程，本身也是版权体系和作者权体系不断融合的过程。② 正是由于欧盟存在的独创性标准一体化趋势，德国著名法学家施立克(Schriker)号召人们告别德国著作权法上的独创性高标准。③ 与欧洲的情况相呼应，美国联邦最高法院1991年就费斯特一案作出判决，明确指出创造性是版权法独创性要求不可分割的部分。这项判决对信息时代的版权具有划时代的意义。来自慕尼黑马克斯普朗克研究所的学者对此评论说，这是一个十分德国化的判决。因为在德国乃至欧洲大陆的法律理论中，有一个鲜明的特色，不带任何作者个性的产品不应赋予作者权的保护。如果一部事实作品或实用作品的作者欲获得相应的著作权保护，就必须提出作品具有创造性，而不仅仅是独立创作的证据。④ 尽管还存在一定差异，但当今世界两大法系对独创性概念的理解已经开始接近。从欧盟业已通过的版权指令和美国的主要判例来看，投入纯粹的技能、判断和劳动并不足够，"独立完成、没有复制"只是作品独创性内涵的一项要件，独创性概念在摒弃创作高度标准的同时，坚持作品必须是智力创作的成果。

四、两大法系独创性概念的借鉴意义

独创性概念第一次出现在我国法律制度中是1991年6月1日施行并经国务院批准的《著作权法实施条例》。该条例第2条在对作品定义时明确提出了独创性要求，规定只有具备独创性的智力成果才能成为著作权法意义上的作品。但是对于何为独创性、独创性的具体内涵包括什么等问题，法律却没有进一步的规定。在具备深厚法律传统的国家，对独创性的内涵一般都交由法院根据法律传统在具体判例中予以确定。可以说，我国现有的这种模

---

① [美]保罗·戈尔斯坦:《国际版权原则、法律与惯例》，王文娟译，中国劳动社会保障出版社2003年版，第187～193页；韦之:《知识产权论》，知识产权出版社2002年版，第236、273、282页。

② 李明德、黄晖、闫文军等:《欧盟知识产权法》，法律出版社2010年版，第138页。

③ [美]保罗·戈尔斯坦:《国际版权原则、法律与惯例》，王文娟译，中国劳动社会保障出版社2003年版，第3、7、321页；[德]M.雷炳德:《著作权法》(第十三版)，张恩民译，法律出版社2005年版，第116页。尽管如此，欧盟存在的独创性标准一体化趋势仍然是有限的，这种协调的作品范围还仅限于软件、摄影和数据库。版权体系和作者权体系在作品原创标准方面的差异还将长期存在，即使是在欧共体范围之内，作者权体系和版权体系的融合仍将是一个长期的过程。李明德、黄晖、闫文军等:《欧盟知识产权法》，法律出版社2010年版，第145页。

④ [美]保罗·戈尔斯坦:《论版权》，任允正译，载《著作权》1992年第2期。

式符合国际上的通例,但困难在于我国著作权法虽始于近代,却由于其间政治历史的巨变而缺乏法律的延续,并没有形成著作权的传统。对独创性内涵的认识在实践中争议颇大,不同法院司法执法的尺度差异较大。有鉴于此,我国最高人民法院《关于审理著作权民事纠纷案件适用法律若干问题的解释》第 15 条规定:"由不同作者就同一题材创作的作品,作品的表达系独立完成并且有创作性的,应当认定作者各自享有独立著作权。"该条规定虽然只是针对"由不同作者就同一题材创作的作品",但是其关于"独立完成并且有创作性"的表述体现了最高人民法院对"独创性"概念内涵的界定,这也反映了我国对两大法系独创性概念的借鉴与吸收。

从世界各国对作品独创性概念的普遍理解来看,独创性首先要求作品的形成来自作者自身的努力,而非抄袭自其他作品。只要作品是作者通过自身努力完成的,即使与先前的作品重复,也在所不问。版权法之所以对独创性赋予这一内涵,一方面是出于激励作者的需要,由于作者没有搭便车,并未不合理地侵占他人的表达,其独立创作了作品,并承担了全部的表达成本,故其完全有资格主张作者的身份;另一方面是考虑到防止非故意重复的成本过高,而由此得到的收益却相当之少。这种非故意的重复在实践中是非常罕见的,而享有著作权的表达又何止千万。如果制度安排上认为,在何止千万的著作权表达中仅仅因为纯粹的巧合而发生片段的重复,就要让后来的作者承担因重复带来的侵权责任,这不但不公平,而且相当不经济。1936 年,Hand 法官在 Sheldon v. Metro-Goldwyn Pictures Corp.案件中揭示了独创性这一内涵的实质。他在判决中写道:"如果通过某种魔力,一个从来不知济慈关于希腊之瓮颂歌的人重新创作了它,他就是作者;如果他就此获得了版权,其他人就不能复制那首诗,尽管他们可以复制济慈的。由于这个原因,版权比专利更少受到攻击,但所有人受到的保护也更为有限。他因为在他之前的许多人而成为一名作者,所以在他之后的人只要没有窃取他的作品,就不是侵权人。"①

然而,仅仅将独创性的内涵局限在"独立完成、没有复制",并不符合版权制度的目的与功能。英国是坚持独立完成、没有复制即满足独创性要求的主要国家。其之所以未将创造性列入其中,而设定如此之低的独创性要求,前文已叙明这里的原因关键还在于英国法上缺乏反不正当竞争的传统。但是,版权保护的范围与反不正当竞争保护的范围是不同的。版权法的主要目的是鼓励创作,不能因为某种利益需要保护,就违背版权原理强行通过对独创性的扩大解释,将本不具备独创性的客体纳入版权法保护范围。在已经建立反不正当竞争法律制度的情况下,这样做的后果将使版权制度越俎代庖,终将导致法律体系的紊乱与失调。版权是在相当长的期限内对抗一切人的绝对权,未经充分论证就轻易地对一种劳动成果赋予如此之强的法律效力,容易导致激励与接触之间的失衡。如果认为事实汇编只要付出了劳动,无论其选择或编排是否体现汇编者的智力创造,均构成独创性作品,那么,这实际上就是将著作权法等同于反不正当竞争法,而且容易导致对事实本身的垄断。② 在人类智力成果领域,自由抄袭是原则,知识产权保护是例外。按照自由竞争的大原则,人类一切智

---

① Sheldon v. Metro-Goldwyn Pictures Corp., 309 U.S. 390, 60 S. Ct. 681, 84 L. Ed. 825 (1940). 转引自李明德:《美国知识产权法》, 法律出版社 2003 年版,第 143 页。

② 王迁:《知识产权法教程》,中国人民大学出版社 2009 年第 2 版,第 36 页。

力劳动成果在一开始就处于公有领域，只要公之于众，人人都可以自由使用和抄袭。只是为了鼓励创作和发明，法律才特意在有限的特殊领域赋予知识产权保护。[①] 同时，版权法不予保护，并不意味着没有其他救济手段。在包含反不正当竞争法的法律体系之下，公平竞争权同样可以抑制其他竞争者的不正当竞争行为。正如德国知识产权专家迪茨所言，需要考虑："在不具备专门保护（著作权保护）的情况下，自由仿制的原则有多大范围。……如果仿制以不公平的方式进行，就可能违反公平竞争。"[②]正是考虑到这些因素，美国联邦大法官奥康纳代表她自己和最高法院其他七位大法官在划时代的费斯特案件判决中至少16次提到，创造性是版权法独创性要求不可分割的部分。由于涉案电话号码簿中按字母表顺序的排列不含有创作的成分，因而不具备独创性，美国联邦最高法院拒绝对其给予版权保护。美国知识产权专家 Paul Goldstein 对此评论说："我并不相信最高法院对费斯特案件的判决表明，由于数据库不具备所宣布的独创性标准，因而为建数据库所花费巨大的具有社会价值的投资不能得到知识产权法的保护。我认为，最高法院实际是要表明，如果国会愿意给予电话号码簿的内容或与此相应的数据库以某种形式的保护的话，它应运用宪法而不是版权法所赋予的权力。最高法院在判决书中提及商标案一事表明，它考虑到了贸易权，考虑到了以某种形式的联邦反不正当竞争法作为最终立法结果。"[③]

作品的创造性表达是作者在前人积累的成果之上为人类知识宝库做出的自身富有个性的贡献，是此作品区别于彼作品的标志，"写者"也由此获得"作者"身份。当今世界共同的趋势是通过对作品创造性的要求，扩充独创性内涵，界定作品的权利范围并以此推进版权的制度功能，在最大范围内激励文学艺术表达的创作，丰富世界知识宝库的容量。由此可见，坚持作品必须是具有个性的表达，是智力创作的成果，对于版权目标的实现具有重要意义。需要指出的是，在审查创造性的过程中，我们应当摒弃创作高度的要求。我国著作权法并没有要求受保护的作品具有艺术高度或创作高度，根据著作权法的规定，只要作品是创作的，即带有独创性的，就应受到保护。[④] 创作高度是作品显示其作者个性之程度，其具有描述功能，但它并不是衡量作者个性有无的标准。德国在传统上认为，应当为智力创作劳动设定一个特定的最低标准即创作高度，只有当创造性的个性达到所要求的创作高度时，才产生受保护的作品。[⑤] 但是，这种基于作者权传统的认识在德国著作权法中找不到依据，因而备受质疑。[⑥] 特别是在欧洲一体化进程中一系列有关著作权的指令所塑造的新的欧洲独创性标准，已经明确要求放弃创作高度的要求。实际上，创作高度一般都会对作者从事创作活动的能力提出要求。比如，德国联邦最高法院就在判例中认为，在科学技术领域内，著作权保护范围的下限，始于创作活动明显高于一般的平均能力之时。[⑦] 作者的创作能力与作者的个性不同，个性没有优劣之分，而创作能力则有。对作者创作能力的判断很难避免不与作品的

---

① 李明德：《美国知识产权法》，法律出版社2003年版，第10页。

② [德]迪茨：《论著作权》，许超译，载《知识产权研究》（第1卷）1996年版，第19页。

③ [美]保罗·戈尔斯坦：《论版权》，任允正译，载《著作权》1992年第2期。

④ 郑成思：《版权法》，中国人民大学出版社1997年版，第48页。

⑤ [德]乌尔里希·勒文海姆：《作品的概念》，郑冲译，载《著作权》1991年第3期。

⑥ 许忠信：《著作之原创性与抄袭之证明（上）》，载《月旦法学杂志》2009年第8期。

⑦ [德]乌尔里希·勒文海姆：《作品的概念》，郑冲译，载《著作权》1991年第3期。

文化或艺术价值发生联系。而在确定有关作品是否应享有著作权提供的保护时不应考虑其文化或艺术价值(质量)。“价值或质量是一个与鉴赏力有关的问题,应由公众和评论家,而不是由著作权去作出评价。应该看到,价值或质量和独创性是两种截然不同的概念。在发生争议的情况下,法官应当核实作品是否带有作者个性的特征,如果带有这种特征,则满足了独创性的要求。”①《法国知识产权法典》第L112-1条直接规定:“本法典的规定保护一切智力作品的著作权,而不问作品的体裁、表达形式、艺术价值或功能目的。”②美国法院曾一度要求对作品的艺术价值进行证明,并将此作为享受版权保护的条件。③ 但是在1903年Bleistein v.Donaldson Lithographing Co.一案中,美国最高法院放弃了这一实体性限制,放弃的原因是:“让仅受过法律训练的人员对绘画图片的价值进行最终判定,是一件危险的事情。”④对创造性的审查还是应当通过作者个性和个性空间来权衡判定。作者个性的解释可以结合相应的司法政策,在特定的社会文化和产业发展背景下作出;而个性空间则需要结合不同的作品类型,根据不同作品的性质予以判定,通过类型化的分析思维,以尽可能地接近创造性的客观规律。

综上,作品的独创性概念要求作品的形成来自作者自身的努力,而非抄袭自其他作品,尽管这一要求揭示了独创性的重要内涵,但这还只是其中一方面。作为独创性内涵的重要组成部分,其还要求作品的表达体现出创造性,在摒弃创作高度标准的同时,坚持作品必须是智力创作的成果。只有结合这两重含义,才能实现对独创性概念的完整诠释。司法实践是鲜活而具体的,只有深刻理解独创性的双重内涵,才能在版权诉讼的作品认定和侵权判定中把握住正确的方向。同时,我国独创性概念内涵的进一步明确,也需要借助司法判例的不断发展。

---

① [西]德利娅·利普希克:《著作权和邻接权》,联合国教科文组织译,中国对外翻译出版公司2000年版,第44～45页。

② 《法国知识产权法典:法律部分》,黄晖译、郑成思审校,商务印书馆1999年版,第4～5页。

③ [美]保罗·戈尔斯坦:《国际版权原则、法律与惯例》,王文娟译,中国劳动社会保障出版社2003年版,第180页。

④ Bleistein v. Donaldson Lithographing Co., 188 U.S. 239, 23 S. Ct. 298, 47 L. Ed. 460 (1903).

知识产权编是民法典中人的主体性的必要条件

■张新锋*

摘　要：主体性即公平地实现人的自由是民法典的最高价值，它建立在对人的标准像的认知基础上。人的标准像的模特从市民和商人发展到职业劳动者，直到当今依赖自己的智力创造和新的商业模式而获得经济独立性的“纯粹自由人”。在当代中国，知识为个人就业和自由独立的财产基础提供了更大可能，人的主体性更加依赖于由智力创造实现的社会财富增长，从而促进人的全面发展。民法典知识产权编不仅是保障人的主体性的必要条件，也是社会主义市场经济基本制度完善的需要。

关键词：主体性；民法典；知识产权编

Intellectual Property Series is Essential for the Human Subjectivity in the Civil Code

Zhang Xinfeng

Abstract: Human subjectivity that free is fairly implementation is the highest values of the Civil Code whose cognitive basis is abstract portrait of human. The abstract portrait of human is evolutional from residents of a city and merchants to occupational workers, and now it is “pure freedom” whose economic status is independence by their own intellectual creation and new business models. Intellectual property provides more possible for the personal employment and freedom of independent property foundation in China. The subjectivity of human being is more dependent the growth of wealth of society created by intellectual creation to promote the all-round development of people. Intellectual Property Series in the Civil Code Is not only essential for the human subjectivity, but also necessary to improve the basic system of socialist market economy.

Key Words: subjectivity; the civil code; intellectual property series

民法典和民事立法的科学化、民事裁判的合理化、法律思维的体系化和国家治理的法治化相联系。[①] 体系化不足的知识产权法渴求通过民法典完成自身的体系化。知识产权法的体系化立法技术依赖民法典，知识产权法规范的价值判断源于民法典。从权利性质的角度，知识产权与物权属于同一逻辑层次、处于同一位阶的民事财产权，知识产权法是民法不可分

---

* 张新锋，法学博士，厦门大学知识产权研究院副教授。

① 薛军：《当我们说民法典，我们是在说什么》，载《中外法学》2014 年第 6 期。

割的一部分。[①] 从规范设计的角度,经历了体系化、现代化改造的知识产权法"入典",将成为"范式"民法典的历史坐标,[②]但是知识产权法进入民法典有技术障碍和观念障碍。[③] "从实现中国民法典的基本功能、发展民法理论与制度、完善知识产权理论、便利知识产权实务的角度考量,应当在中国民法典中设立知识产权编。设立知识产权编的技术难度,是法典化的一般难度,不是知识产权编的特有难度。缺乏知识产权编,将是中国民法典的本质性缺陷。"[④]

知识产权法体系化、逻辑合理化和审判理论以及审判思维的统一性、缜密性都需要民法典,[⑤]但是民法典的立法技术没有为知识产权编做好准备,"不要说民法总则无法容纳它,就是民法典分则依逻辑也不适合它"。[⑥] 知识产权对民法典的需求不等同于民法典对知识产权的需求,虽然二者之间具有相辅相成的关系。[⑦] 知识产权法能否成为民法典的一编,取决于立法者对于民法典功能的认识,有赖于我们如何认知民法典的功能并探索这些功能如何实现。民法典的现代化、体系化和科学化程度决定着立法者是否制定知识产权编。知识产权法进入民法典次要地取决于如何看待知识产权法,主要地取决于如何看待民法和民法典;次要地依赖于民法典规范表达的立法技术,主要地依赖于民法典整体传达出的价值判断体系。

一、民法典的目的和功能

近代民法典的核心要义不仅仅是来自于罗马法的体系性和科学性,而是在罗马法的体系中嫁接了自然法的价值和启蒙运动的理想,将自然法的价值在形式理性中表达出来。利用重新编纂规范的机会,通过重构的规范结构,法律体系的精神灵魂焕然一新。而这些被替换了灵魂的法律规范又在实施中引导市民行为,臣民成为现代社会中的公民。最伟大的法典编纂无一不是对重大政治、社会或技术变革的回应,新的政治、哲学和宗教意识形态因此被提出并由新的权威加以贯彻实施。[⑧] 梁慧星认为:"民法典不仅是一部法律,它还包括很多价值取向、基本社会理念、基本法律精神和基本原则等,对整个民族和国家起到指引和教育的作用。"[⑨]

认知民法典的功能,必须明确民法典的使用者。民法典要为使用者制定,民法典的文本

---

① 刘春田:《知识产权作为第一财产权利是民法学上的一个发现》,载《知识产权》2015年第10期。

② 吴汉东:《民法法典化运动中的知识产权法》,载《中国法学》2016年第4期。

③ 吴汉东:《知识产权应在未来民法典中独立成编》,载《知识产权》2016年第12期。

④ 李琛:《论中国民法典设立知识产权编的必要性》,载《苏州大学学报(法学版)》2015年第4期。

⑤ 王迁:《将知识产权法纳入民法典的思考》,载《知识产权》2015年第10期;袁秀挺、陶冠东:《民法典制订与知识产权审判思维整合》,载《法律适用》2016年第12期;李琛:《从知识产权司法需求论我国民法典的编纂》,载《法律适用》2016年第12期。

⑥ 崔建远:《知识产权法之于民法典》,载《交大法学》2016年第1期。

⑦ 李琛:《论中国民法典设立知识产权编的必要性》,载《苏州大学学报(法学版)》2015年第4期;朱谢群:《也论民法典与知识产权》,载《知识产权》2015年第10期。

⑧ [法]让·路易·伯格:《法典编纂的主要方法和特征》,郭琛译,载《清华法学》第8辑,第12页。

⑨ 杨傲多:《哪些单行法纳入民法典争议大》,载《法制日报·两会特刊》2011年3月11日。

应当竭力取悦于人民、法官和法律从业者。[①] 用一条简单清晰的标准分类，民法典的使用者可分为法律人和非法律人。对于非法律人，民法典的作用在于行为规范和价值宣示。对于法律人，民法典作为裁判规范，能够建立法教义学思维和价值判断依据。民法典所建立的规范体系和逻辑形式成为法律人接受思维训练的教科书。作为裁判依据，民法典面对急剧变化、碎片化的生活实践越来越力不从心，但是民法典可以为法教义学提供完整的价值体系和秩序规范系统，为裁判者的解释提供原则性框架和方向。对法律人而言，法典的编制体例或形式体系非常重要，法典体系影响着法律人的解释活动，影响着特定法律概念或规则之解释。[②] 民法典所训练的法律人的思维方式在解释规范时就具备价值判断的经纬。全国人大常委会《关于〈中华人民共和国民法总则（草案）〉的说明》体现了立法者对民法典功能的认识。首先，"要实现公民权利保障的法治化"；其次，"构建民事领域的治理规则，提高国家治理能力"；第三，"完善我国民商事领域的基本规则，为民商事活动提供基本遵循"。[③] 这些功能要求和价值判断仍然是立法政治活动的语言，我们必须将其转换为法律语言并通过编纂技术贯彻在民法典中。

法律语言就是规范的表达。一个完整的法律规范体系由行为规范、裁判规范构成。由于裁判机关在进行裁判时，当然必须以行为规范为其裁判的标准，所以，行为规范在规范逻辑上必然同时为裁判规范，但是裁判规范并不必然是行为规范，因为裁判规范还包括一些规范裁判机关或者裁判行为的技术性规范。[④] 因此，大多数法律规范既属于裁判规范，又属于行为规范，还有一些裁判规范仅仅是裁判的技术要求，不具有行为指引作用。民法典的功能应当通过具体的裁判规范决定裁判过程，由裁判结果决定行为取向，进而使得行为取向构成行为规范，行为规范反映出民法典的价值判断。民法典应当通过规范系统的有机整体表达价值，而不是通过条文宣示表达价值。所以，尊重技术创新财产、尊重智力劳动成果的价值判断通过《民法总则》第 123 条的宣示性规定不能够完全表达。

民法典的体系化就体现为建立民事行为规范的私法系统和位阶体系自洽的价值判断系统。民法典是私法教义学的工作母机，是解释原则的源泉。私法的教义不仅仅是现行法规范的逻辑分析，也是具体个案中冲突的价值和利益之间的取舍判断原则和规则。当代中国法教义学解决内在的价值判断难题时，沿袭了继受法学的惯常思路，以域外的法律制度或者法学理论作为尺度和标准，用以衡量中国的立法和司法实践。[⑤] 为了改变这种不足，民法典要建立规范体系，更要建立价值判断体系和利益的位阶系统。价值判断问题是民法问题的核心，民法典要对类型冲突的利益关系做出取舍或者安排先后序位，建立民法价值体系应遵循的最低原则：在没有足够充分且正当理由的情况下，应当坚持强势意义上的平等对待；在

---

① Michael McAuley, Proposal For A Theory And A Method Of Recodification, 49 *Loy. L. Rev.* 261.(2003).

② 唐晓晴：《民法典的编制体例与民法总论》，载《澳门法学》2014 年第 11 期。

③ 李建国：《关于〈中华人民共和国民法总则（草案）〉的说明》，http://www.npc.gov.cn/npc/lfzt/rlyw/2016-07/05/content_1993422.htm，下载日期：2018 年 8 月 4 日。

④ 黄茂荣：《法学方法与现代民法》，中国政法大学出版社 2001 年版，第 111 页。

⑤ 凌斌：《什么是法教义学，一个法哲学追问》，载《中外法学》2015 年第 1 期。

没有足够充分且正当理由的情况下,不得主张限制民事主体的自由。[①] 平等的实现人的自由是民法典的最高价值,即主体性。

二、主体性是民法典的核心价值

民法即人法,民法规范建立在对人的标准像的认知基础上。近代民法建立在启蒙运动所倡导的人的主体性基础上,罗马法就不可能对人下定义,因为奴隶并不包括在人之内,奴隶等级的存在实已破坏了人的概念。[②] 在中世纪,被视为中心问题的并非是个人,而是包括个人的团体。[③]

新教伦理从基督教神学教义出发宣称每一个人都是一个"私的个人"。[④] 这为人的自由平等奠定了宗教意识形态基础。笛卡尔则实现了"私的个人"的世俗化,私人事务不再局限于良心范围内,"我思故我在",个人不但独立于身份,也独立于上帝。启蒙运动的集大成者康德提出,平等的每一个人都构成存在的目的,"只有一种天赋的权利,即与生俱来的自由"。[⑤] 人的主体性地位确立了。民法典的价值伦理就建立在人的主体性的标准像认识论基础上,民法典的目的就是尊重每一个人,使其成为人,并公平地赋予每一个人能够成为人的外部条件——财产。

主体性的最初标准像的模特是拥有个人财产的市民和商人。此时,民法典所描述的人像是,"尽可能自由且平等、既理性又利己的抽象的个人,是兼容市民及商人感受力的经济人"[⑥]。这当然是最有利于新兴有产者的标准像,剥夺了农奴主对于土地和贵族身份的垄断,客观上解放了奴隶和农奴。失去劳动力的土地贵族最终也将渐渐失去身份,或者转变为建立在雇佣劳动关系基础上的农场主。原子式的自由的个人获得财产的范式是市场经济和市民社会。但是对于大多数获得了抽象自由的农奴、奴隶和涌入城市的工人,他们完全不符合这一标准像,因为他们没有财产,既不理性也不精明,或者精明但是实质上缺乏缔约的物质条件。他们真正的自由是劳动的自由,是通过劳动取得财产的自由,这一自由十分脆弱而且严重依附于劳动雇主,19世纪工厂里的工人实际上并没有获得比农奴更多的实际自由,因为自由依赖于获得自由的外部条件——财产。但是民法典的主体性目的从未改变,随着取得财产手段的发展和立法技术的发展,这一目的不断被深化,并越来越接近目标。民法典的主体性的标准像的变化并非是因为立法者的认知和创造,而是技术和经济发展给更多的人以自由的财富保障,职业劳动者也可以成为真正的民法上的"人"。民法典并非产生"所谓民法中应该保护的人究竟是什么"的重大问题,[⑦]而是当初民法典设计时的模特群体扩大

---

① 王轶:《民法原理与民法学方法》,法律出版社2009年版,第32页。

② [德]黑格尔:《法哲学原理》,范扬、张企泰译,商务印书馆1961年版,第2页.

③ [日]星野英一:《私法中的人》,王闯译,中国法制出版社2004年版,第12页。

④ [美]哈罗德·J.伯尔曼:《法律与革命》(第2卷),袁瑜琤、苗文龙译,法律出版社2008年版,第6页。

⑤ [德]康德:《法的形而上学原理》,沈叔平译,商务印书馆1991年版,第50页。

⑥ [日]星野英一:《私法中的人》,王闯译,中国法制出版社2004年版,第1页。

⑦ [日]星野英一:《私法中的人》,王闯译,中国法制出版社2004年版,第1页。

了，既包括市民、商人，也包括劳动者和消费者。只有所有人的主体性自由得到实现，私法才符合以人为中心的价值观。

工业革命完成后，随着技术的发展，人的劳动生产率大幅提高，人们不依赖于资本而仅仅依赖自身的劳动就可以渐渐获取维持自身自由的财产条件。此时，私法上的人的标准像从有产者市民、农民的形象转变为市场经济关系中的劳动者。工业革命完成后的首部民法典《意大利民法典》"在任何情况下都要强调人的首要地位的原则"下，[①]将劳动关系纳入民法典，创设"劳动编"，并首次在劳动编中规定"智力作品权和工业发明权"，在"劳动编—企业章"规定"商号权"和"商标权"。

人类进入 20 世纪末期后，以互联网和人工智能为代表的技术革命再次推动私法上的人的标准像的演化，从工业生产流水线上的劳动者转化为，能够依赖自己的智力创造、商业形象和标识以及新的商业模式而获得经济独立性的"纯粹自由人"。这个时期的代表性民法典都将人的主体性实现作为核心原则和规范出发点。《荷兰新民法典》将人置于私法关系的核心地位。[②]《魁北克民法典》旨在"全面承认人和人权是全部私法的中心"，[③]"给予人以应得的优先地位，使人成为整个私法的法律关系的基石"[④]。主体性从抽象性走向平等性和具体性，即不但宣扬人的自由和平等价值观，而且创造所有人平等地实现自由的财产外部条件。财产成为开放性概念——财产的产生不仅仅依赖物权的先占和生产，通过劳动工资、投资收益、智力创造、商业形象的利用产生实现人的自由和主体性的财产基础和外部条件。作为世界新经济领跑者的美国，2014 年美国全部工作机会的三成来自于知识产权密集产业，截至 2010 年，知识产权密集型产业的平均周工资上涨了 42%，来自知识产权密集型产业的商品占美国出口总额的 60%。而仅在 2010 年，知识产权密集型产业的增加值约为 5.06 万亿美元，占美国国内生产总值的 34.8%。[⑤]知识财产为个人就业和自由独立的财产基础提供了更大可能。

20 世纪末期至今的民法典，除了特殊的法律环境和历史包袱外，法典化和再法典化的民法典都包含知识产权编，如《意大利民法典》《俄罗斯民法典》《乌克兰民法典》《越南民法典》《土库曼斯坦民法典》。没有知识产权内容的民法典特例主要有三类：第一，《魁北克民法典》和美国的《路易斯安那州民法典》没有知识产权编，因为它们是联邦体制，知识产权法是联邦立法事项，所以州的民法典无须重复立法。第二，《捷克民法典》《匈牙利民法典》等东欧国家民法典不含知识产权编，因为它们在进入社会主义国家之前有潘德克顿民法典体系的传统，所以在社会主义解体之后，为了迅速建立市场经济体制，它们直接恢复了原来的《民法

---

① [意大利]桑德罗·斯奇巴尼：《〈意大利民法典〉及其中文翻译》，黄风译，载《比较法研究》1998 年第 1 期。

② [荷兰]海玛：《荷兰新民法典导论》，王卫国译，载《荷兰民法典》，中国政法大学出版社 2006 年版，第 18 页。

③ William Tetley：《混合法域：普通法法系与民法法系》，毛国权译，载易继明主编：《私法》第三辑第 1 卷，北京大学出版社 2003 年版，第 105 页。

④ Roderick A. MacDonald，*Legal Bilingualism*，42 *McGill L.J.* 119.(1997).

⑤ USPTO，Intellectual Property and the U.S. Economy：2016 Update，httpsobamawhitehouse.archives.govblog20120411intellectual-property-and-us-economy，下载日期：2017 年 6 月 14 日。

典》。《巴西民法典》(1992)没有知识产权内容也是因为传统的延续。第三,《荷兰民法典》原计划含知识产权编,但是由于荷兰国内法必须和欧盟法一致,而德法主导的欧盟知识产权法律没有法典化,所以不得不暂时缓慢《民法典》知识产权编的编纂,但是至今没有明确放弃知识产权编。

三、知识产权编对民法典现代化的意义

我国政治、社会、经济发展奠定了人的主体性的认识基础。《中共中央关于全面深化改革若干重大问题的决定》提出,社会主义建设的根本目标是"以人民为主体","促进人与社会的全面发展"。为了实现人的主体性,《中共中央关于制定国民经济和社会发展第十三个五年规划的建议》提出,要"把创新摆在国家发展全局的核心位置","培育发展新动力,优化劳动力、资本、土地、技术、管理等要素配置","完善市场评价要素贡献并按贡献分配的机制"。这表明我国的工资性收入、投资财产性收入,以及通过技术创新产生智力创造的收入,通过商业管理产生的商标、商号、商业形象等营业管理性收入逐渐成为私人财产的主要来源,物权之外的其他财产性权利和知识产权应当成为民法典财产法的主要内容。虽然缺乏全面统计,2010—2014年,我国专利密集型产业增加值合计为26.7万亿元,占GDP的比重为11.0%,年均实际增长16.6%,是同期GDP年均实际增长速度(8%)的两倍以上;专利密集型产业平均每年提供2631万个就业机会,以占全社会3.4%的就业人员创造了超过全国1/10的GDP,劳动者报酬占比为9.4%。[①] 我国版权产业从2006年的13489.33亿元增长至2014年的46287.81亿元,平均年增速17%,对GDP贡献的比重从6.39%增长到7.28%。[②]中国是人口大国,正在转变为人力资源大国,而中国的人均自然资源占有量远低于世界平均数,中国的崛起就是要发挥人力资源优势,利用技术创新、商业创新等新的创造财富的手段弥补自然资源禀赋的匮乏。和平崛起决定了中国的现代化不可能重复历史上欧洲国家崛起时争夺殖民地物质资源的方式。中国人的主体性自由就更加依赖由个人智力创造实现的社会财富增长,从而促进人的全面发展。

知识产权是个人智力劳动创造的成果,所以创造者当然地享有其所有权。作为精神产品的外部化,它是人格意志的体现,具有财产所有权的正当性。知识产权天然地具有独立性、自主性和分散性,每一个人都可以通过自己的劳动创造而无须借助于任何外在物质条件获得财产。有学者甚至提出劳动力产权,包括经营管理型劳动力产权、技术及开发创造型劳动力产权、生产及一般服务型劳动力产权等,认为劳动力产权的实现,是人本身的全面发展和人类社会进步的基础。[③] 社会主义经济"通过创造更多的财富,更好地满足了差别原则",这个原则要表达出个体创造的积极主动性,从这种观点出发,个体是创造的积极主动性存

---

① 《中国专利密集型产业主要统计数据报告(2015)》,http://www.sipo.gov.cn/tjxx/yjcg/201610/P020161028632217319768.pdf,下载日期:2017年6月15日。

② 肖虹:《2014年中国版权产业经济贡献报告发布》,载《中国版权》2016年第3期。

③ 王珏:《关于劳动力产权的几个问题》,载《南方经济》2004年第10期。

在,应坚持从人的主体能力来理解财富的普遍本质。[①]

对普通人财产权的明确界定和保护,是维护个人自由发展的主要基础和前提。[②] 个人自由的智力劳动产生的知识产权是人的自由价值的双重体现,知识财产既是自由劳动创造的结果,反过来也因为财产的保障而维护了人的自由。民法的终极价值是对人的关怀,中国未来的民法典应当以人文关怀构建价值理念,注重对人的自由和尊严的充分保障以及对弱势群体的特殊关爱。[③] 对人的关怀,首先体现在对人的自由的关怀和保障,除了政治和人身自由的保障外,人获得财产的自由和财产基础对于自由的维护应被置于民法典的首要位置。这种价值理念要求将更能保护自由职业者和没有不动产保障的弱势个人的知识产权纳入民法典。人的主体性权利及其实现在何种程度上得到保障是民法典能否现代化的试金石。

知识产权不可能自己完成体系化。离开了民法典的基本原则、主体制度、法律行为(含代理)制度、合同制度、权利保护制度,知识产权法就没有据以思维和言说的表述体系。但是民法典的现代化更需要知识产权编,因为知识产权日益成为民法典价值判断的重要尺度。因为主体性,所以,民法典必须将人置于中心地位,并且通过全面保护人的权利实现人的自由。在权利的序位中,那些不容易被企业垄断的劳动财产、智力创造财产、商业形象财产和新商业模式财产应当优于不动产财产。目前反对民法典纳入知识产权编的主要理由是立法技术。而立法技术以及规范表达系统的考量要次于新价值体系的建构,在实现主体性方法中,知识产权优于传统物权,知识产权进入民法典本身就是一种价值判断。在价值判断优先的前提下,规范表达的立法技术创新才能反映民法学的创新与贡献。

知识产权进入民法典,不仅仅是主体性实现的必要条件,也是社会主义市场经济基本制度完善的需要。全面深化改革的内容,是民法典内容的重要来源和依据。中共中央四中全会提出编纂《民法典》,其完整的表达是:“完善社会主义市场经济法律制度。健全以公平为核心原则的产权保护制度……完善激励创新的产权制度、知识产权保护制度和促进科技成果转化的体制机制。加强市场法律制度建设,编纂民法典,制定和完善发展规划、投资管理、土地管理、能源和矿产资源、农业、财政税收、金融等方面法律法规,促进商品和要素自由流动、公平交易、平等使用。”要建立社会主义市场法律体系,是要建立市场经济的基本法和市民社会的教科书,民法典和后面的行政法律制度并列,表示“民法典包括知识产权法律制度”。如果民法典放弃大量的商业财产和知识产权财产,就不能称为市场基本法。因为立法技术原因而放弃价值目标,不但削足适履,而且自我限缩了当代中国民法学的历史贡献。

四、知识产权法如何进入民法典

1986 年《民法通则》起到了“微型民法典”的作用。[④]《民法通则》作为微型民法典,其并

① 张文喜:《马克思所有权批判及其相关的公平正义观》,载《中国社会科学》2016 年第 8 期。

② 乔洪武:《实现人的自由全面发展的基本条件》,载《科学社会主义》2004 年第 6 期。

③ 王利明:《民法的人文关怀》,载《中国社会科学》2011 年第 4 期。

④ 江流:《民法通则:我国的“微型民法典”》,载《中国人大》2008 年第 16 期。

未直接宣示知识产权是民事权利的一种，而是将知识产权的内容作为裁判规范和行为规范予以了确立。由于《民法通则》“微型”和简略，专利法、著作权法不得不和继承法、合同法、侵权责任法一样，另行制定配套的单行法，但无论立法模式如何演变，就当时的情形而言，知识产权已是微型民法典的独立篇章。

民法典的体系化不应简单地将知识产权规则作为一编，放在民法典的某个位置。知识产权法的体系化应当将现行的单行法体系打乱，重新组织，将有产者市民、商人、农民、劳动者、知识创造者等人作为私法上人像的模特，勾勒出现代民法典中人的标准像，同时将知识产权和物权、投资性权利等权利类型统筹在一起统一构建权利规范。利用不同于200年前、100年前的编纂技术来完成我国市场经济法律体系的体系化十分必要和存在可行性。知识产权的主体和传统的民事主体一样，无须另行规定，知识产权的权利内容非常稳定，知识产权法容易变动的是登记和审查程序的内容，这些内容本身是一种行政程序，不属于私法的内容。专利审查是技术审查，并非行政授权。和《不动产登记条例》一样，知识产权的审查登记也可以另行制定《知识产权审查登记条例》。权利类型、权利内容、权利救济、权利交易的规范可以进入《民法典》的知识产权编或者合同编和侵权责任编。知识产权法规范的知识产权许可合同对传统民法也是一大贡献，不仅丰富了传统合同的类型，同时扩大了当事人利用自己的财产，实现个人自由的可能性。

知识产权的私权形式与工具本质

■朱　冬*

摘　要:私权论决定了知识产权法的体系归属。私权论反对知识产权公权化的论调,强调知识产权法的二元价值。工具论则被与私权论相并列,用以说明知识产权法的政策属性。但是,借私权论引入的自然权利论与知识产权的国家授予性存在龃龉;权利本位助长了知识产权的扩张,知识产权法的二元价值难以有效遏制上述趋势。综合工具论与私权论的视角,知识产权可以被看作是借私权形式引入市场机制,从而实现促进创新目标的法律工具。服务于该公共政策目标,知识产权法不但要激励首创,还要保障后续创新,并防止权利扩张带来的社会成本,同时,需要认识到私权形式对知识产权法体系化的重要意义。以促进创新为由对知识产权法律规则的调整,亦需要在私权形式的框架下进行。

关键词:知识产权;民法;私权;工具论

Intellectual Property: Private Right in Form and Tool in Essence

Zhu Dong

Abstract: The most important impact of recognizing IP as private right is that a proper place can be found in the legal system for this are of law. Those who held private right theory tend to deny that IP involves some features of public power, therefore, emphasis the dual value of IP law. The instrumental theory is treated as another perspective contrasted with the private right theory, and is used to demonstrate the policy nature of IP law. However, the natural right theory introduced with the private right theory cannot explain why IP is granted by the state. Protection of private right is advocated in the expansion of IP, and the dual value of IP law cannot effectively resist this trend. By mixing up the instrumental perspective and the private right perspective, IP can be seen as a legal means of using the form of private right to create market mechanism to achieve the goal of creation inventiveness. By emphasizing this public policy, IP law should not only protect the first inventor but also leave enough room for the later creator. Besides, the social cost of IP expansion should be concerned. The form of private right of IP should also be emphasized during the systematization of IP law. Any adjust to the private right mechanism should follow the incentive goal, of course under the form of private right.

Key Words: intellectual property; civil law; private right; instrumentalism

---

* 朱冬,法学博士,厦门大学知识产权研究院助理教授。

在民法典的制定过程中,知识产权与民法的关系问题再度成为学界关注的热点。尽管关于知识产权法如何融入民法典,这一技术问题目前还存在分歧,但是通过"入典"实现知识产权作为私权的理性回归似乎已经成为共识。[①] 上述共识的依据,便是TRIPs协议对"知识产权是私权"的宣示。[②] 如何理解"知识产权是私权"这一基本判断,对知识产权法律制度的内在逻辑影响甚大,是在知识产权法体系化的过程中需要明确回答的问题,也是决定知识产权研究基本进路的根本性问题。笔者不揣浅陋,试图通过本文对知识产权私权论进行反思,以期为知识产权在何种意义上是私权这一问题提供一种解释,并为知识产权私权论与现代知识产权法理论中的工具论论调进行协调提供一种解决方案。为此,本文从回顾我国学界对"知识产权为私权"的基本理解入手,分析私权本质论可能存在的不足,在此基础上,主张将知识产权看作一种为实现促进创新这一公共政策目标而通过私权形式引入市场机制的法律工具,进而得出应当从形式的视角理解知识产权私权属性的结论。

一、"知识产权是私权"的中国式解读

从本意上讲,TRIPs协议明确"知识产权是私权"的目的,是与知识产权保护的公共政策目标进行平衡,[③]以保护私权这一普世价值来保障发达国家提出的强化知识产权保护的主张。[④] 学者批评道,TRIPs协议"是在世界范围内承认将知识产权视为私有财产而不是公共财产的投资道德说的第一阶段"。[⑤] 在我国,"知识产权是私权"这一判断则被赋予了不同的意义。围绕着知识产权的私权属性,知识产权法的一系列基本理论问题得到了讨论。

(一)将私权转换为民事权利

尽管TRIPs协议中"知识产权是私权"这一判断主要反映了发达国家强化知识产权保护的诉求,该判断在我国却受到了极大的欢迎,并被作为认识知识产权属性的基本判断而成为教科书中宣示的真理。[⑥] 当然,这并不是说我国学者亦赞同发达国家以知识产权的私权属性强化知识产权保护的主张,[⑦]而是因为在该判断下,通过将私权转换为民事权利,解决了知识产权法的制度归属问题,为祛除中国知识产权法中长期存在的行政干预和管理思维提供了有力的依据。

---

① 刘春田:《知识产权作为第一财产权利是民法学上的一个发现》,载《知识产权》2015年第4期,;吴汉东:《民法法典化运动中的知识产权法》,载《中国法学》2016年第4期。

② TRIPs协议序言部分。关于"private right"一词的中文翻译及其影响问题,参见唐艳:《知识产权私权话语表达之探讨》,载《知识产权》2013年第4期。

③ Christopher May & Suan K. Sell, *Intellectual Property Rights: A Critical History* 163, Lynne Rienner Publishers, 2006.

④ 孔祥俊:《WTO知识产权协定及其国内适用》,法律出版社2002年版,第72页。

⑤ [澳]彼得·达沃豪斯、约翰·布雷思韦特:《信息封建主义》,刘雪涛译,知识产权出版社2005年版,第10页。

⑥ 刘春田:《知识产权法》,高等教育出版社2015年第5版,第20页;吴汉东:《知识产权法》,法律出版社2015年第5版,第6页。

⑦ 李永明、吕益林:《论知识产权之公权性质——对"知识产权属于私权"的补充》,载《浙江大学学报(人文社会科学版)》2004年第4期。

改革开放以前,我国对创新的激励和市场秩序的维护主要依靠行政管理规范。[①] 20世纪80年代以来,我国初步建立起了现代的知识产权制度。然而,尽管1986年《民法通则》确定了知识产权作为民事权利的地位,[②]但是直到在20世纪90年代中期,我国学者还在讨论知识产权法中多种性质的规范并存带来的"归类难"问题。[③] TRIPs协议对"知识产权是私权"的承认则为知识产权法的体系归属提供了国际公约层面的依据。通过私权与民事权利的转换,确认知识产权的私权属性,即肯定了知识产权作为民事权利的地位。既然知识产权属于民事权利,知识产权法亦应当属于民法的主要组成部分。[④] 从民法中财产法基本体系的构建入手,我国学者进一步主张知识产权属于无体财产的范畴,并将知识产权的出现视为财产权非物质化革命的重要成果。[⑤]

对知识产权私权属性的确认,决定了知识产权法应当体现私法的基本理念。然而,受计划经济体制的影响,我国长期以来缺乏私权传统。建立于计划经济向市场经济转型时期的知识产权制度,亦不免残存着若干行政干预和管理性规范。例如,对违禁作品著作权的否定混淆了出版管制与著作权保护,[⑥]行政机关对驰名商标的主动认定使得驰名商标异化为一种荣誉称号,[⑦]强大的知识产权行政执法权造成了对企业经营的过度干预,[⑧]等等。以知识产权私权论为理论工具,学界主张应当在知识产权立法和司法过程中"尊重知识产权的私权本性",[⑨]强烈呼吁祛除我国知识产权立法和司法中存在的行政干预和管理性规范,而保障私权机制的运行以充分地发挥知识产权制度的功能。从这个意义上讲,坚持知识产权的私权属性,"将决定我国知识产权制度的根本面貌和立法走向"。[⑩]

(二)反对知识产权公权化理论

将知识产权定性为私权面临的一个不可回避的难题在于,知识产权具有不同于传统民事权利的特征。面临知识产权依国家授权而产生、在保护权利人利益的同时强调维护社会公共利益等特征时,我国有部分学者对知识产权私权论进行了一定程度的修正,认为上述特征的出现导致知识产权已经不再是单纯的私权,而是出现了公权化的趋势,因此,知识产权是一种"具有公权因素的私权",[⑪]或者说,知识产权的公权性是对私权性的补充。[⑫] 知识产权公权化理论的提出,并非是完全否定知识产权的私权属性,而是在深受传统民法中私权神

---

① 例如,1963年的《商标管理条例》、1978年的《发明奖励条例》。

② 《民法通则》第五章第三节。

③ 郑成思:《知识产权若干问题再析》,载《中国法学》1996年第6期。

④ 刘春田:《知识产权法》,高等教育出版社2015年第5版,第23页。

⑤ 吴汉东:《财产的非物质化革命与革命的非物质财产法》,载《中国社会科学》2003年第4期。

⑥ 丛立先:《违禁作品著作权问题辨析——兼评我国〈著作权法〉第4条的修改》,载《法学》2011年第2期。

⑦ 袁真富:《防止驰名商标异化:司法解释的制度设计及其评价》,载《电子知识产权》2009年第8期。

⑧ 李扬:《知识产权法基本原理(I)——基础理论》,中国社会科学出版社2013年版,第10~11页。

⑨ 金海军:《知识产权私权论》,中国人民大学出版社2004年版,第19页。

⑩ 刘春田:《知识产权作为第一财产权利是民法学上的一个发现》,载《知识产权》2015年第4期。

⑪ 冯晓青、刘淑桦:《试论知识产权的私权属性及其公权化趋向》,载《中国法学》2004年第1期。

⑫ 李永明、吕益林:《论知识产权之公权性质——对"知识产权属于私权"的补充》,载《浙江大学学报(人文社会科学版)》2004年第4期。

圣观念的影响下,强调知识产权法关注公共利益的特点已经动摇了知识产权的私权属性,使得知识产权的属性出现了二元化的趋势。

知识产权公权化理论遭到了私权论者的强烈反对。

首先,对于知识产权依国家授权而产生的问题,反对公权化理论的依据在于权利的属性"取决于权利的基本内容而不是权利的产生方式"。[①] 也就是说,"知识产权作为民事权利的属性取决于它所调整的利益关系的性质"。[②] 知识产权法所要解决的首要问题是知识产品中财产利益的分配问题,这当然是平等主体之间的关系,调整对象的平等性决定了知识产权应当归属于私权而非公权。在知识产权依国家授权产生的问题上,公权规范一般被认为是服务于私权的手段,[③]甚至被认为仅仅是一种行政确认行为。[④] 在权利取得方面依赖于公权在其他民事权利领域中亦存在类似的情况,不动产登记同样是利用公权实现对私权进行公示的手段,并不因公权规范的引入而改变知识产权的私权属性。

其次,对于知识产权法中的利益平衡原则,反对公权化理论的观点认为,利益平衡主要表现为知识产权的例外和限制制度,而权利保护和权利限制均是"知识产权制度内部的平衡与调整,它没有也不应该改变知识产权的本质属性"。[⑤] 反对公权化理论的学者认识到,私法自治受到限制是现代民法中的普遍现象,不能以利益平衡原则限制了知识产权人的私有权利为由,否定知识产权的私权属性。这种观点的特点在于,试图以权利限制的方式将对公共利益的维护内化于知识产权的私权属性之中,从而坚持了知识产权作为私权的一元属性。但是,这种做法的后果是将私权保护与利益平衡两种价值相并列,使得知识产权法的价值出现了二元化的趋势。[⑥] 由于在上述两种价值之上缺少一个上位价值,两种价值如何进行有效协调的问题在知识产权私权论下并没有得到较好的回答。

(三)引入知识产权本质的多维视角

在我国,另一种消解知识产权法中私权保护与平衡公共利益原则矛盾的方法,是引入知识产权本质的多维度视角:主张私权论仅仅是理解知识产权本质的一种视角,承认知识产权本质具有多面性,从不同的视角出发可以对知识产权的本质做出不同的解读。关于理解知识产权本质的不同视角,我国学者总结的维度并不相同,有的归纳为个人、国家和国际三个维度;[⑦]有的则划分为个人、企业和国家三个维度。[⑧] 但是无论如何,私权视角和工具视角均得到了承认:在私人语境下,知识产权是财产私有的权利形态;而在国家层面,知识产权则是

---

① 吴汉东:《关于知识产权私权属性的再认识》,载《社会科学》2005年第10期。

② 刘春田:《知识财产权解析》,载《中国社会科学》2003年第4期;李琛:《论知识产权法的体系化》,北京大学出版社2005年版,第144页。

③ 刘春田:《知识产权作为第一财产权利是民法学上的一个发现》,载《知识产权》2015年第4期。

④ 杜颖、王国立:《知识产权行政授权及确权行为的性质解析》,载《法学》2011年第8期。

⑤ 吴汉东:《关于知识产权私权属性的再认识》,载《社会科学》2005年第10期。

⑥ 冯晓青:《知识产权法的价值构造:知识产权法利益平衡机制研究》,载《中国法学》2007年第1期;吴汉东:《试论知识产权限制的法理基础》,载《法学杂志》2012年第6期。

⑦ 吴汉东:《知识产权本质的多维度解读》,载《中国法学》2006年第5期。

⑧ 王先林:《从个体权利、竞争工具到国家战略——关于知识产权的三维视角》,载《上海交通大学学报(哲学社会科学版)》2008年第4期。

政府实现公共政策的制度工具。[①] 也就是说，知识产权本质的多维视角在承认知识产权为私权的同时，亦承认知识产权作为政策工具的属性。这样一来，对知识产权的私权属性的讨论可以被主要限定在保护权利人的限度内；而按照公共政策的视角，知识产权可以被看作是一种政策工具，在授予垄断权的同时需要防止对公共利益造成损害。因此，工具论可以被用来涵盖和说明权利限制的必要性。

从工具论的维度出发，知识产权保护视角亦可以被作为私权视角的某种限制。TRIPs协议即采取了这种方法，即在承认知识产权私权属性的同时，亦肯定成员国可以出于公共政策的考虑对知识产权进行适当的限制。[②] 我国学者通常强调知识产权作为国家政策工具的特殊性，进而提出知识产权保护水平与基本国情和发展水平相适应的主张。[③] 由于知识产权的政策工具的维度通常被用来对抗知识产权的强保护观点，因此对知识产权的限制亦通常以政策考量的面貌出现。从这个角度来看，政策视角缓解了知识产权私权论所面临的难题，给知识产权法中的公共利益保护机制在私权论之外找到了一个理论基础。

对知识产权的多维度解读，使得知识产权的研究范式得到了扩展，加深了对知识产权本质的认识。这些视角之间被视为具有相互独立、互不重叠的关系，分别从不同的侧面展示了知识产权的本质特征。私权的视角乃是属于传统法学研究的范畴，而工具的视角则“是政策科学对知识产权政策属性的基本概括”。[④] 也就是说，与私权视角相比，“政策工具仅仅是从外部限定的角度阐释了知识产权的权利属性”。[⑤] 对知识产权本质多维解读仍然存在类似的问题，即没有对各种视角之间的关系进行说明。

二、私权本质论的逻辑推演及其不足

知识产权私权论在承认知识产权与其他民事权利存在区别的同时，认为这些区别并不能够改变知识产权与其他民事权利作为私权的同质性。在私权本质论下，对于知识产权与其他民事权利共性的认识可能导致一些原本不适用于知识产权的理论和原则藉私权本质论引入知识产权法。例如，自然权利论和权利本位论在知识产权领域的运用，已经在理论认识上和实践后果上出现了一些问题。这些问题的出现，说明知识产权私权本质论存在一定的不足，需要对私权本质论的合理性进行反思。

（一）自然权利论的解释力不足

将知识产权定性为私权，可能导致长期以来在民事权利领域中占主导地位的自然权利论被引入知识产权领域。应当承认，洛克的劳动财产理论、黑格尔的人格财产理论等自然权

---

① 吴汉东：《知识产权本质的多维度解读》，载《中国法学》2006年第5期；王先林：《从个体权利、竞争工具到国家战略——关于知识产权的三维视角》，载《上海交通大学学报（哲学社会科学版）》2008年第4期。

② TRIPs协议序言部分。

③ 吴汉东：《知识产权本质的多维度解读》，载《中国法学》2006年第5期。

④ 吴汉东：《知识产权的多元属性及研究范式》，载《中国社会科学》2011年第5期。

⑤ 肖志远：《知识产权权利属性研究——一个政策维度的分析》，北京大学出版社2009年版，第224页。

利论对于知识产权的正当性具有一定的解释力。[①] 但是自然权利论在知识产权领域的适用面临一个根本性的问题,即其与知识产权的国家授予性之间存在龃龉。知识产权私权论将权利的国家授予行为看作是私权产生的形式要素,但是没有看到知识产权国家授予性的另一层含义,即知识产权并非先于国家而存在,而是一种由国家基于公共政策考量而创设的权利。知识产权的国家授予性所表明的乃是国家出于促进创新的目的而创设知识产权的基本思想,是自然权利论无法表达的。

从私权的历史传统上讲,"源自罗马法的私权理念是从制度规范上确立私主体对其行为进行选择的可行性、意愿性、合法性和自然法属性"。[②] 随着欧洲商品经济的发展,复兴的罗马法产生了广泛的影响。在自然权利观念下,私权是先于国家存在的,并非国家依国家法律而创设,私权具不可剥夺性,需要得到国家的承认和保护。在自然权利论下,"权利的功能在于保障个人的自由范围,使其得自主决定、组织或形成其社会生活,尤其是实践私法自治原则"。[③] 据此,民事权利被认为是实现主体性不可缺少的要素,对私权的保护高度体现了手段与目的的统一性。

然而,将知识产权定性为自然权利并不符合知识产权的历史形象。西方知识产权的发展历程表明,知识产权并非源于自然权利,而是脱胎于封建特权,并随着近代国家的形成逐渐蜕变为一种法定权利。这种法定权利的确立并非基于自然权利论,而是一种为了达成某种功利目标而专门由制定法所创设的权利。在英美法系,专利权和版权均是基于制定法而非普通法产生的权利。1624年,英国《垄断法规》取消了一切形式的垄断权,仅保留了对技术创新授予的垄断权,[④]这表明赋予专利权是为了鼓励创新而由国家创设的权利。1710年,英国《安妮女王法》为了促进文艺创作和传播在制定法上创设版权。[⑤] 1774年的Donaldson v. Beckett一案则进一步否定了普通法上永久版权的存在,[⑥]肯定了版权并非自然权利的观点。《美国宪法》上著名的知识产权条款亦明确地强调版权和专利是国家为了鼓励知识传播和创新而专门授予的权利。[⑦] 由于专利权和版权是制定法的产物,因此在普通法系通常被视为一种"垄断特权"(monopoly privilege),[⑧]是一种普通法上的权利和义务的例外,是由制定法所专门赋予的特殊权力和豁免(special powers and immunities),[⑨]并非一般意义上的以自然权利为基础的财产权。

自然权利论下对私权保护的目的和手段的统一性在知识产权领域是难以维系的。因为

---

① 曲三强:《传统财产理论对知识产权观念之影响》,载《窃书就是偷——论中国传统文化与知识产权》,知识产权出版社2006年版,第33~72页。

② 费安玲:《论知识产权与民法典的互动》,载《陕西师范大学学报(哲学社会科学版)》2017年第2期。

③ 王泽鉴:《民法总则》(增订版),中国政法大学出版社2001年版,第84~85页。

④ *Statute of Monopolies* 1624 s 11.

⑤ *Statute of Anne* 1710.

⑥ Donaldson v. Beckett, (1774) 1 Eng. Rep.837 (H.L.).

⑦ U.S. Constitution art. 1, §8, cl. 8.

⑧ Sony Corp. of Am. v. Universal City Studios, Inc., 464 U.S. 417, 451 (1984).

⑨ Tom W. Bell, Copyright as Intellectual Property Privileges, 58 *Syracuse L. Rev.* 523, 529 (2007).

在特权的观念下，知识产权无非是国家为了达成某种公共政策目标而采用的特定手段。具体来讲，即是通过私权保护的手段来达到促进创新的目的，私权保护本身已经不再是知识产权法的根本目标。即使是在原本深受自然权利论的部分领域，现代知识产权法的发展表明，其亦逐步转向工具论，从而与自然权利论渐行渐远。与版权体系不同，欧洲大陆的著作权法是以自然权利为基础建立起来的，强调作品是作者人格的反映。然而，在欧盟层面上，著作权法的协调则强调著作权保护对于促进文化传播和促进产业发展的重要作用，①而不再过分强调作者的自然权利。在英美法系，与版权和专利不同，商标被认为是一种产生于普通法上的权利。② 而现代的商标法理论的重心则转向了降低消费者搜寻成本，③保护商标所有人仅仅是实现上述目标的手段，从而使得商标保护亦具备了工具论的色彩。

（二）权利本位、二元价值与知识产权扩张

现代社会中，知识产权出现了极度扩张的趋势。随着技术和产业的发展，新的客体不断被纳入到知识产权的范畴中来，新型的专有权利不断出现，知识产权的保护期限亦不断延长。知识产权的扩张使得法律对知识产权权利人的保护提高到了前所未有的水平，相应的，原有的公共领域则被不断地侵蚀。知识产权的扩张当然离不开利益集团的游说，④而知识产权私权论往往被权利人作为主张加强知识产权保护的重要依据。正如学者指出的，“使用财产一词去描述版权、专利、商标等，传达了这样的印象，即它们基本近似于土地或者有形动产上承载的利益，需要获得相同的全面的保护”。⑤

私权论中被用于支持知识产权扩张的首要依据是自然权利论下传统私法中的权利本位观念。受自然法理论的影响，“民事权利是与生俱来的权利，不应为任何后天的原因所限制”。⑥ 因此，私法的基本逻辑是以权利为本位，强调对私有权利的绝对保护。如前文所述，TRIPs协议引入知识产权私权论的原初目的即在于说服成员国更加顺利地接受发达国家主导的高标准的知识产权保护规则。过分强调私权论可能带来以下危险，即知识产权被认为如此之重要，以至于个别成员的福利亦不能作为阻碍创造者自然权利的理由。⑦ 在劳动财产权理论的推动下，对智力劳动乃至对投资的强调成为知识产权权利人扩张其权利的有力理由。受自然权利论的影响，我国知识产权司法实践中亦出现了过度保护的倾向，主要表

---

① 例如，2001年的《欧盟信息社会版权指令》即明确指出，指令的目的在于建立协调一致的版权和相关权利的法律框架，从而促进对创造与革新、包括对网络基础设施的大规模投资，进而引导欧盟相关产业的发展。

② *In re Trade-Mark Cases*, 100 U.S. 82, 92 (1879).

③ Stacey L. Dogan & Mark A. Lemley, *A Search-Costs Theory of Limiting Doctrines in Trademark Law*, 97 Trademark Rep.1223, 1227 (2007).

④ ［美］苏珊·K.塞尔：《私权、公法——知识产权的全球化》，董刚、周超译，中国人民大学出版社2008年版，第108页。

⑤ William W. Fisher III, *The Growth of Intellectual Property: A History of the Ownership of Ideas in the United States*, *in* 1 Intellectual Property Rights: Critical Concepts in Law 72, 85 (David Vaver ed., 2006).

⑥ 张永华：《民法的自然法学基础》，法律出版社2012年版，第249页。

⑦ Samuel Oddi, Nature and Scope of the Agreement TRIPS —Natural Rights and a “Polite Form of Economic Imperialism”, 29 *Vand. J. Transnat'l L.* 415, 440 (1996).

现为“在没有明确法律依据的情况下,法院习惯于将劳动创作活动作为确认创作者对其劳动成果享有财产权或获得法律保护的基础”。[①]

将权利本位观念引入知识产权领域的问题在于,在知识产权扩张的大背景下,简单地将知识产权扩张的正当性归结为保护权利人的主张并不令人满意。[②] 知识产权私权本质论在解决知识产权正当性危机的过程中表现出的不足,被学者归纳为单纯强调权利人保护的“工具理性的越位”以及对知识产权保护社会效果进行评价的“价值理性的缺位”。[③] 我们不能片面地强调私权保护,而是需要对知识产权扩张所带来的整体社会效果进行综合判断。

藉私权论引入知识产权法的利益平衡原则虽然确立了一些权利限制机制,但是该原则同样不能有效地防止知识产权的过度扩张。首先,知识产权法上利益平衡原则的价值取向缺乏明确性,使得利益平衡作为一种划定知识产权保护强度的方法论存在不足。[④] 由于知识产权保护涉及权利人、使用者和社会公众等多方利益,简单地强调利益平衡原则无法说明在具体争议中哪些利益需要予以考虑。利益平衡原则的模糊性,使得其无法有效地限制知识产权的过度扩张。将利益平衡作为知识产权法的基本原则,其主要作用在于说明法律的现有状况,而无法为立法和司法提供明确的指导。其次,利益平衡原则的引入导致知识产权法目标的二元化状态,私权保护与利益平衡的适用关系并未得到充分的说明,尤其是由于上位价值的缺失导致二者矛盾时何者优先的困境的产生。目前,学界的通行的观点认为,应当将知识产权法的二元价值定位为以激励机制为基础、以利益平衡的调节机制为手段。[⑤] 这表明在私权本质论下,利益平衡充其量是一种辅助原则,其限制权利过度扩张的功能当然要受到保护私权原则的限制。

私权本质论导致的上述问题表明,我们有必要对知识产权私权论进行反思,进一步明确知识产权作为私权的具体含义。本文建议放弃私权本质论,从知识产权制度的工具属性入手,将知识产权的私权维度和工具维度相结合,将知识产权制度理解为以私权形式实现特定公共政策目标的手段,[⑥]这样不但可以有效地缓解上述问题,同时也是理解西方知识产权研究话语的一种尝试。

三、工具论视阈下的知识产权

在工具论视阈下观察知识产权的私权属性,与传统的私权本质论存在较大区别。在这

---

① 崔国斌:《知识产权法官造法批判》,载《中国法学》2006年第1期。

② [日]田村善之:《日本知识产权法》(第4版),周超等译,知识产权出版社2011年版,第23页。

③ 吴汉东:《知识产权法的制度创新本质与知识创新目标》,载《法学研究》2014年第3期。

④ 熊琦:《著作权法的经济分析范式——兼评知识产权利益平衡理论》,载《法治与社会发展》2011年第4期。

⑤ 冯晓青:《知识产权法的价值构造:知识产权法利益平衡机制研究》,载《中国法学》2007年第1期;吴汉东:《试论知识产权限制的法理基础》,载《法学杂志》2012年第6期。

⑥ 需要注意的是,现代社会知识产权已经成为个人或者企业进行市场竞争的重要工具。但是,本文所说并非在上述含义上使用工具论的概念,而是将知识产权作为一种为实现公共政策而采用的以私权为形式的工具看待。

个过程中需要结合经济学、政策学等学科的研究成果，而不是仅仅将研究视角局限于传统的法学理论。当然，这并不意味着简单地重复其他学科的已有成果，而是要将这些成果纳入到法学的话语中来。

(一)为促进创新引入市场机制

按照工具论的观点，知识产权不过是为了达成促进创新的公共政策目标而引入市场机制的一种手段。知识产权的这种工具论视角得到了经济学和公共政策学的支持。按照经济学的解释，信息本身具有一种公共物品的属性，信息的利用表现出了一种非排他性的特征。[①] 也就是说，信息在本质上并不具有稀缺性。信息的公共物品属性不利于信息的生产，任何人均可以不经信息生产者的同意而任意利用信息，导致信息生产的成本无法得到补偿，因此，需要通过法律设定一套激励机制以保障信息的生产。当然，激励信息生产的方式多种，既可以选择行政奖励，也可以选择引入市场机制。[②] 知识产权就是一种通过引入市场机制来实现激励信息生产的法律制度。从这个意义上讲，"知识产权是政府调控信息市场的工具"，[③]是"一种人为激励创新的重商主义经济政策"。[④]

产权是市场交易的基础，而产权的形成是以稀缺性为基础的。通过创设一种排他性权利，知识产权在原本不具有稀缺性的信息领域人为地制造出一种稀缺的法律状态，[⑤]由此创造市场需求，进而引发交易，使得知识产权权利人可以通过市场交易收回成本，进而达到维持信息持续生产的效果。因此可以说，"知识产权法是利用市场机能的巧妙体系"。[⑥] 知识产权制度并非是对信息领域原初状态的确认，相反，是在原本不具有稀缺性的信息领域人为地通过赋予排他性权利的方式制造稀缺性，从而创设出信息交易市场，进而利用市场机制达成促进创新的目的。从这个意义上讲，"市场失灵正是知识产权法定保护的逻辑起点"，[⑦]知识产权制度在本质上是一种"创设型激励机制"。[⑧]

在工具论的视野下，知识产权被看作是为了解决由信息的公共物品属性带来的生产不足问题而由法律专门设定的排他性权利。从这个意义上讲，前现代知识产权的封建特权基础被废除之后，知识产权转变为法定权利的事实，并没有改变知识产权作为特权的性质。知识产权作为一种特权的含义是，"知识财产表现为抑制自由的特权……它确立了一个社会中特权的私有形式"。[⑨] 这种特权与传统民事权利的本质区别，即二者的理论基础不同：传统

---

① [美]罗伯特·考特、托马斯·尤伦：《法和经济学》(第6版)，史晋川等译，格致出版社2012年版，第93页。

② 吴汉东：《关于知识产权基本制度的经济学思考》，载《法学》2000年第4期。

③ [澳]彼得·达沃豪斯、约翰·布雷斯韦特：《信息封建主义》，刘雪涛译，知识产权出版社2005年版，第3页。

④ [美]丹·L.伯克、马克·A.莱姆利：《专利危机与应对之道》，中国政法大学出版社2013年版，第8页。

⑤ Mark Lemley, IP in a World Without Scarcity, 90 *N.Y.U. L. Rev.* 460, 462 (2015).

⑥ [日]中山信弘：《多媒体与著作权》，张玉瑞译，专利文献出版社1997年版，第3页。

⑦ [美]克里斯蒂娜·博翰楠、赫伯特·霍温坎普：《创造无极限：促进创新中的自由与竞争》，兰磊译，法律出版社2016年版，第52页。

⑧ [日]田村善之：《日本知识产权法》(第4版)，周超等译，知识产权出版社2011年版，第14页。

⑨ [澳]彼得·德霍斯：《知识财产法哲学》，周林译，商务印书馆2008年版，第225页。

民事权利——尤其是有形财产权——其正当性以自然法为理论基础,对有形财产的保护实际上是对市场机制的确认。但是,在权利私有这一形式特征,即赋予权利人某种排他性权利这一方面,知识产权与传统的有形财产权是相同的:任何人未经权利人的许可而利用知识产权均构成侵权,可以给予停止侵害、损害赔偿等法律救济。因此,知识产权在现代法律体系中可以被归类为一种财产权或者说准财产权。[①] 这就是知识产权由封建特权被转换为法律特权,进而被视为私有财产权的基本逻辑。

承认了知识产权制度在本质上是在非稀缺的信息领域引入市场机制的政策工具,其正当性就不能单纯地以保护私权为基础,而是需要更为宽泛地考察知识产权保护的社会效果,同时在政策手段的运用过程中需要尽量降低运行成本。按照该种逻辑,对这种特权时刻保持警惕一直是知识产权研究中的重要议题。

(二)关注整个创新环境的优化

将知识产权与促进创新联系在一起,是知识产权法中的基本判断。即使是在私权本质论中,亦能找到促进创新话语的一席之地。促进创新被视为知识产权法的基本功能,[②]或者被作为"知识产权法的基本价值范畴"。[③] 所不同的是,自然权利论和工具论对知识产权促进创新目标的关注重点是存在区别的。通常来讲,"自然权利是一种分散性及个人化的原则,它的根据在于每一个单个个体的基本利益的优先性"。[④] 自然权利论关注的重点是对权利个体的保护,在此种观念下,知识产权法所促进的实际上是个体的创新。受此逻辑的影响,关于知识产权与创新关系的传统观点通常认为"通过赋予和确认私权,知识产权制度激励和保护创新者的创新"。[⑤] 而在工具论视野下,知识产权需要服务于特定的公共政策目标,而"好的公共政策应该能够提供社会的总体福利水平"。[⑥] 因此,知识产权法的促进创新目标需要建立在整体创新环境的优化之上,知产权法须以"促进对知识财产的充分利用"为最终目的,[⑦]而不是仅仅关注对个体创新者的激励,还需要关注对后续创新的保障等问题。

在工具论的视野下,对个体创造者的激励仅仅是实现知识产权促进创新政策目标的一种手段。不可否认,通过赋予排他性权利进而对个体创新者进行激励,形成一种良好的以市场为导向的创新机制可以有效地实现促进创新的政策目标。但是,从整个创新环境来看,仅仅关注个体创新者是十分不够的。尤其是现代社会中的创新往往表现为一种累积创新。[⑧] 也就是说,所谓的创新并非完全的首创,后续的创新通常以在先的创新为前提。从优化创新环境的角度出发,知识产权制度不仅需要关注对在先创新者的激励问题,同时需要考虑知识

---

① Stuart Banner, *American Property: A History of How, Why, and What We Own* 23, Harvard University Press, 2011.

② 李琛:《知识产权法基本功能之重解》,载《知识产权》2014年第7期。

③ 吴汉东:《知识产权法的制度创新本质与知识创新目标》,载《法学研究》2014年第3期。

④ [英]H.L.A.哈特:《功利主义与自然权利》,支振锋译,载《法理学与哲学论文集》,法律出版社2005年版,第197页。

⑤ 冯晓青:《论知识产权制度对技术创新的促动作用》,载《河北学刊》2003年第2期。

⑥ [美]查尔斯·韦兰:《公共政策导论》,魏陆译,格致出版社2014年版,第6页。

⑦ [日]田村善之:《日本知识产权法》(第4版),周超等译,知识产权出版社2011年版,第4页。

⑧ 王争:《累积性创新、专利期限与企业R&D投资路径》,载《制度经济学研究》2005年第4期。

产权保护能否给后续的创新留足空间的问题。也就是说，从整个创新环境的角度来看，完善的激励必须兼顾在先创新者和在后创新者，而不能片面强调保护在先创新者，还应当考虑在后创新者所面临的风险。[①] 这就需要“将排他权具有的激励价值与允许利用他人已开发的技术和创造性作品所具有的激励价值进行权衡”。[②]

事实上，对在后创新者利益的考量体现了私权本质论中利益平衡原则的基本精神。与私权论不同的是，在工具论视野下，在后创新者的利益和保护在先创新者被统合到促进社会整体创新环境的政策目标之下。也就是说，这为在保护先创新者和后创新者之间的平衡设定了标准，在一定程度上缓解了私权论下的知识产权二元价值学说存在的问题。保护私权与利益平衡均需服从于促进创新的公共政策目标，这就在两种价值之间搭起了联系的桥梁。现阶段的创新驱动发展战略提出了“建设国家创新体系”的要求。[③] 与此相适应，我们更需要在理解知识产权与创新之间关系的时候放宽视野，关注知识产权制度对整个创新环境的优化问题。

（三）降低垄断性带来的社会成本

在工具论视野下，我们还需要对一项公共政策工具的采用所造成的社会成本进行评估。[④] 作为一种被创设出来的公共政策工具，知识产权制度的建立并非没有任何成本。知识产权制度带来的主要社会成本在于，赋予排他性权利导致了对特定信息的垄断，打破了信息自由利用的自然状态，限制了信息的传播。[⑤] 知识产权的正当性可以成本收益的角度得到支持，即与限制信息利用的代价相比，通过创设排他性权利促进信息的不断增长对于公共福利更为有益。而知识产权的扩张导致了公共领域的萎缩，这种专有领域扩张的正当性同样需要经过效益最大化原则的检验，如果知识产权扩张对公共利益造成了过渡的侵蚀，从而使得知识产权保护带来的社会成本问题超过其收益，则难以获得正当性。

实践表明，对知识产权带来的社会成本的关注构成了对知识产权保护和扩张现象的有力批评。例如，尽管知识产权被认定为一种合法的垄断、不受反垄断法的规制，但是当知识产权的行使构成了限制竞争行为，带来了危害自由竞争秩序的社会成本，反垄断法得以适用来规制上述行为；[⑥]面对公共健康危机，专利权保护带来了基本人权无法得到保障的社会成本，强制许可限制了专利保护，从而保障了基本人权；[⑦]版权和商标权的扩张，导致了宪法确认的言论自由、信息自由等基本权利受到侵蚀的社会成本，滑稽模仿等规则的引入保障了宪

---

① Suzanne Scotchmer, *On the Shoulder of the Giants: Cumulative Research and the Patent Law*, 5 J. Econ. Persp.29, 31(1991).

② [美]克里斯蒂娜·博翰楠、赫伯特·霍温坎普：《创造无极限：促进创新中的自由与竞争》，兰磊译，法律出版社 2016 年版，第 54 页。

③ 2016 年中共中央、国务院印发的《国家创新驱动发展战略纲要》。

④ [美]弗兰克·费希尔：《公共政策评估》，中国人民大学出版社 2013 年版，第 3 页。

⑤ Mark Lemley, IP in a World Without Scarcity, 90 *N.Y.U. L. Rev.* 460, 462 (2015).

⑥ 《反垄断法》第 55 条。

⑦ 曲三强：《论公共健康与药品专利强制许可》，载《云南民族大学学报(哲学社会科学版)》2007 年第 1 期。

法中的基本权利。[①] 上述对知识产权保护带来的社会成本的讨论主要与基本的法律价值联系在一起,很好地实现了对知识产权的限制。

工具论对知识产权保护社会成本的关注同样体现了私权论中的利益平衡原则,但是二者在处理该问题时所采取的逻辑存在根本的区别。首先,私权论中的利益平衡原则仅仅是对知识产权扩张进行限制的附属性原则;而在工具论的视角下,政策工具的社会成本与收益被放在同等重要的地位。因此,在工具论下,我们对于知识产权及其扩张的正当性可以保持一种警惕的态度。[②] 其次,尽管工具论在促进创新之外对知识产权社会成本的关注同样引入了二元价值,但是可以通过成本收益分析使之与促进创新发生关联,二者的关系可以通过效益最大化原则进行协调,从而在一定程度上避免了私权本质论中二元价值关系处理标准缺位的问题。

四、知识产权私权形式的构架与调试

将知识产权的本质定位为公共政策工具,并不意味着否定知识产权在法律形式上具有私权的属性。我们应当相信,工具论与私权论并非对立,亦不是私权论之外的维度,而是应当在工具论的视野下看待知识产权的私权形式及其调试。质言之,在贯彻促进创新的政策目标时,我们需要坚持以私权的框架实现知识产权法的体系化,对知识产权制度的相应调试亦应当在私权的框架下进行。

(一)私权形式与知识产权法的体系化

尽管知识产权的本质需要从政策工具的角度加以理解,但是我们应当看到私权论对于知识产权的重要意义乃是“探讨了法律构造”的问题。[③] 知识产权的工具本质与私权形式的连结点是市场机制,权利私有就是创设市场机制的重要基础。知识产权法律的体系化进程需要坚持知识产权的私权形式。我们要警惕极端的工具论下放弃知识产权私权形式论调的出现。

如前文所述,知识产权制度实际上是为了利用市场机制来促进创新而由国家专门创设的私有权利。产权的存在是市场机制运行的基础,通过赋予特定信息产品排他性权利,禁止未经权利人许可的信息利用行为,知识产权法“将行为规制物权化”,[④]从而形成了一种类似传统私权——有形财产权——的法律构造。这种特点被称为“知识产权法在创设财产权的模仿能力”。[⑤] 以排他性权利为中心,是知识产权的法律构造与传统有形财产法律构造的共同点。围绕着私权这一概念,知识产权法律制度围绕着权利客体、权利归属、权利内容、权利限制、权利保护等内容进行构建,而这些也是有形财产权构造的必备要素。只不过由于知识

---

① 李雨峰:《著作权的宪法之维》,法律出版社 2012 年版,第 209 页;Devenr Desai, Response: An Information Approach to Trademarks, 100 *Geo. L. J.* 2119, 2213 (2012).

② [澳]彼得 · 德霍斯:《知识财产法哲学》,周林译,商务印书馆 2008 年版,第 222 页。

③ 吴汉东:《知识产权本质的多维度解读》,载《中国法学》2006 年第 5 期。

④ [日]田村善之:《日本知识产权法》(第 4 版),周超等译,知识产权出版社 2011 年版,第 19 页。

⑤ [澳]布拉德 · 谢尔曼、[英]莱昂纳尔 · 本特利:《现代知识产权法的演进:英国的历程(1760—1911)》(重排本),金海军译,北京大学出版社 2012 年版,第 242 页。

产权客体形态的特殊性以及知识产权法的特定公共政策目标，使得知识产权在上述方面表现出了一些与传统财产权不同的特点。例如，与有形财产的绝对排他性不同，知识产权通常仅具有有限的排他性，因此常常被归类为准财产；为了促进技术进步和文学创作，知识产权被设定为一种具有时间性的权利。在现代财产权被定义为一种排他权利的观念下，知识产权法表现出来的上述差异仅仅被看作是对财产法律形式的微调，并不影响对知识产权作为私有财产的定性。[①]

将知识产权定性为财产权，较为常见的观点是将知识产权视为一种财富分配机制。[②]这样一来，知识产权与传统的有形财产就功能而言就不存在本质区别。从财富分配的角度看待知识产权制度，同样说明了以私权形式实现知识产权体系化的必要性。但是，从财富分配角度看待知识产权制度，可能导致放弃将促进创新作为知识产权的制度目标，而是在分配正义的引导下试图将传统法律中的公平、效率等基本原则引入知识产权法之中。[③] 这种试图将知识产权法的价值目标追溯到法律的终极价值的做法，体现了一种避免工具论论调的努力。然而，实际上，将知识产权看作利益分配机制的观点在本质上仍然是一种工具论。从工具论的视角出发，知识产权作为一种财富分配机制，其本质功能在于确定产权，进而引入市场机制，这种认识显然与将知识产权私权形式论的观点是一致的，只不过在知识产权的私权形式应当服务于何种价值的问题上存在不同看法。毋庸置疑，知识产权法应当体现法律的一般价值，促进创新的价值目标亦可以在这些价值中得到印证。但是，法律的一般价值并不能有效地说明知识产权制度的具体运作机理，泛泛地从这些价值出发显然难以有效地解释知识产权制度。

（二）工具本质与私权形式的特殊性

在坚持知识产权私权形式的前提下，承认知识产权法律规则可能因政策目标而进行相应的调整，是理解民法与知识产权法关系时应当时刻注意的问题。在私权本质论下，促进创新通常被作为是知识产权的一种积极效果看待。[④] 这样一来，知识产权法的具体制度设计是否能够促进创新的问题，就并非是学术研究直接关心的问题。在工具论的视野下，以私权形式对知识产权法进行架构，其原因在于私权是市场机制运行的基础。总体来讲，私法制度是实现知识产权法促进创新政策目标的最优手段。然而，在传统私权观念下，法律关注的重心是作为创造者的权利人个体。在关注整体创新环境的优化和降低知识产权带来的社会成本的考量下，传统的私权形式可能需要进行一定的调试。我们根据促进创新的政策目标对知识产权制度进行调整，使得知识产权法形成了不同于其他私法制度的特色。而这些调试均是在私权形式的框架下进行的。

以下以知识产权侵权救济规则的特殊性为例，说明知识产权私权形式在促进创新公共政策目标下的调试。

---

① Frank H. Easterbrook, Intellectual Property Is Still Property, 13 *Harv. J. L. & Pub. Pol'y* 108, 112 (1990).

② Robert P. Merges, *Justifying Intellectual Property* 5, Kluwer Academic Publishers, 2012；李琛：《知识产权法基本功能之重解》，载《知识产权》2014 年第 7 期。

③ Robert P. Merges, *Justifying Intellectual Property* 6-7, Kluwer Academic Publishers, 2012.

④ 刘春田：《知识产权法》，高等教育出版社 2015 年第 5 版，第 30 页。

在传统私法理论中,损害赔偿的主要功能在于全面补偿受害人,而预防功能则通常被认为是补偿功能的反射效果。[①] 这是因为,传统私法关注的是具体纠纷的解决。而在以促进创新为公共政策目标的知识产权法中,损害赔偿关注的重点应当是如何优化整体的创新环境,而并非是具体争议的解决;应当更加关注其对未来侵权行为的遏制,而不是对已经发生的侵权行为的不救。按照这样的思路,传统侵权法框架下的以补偿功能为主,遏制作为其附带功能的损害赔偿,在知识产权法的语境下,上述主次关系就发生了交替。在知识产权损害赔偿中,遏制被提到首要的位置,"为了把知识产权保护局限于鼓励创新所需的限度,'知识产权法损害'必须以事前视角而非事后视角测度激励"。[②] 由于知识产权侵权是典型的获利型侵权,[③]如果侵权在赔偿了全部损失后仍然有利可图,那么,市场上还是会存在侵权行为,创新秩序仍然没有能够得到最好的维护。损害赔偿制度应当使得侵权行为无利可图,进而遏制侵权行为的发生。据此,知识产权损害赔偿制度中引入了返还侵权获利原则,[④]在确定合理许可费标准时才会考虑高于市场标准确定损害赔偿数额。[⑤] 这些不同于传统民事损害赔偿的规则被纳入知识产权领域中的依据,只能以促进创新的公共政策目标来得到较好的解释。而判断知识产权损害赔偿数额是否合理的标准,亦应当是能否实现遏制功能,进而有利于优化创新环境。

此外,在知识产权案件中停止侵害的适用亦表现出了某些特殊性。尤其是对知识产权侵权案件中停止侵害适用的限制问题,近年来引起了学界的关注。在传统的物权请求权的逻辑下,停止侵害的适用一般是不受任何限制的。这是传统私法中绝对权保护逻辑的必然结论,其理论基础在于法律应当全力保障绝对权的对世效力。[⑥] 而在知识产权侵权案件中,出于对当事人双方、第三方或者公共利益的考量,往往需要适当限制停止侵害的适用。[⑦] 这些理由实际上均是建立在知识产权作为一种法律为促进创新而专门创设的权利的工具论考量之上的。即如果停止侵害的适用对后续创新造成了障碍,或者带来了额外的社会成本,其适用受到限制在工具论看来无疑是正当的。当然,在工具论下知识产权侵权中停止侵害的适用并不能够仅以上述政策考量为由直接进行限制,限制的具体方式还需要在私权形式下进行寻找。例如,在普通法系,对永久禁令适用条件的限制乃是通过对禁令本身适用条件的解释来完成的;[⑧]在大陆法系,对停止侵害的限制则存在较大困难,学者提出将其拟制为债

---

① [德]U.马格努斯:《侵权法的统一:损害与损害赔偿》,谢鸿飞译,法律出版社2009年版,第50页;于敏:《日本侵权行为法》,法律出版社2015年第3版,第70页。

② [美]克里斯蒂娜·博翰楠、赫伯特·霍温坎普:《创造无极限:促进创新中的自由与竞争》,兰磊译,法律出版社2016年版,第65页。

③ 杨彪:《受益型侵权行为研究——兼论损害赔偿法的晚近发展》,载《法商研究》2009年第5期。

④ Thomas Dreier, "How Much 'Property' is there in Intellectual Property? The German Civil Law Perspective", in *Concepts of Property in Intellectual Property Law* 116, 129 (Helena R. Howe & Jonathan Griffiths ed., 2013).

⑤ e.g., *Mars, Inc. v. Coin Acceptors, Inc.*, 527 F.3d 1359, 1373 (Fed. Cir. 2008), amended by 557 F.3d 1377 (Fed. Cir. 2009).

⑥ 谢在全:《民法物权论》(上册),中国政法大学出版社1999年版,第37页。

⑦ 李扬、许清:《知识产权人停止侵害请求权的限制》,载《法学家》2012年第6期。

⑧ eBay Inc. v. MercExchange, L.L.C., 547 U.S. 388 (2006).

权请求权而非物权请求权的进路，[①]就是在私权框架下寻求解决方案的一种尝试。

综上所述，知识产权的私权属性表明了知识产权法律形式方面的特征，知识产权的本质则需要从工具论的角度进行认识。这种认识能够将已有的经济学、公共政策学视角统合到知识产权法的基本理论之中，同时能够为知识产权的扩张提供一种有效的评价机制。当然，从法律形式的角度，知识产权法的体系化需要坚持私权形式，而对知识产权私权形式的调整则需要从工具论的角度加以理解。

---

① 何怀文、陈如文：《我国知识产权停止侵害请求权限制的法律原则》，载《浙江大学学报(人文社会科学版)》2015年第2期。

专题聚焦

我国专利数量的失控及其危害

朱雪忠*

摘 要:目前,我国的专利数量已经脱离我国创新能力的真实情况,很高程度上源自地方政府的不当资助、盲目追求数量等,致使"非市场"因素成为申请专利的主要动机。专利数量的暴增,降低了我国专利的整体质量,浪费了社会资源,误判我国的创新能力,拉低了我国专利转化率,误导我国决策。对此,我国应淡化专利数量指标的考核,大力压缩甚至取消专利申请费用的财政资助,对目前的专利转化政策进行评估和调整,严格限制将专利数量作为衡量我国科技创新能力决策的主要依据。

关键词:专利数量;专利申请;专利质量;失控;危害

The Control and Harm of Patent Quantity in China

Zhu Xuezhong

Abstract: At present, the number of patents in our country has deviated from the real situation of our country's innovation ability. To a large extent, it comes from improper local government founding and blind pursuit of quantity and other "non-market" factors, which has become the main motive for patent application. An explosion in the number of patents cause reducing the overall quality of China's patents, wasting social resources, misjudging China's innovation ability, lowering the conversion rate of China's patents and misleading China's decision making. In this regard, China should dilute the assessment of patent quantity index, reduce vigorously or even cancel the financial support for patent ap-

* 朱雪忠,同济大学上海国际知识产权学院教授,国家知识产权专家咨询委员会委员、中国知识产权研究会副理事长。

plication fees, start the evaluation and adjustment of the current patent conversion policy immediately, and limit the number of patents as the main basis for measuring China's scientific and technological innovation ability strictly.

Key Words: patents number; patent application; patent quality; out of control; harm

世界知识产权组织(联合国机构)2017 年 12 月 6 日发布的《世界知识产权指标 2017》(*World Intellectual Property Indicators* 2017)报告显示,世界各地的创新者 2016 年提交了 310 万件发明专利申请,连续第 7 年保持增长势头,其中,中国发明专利申请的增长量占全球总增量的 98%。

中国发明专利申请受理量自 2011 年起连续 6 年位居世界第一,2016 年中国的受理量(133.9 万件)更是超过了美国(60.6 万件)、日本(31.8 万件)、韩国(20.9 万件)和欧洲专利局(15.9 万件)四方受理量的总和(129.2 万件),占全球总量的 42.8%;2016 年中国受理的实用新型和外观设计专利申请量分别占全球总量的 95.0%和 52.4%①。

面对这种脱离了中国创新实际情况暴涨的专利数量,我们必须高度警惕,分析暴涨的原因与危害,提出相应的治理对策。

一、我国的专利数量为何失控

随着我国研发投入的增长、创新能力与专利意识的提高,专利数量必然有相应的增长,但目前的专利数量已经脱离了我国创新能力的真实情况,这很大程度上源自地方政府的不当资助、盲目追求数量等,致使"非市场"因素成为申请专利的主要动机。

(一)片面追求专利数量

在全国各种名目专利排名的压力下,不少地方政府明确提出增加专利数量的种种"计划",如广西的"发明专利倍增计划"等,致使专利数量暴涨。2016 年,江西省专利申请受理总量同比增长 65.9%,广东省广州市 PCT 国际专利申请量同比增长 163.6%,广东省珠海市 2016 年每万人口发明专利拥有量是 2011 年的 5.1 倍,重庆市"十二五"期间专利申请量增长近 4 倍。

(二)不当资助专利申请

为了提高专利数量,全国各地方政府几乎都出台了名目繁多的财政资助专利申请政策。深圳市规定,在美国、欧盟和日本等国取得发明专利授权的每件资助 4 万元,同一申请人境外发明专利申请资助最多可达 2000 万元,另外,还规定对专利代理机构的年度资助总额可达 50 万元;青海省规定,对发明专利年申请量超过 20 件的单位,奖励 10 万元;2010 年,北京市共有 129 家单位 527 项 PCT 专利申请获得中央财政资助共计 2875 万元,其中仅大唐移动通信设备有限公司一家就获得 504 万元。

如此巨额的财政资助专利申请,不仅促使我国专利数量虚高,还可能违反世界贸易组织的《补贴与反补贴协定》而引发国际贸易纠纷,必须尽快制止。

---

① 以上数据均来自或根据 WIPO 的 *World Intellectual Property Indicators* 2017 进行整理而得。

(三)盲目鼓励申请"荣誉"性专利

专利本是市场竞争的利器,因此,申请专利的目的主要是服务于市场需要。然而,相关部门为了在数量指标上的风光,除了资助专利申请外,还不断出台各种鼓励专利申请的政策,结果异化了取得专利的动机,使专利与市场的关系越行越远,拥有专利成为一种"荣誉":如学生升学、毕业生取得城市户口指标的专利加分政策;专利作为大学教师、研究人员晋升职称、项目结题、获得奖励等方面的重要条件;专利还是犯人减刑的重要途径;专利更是作为取得高新技术企业资格、享受相关税收优惠的必要条件,如此等等。这种专利市场价值极低,甚至毫无市场价值,简直是劳民伤财。

二、专利数量暴增的危害

(一)降低了我国专利的整体质量

由于主要是追求数量、靠财政资助和作为"荣誉",而不是追求市场价值,这样的专利无论是技术质量还是申请文本质量都很低。专利申请数量过多,导致审查员审查负担过重、难以确保审查质量,加之实用新型和外观设计专利本来就不进行实质性审查,使国内外社会公众对我国专利的质量和价值认同度越来越低。

(二)浪费了社会资源

大量无市场价值的专利,不仅浪费了巨额财政资金,也使大量的专利代理人、专利审查员投入宝贵的精力陷入其中,而使真正有市场价值的高质量发明创造反而难以获得高质量的专利代理、审查服务。

盲目鼓励专利申请,使许多本该保密的发明创造通过申请专利而被不当地向国内外公开,给申请人造成了无可挽回的损失。

一些专利权人用低质量专利干扰竞争对手的正常经营,阻碍了创新,浪费了本已稀缺的司法资源,影响了专利权的真正有效保护。

(三)误判我国的创新能力

国际上通常将专利数量作为衡量国家或企业创新程度的重要指标,我国也有越来越多的专家基于专利数量评价我国的科技创新能力,政府部门基于专利数量作出涉及科技创新能力的决策。

但由于对我国专利数量达到世界第一的真实情况不了解,一些专家、领导得出"中国成世界技术创新之国""科技实力居世界第一""中国意外成为知识产权强国"等错误判断,据此作出的决策将误国误民。事实上,在各种创新的国际榜单上,中国往往排在25名之外。在世界知识产权组织发布的2017年全球创新指数中,中国首次进入第22名,是历年排名中最靠前的一次。即使是中国科学技术发展战略研究院发布的《国家创新指数报告2016—2017》中,我国排名也只是第17位。在这些排名中,中国所处的位置与发明专利受理量连续6年位居世界第一的情况极其不相称。

(四)拉低了我国专利转化率,误导了我国的决策

由于"非市场"动机的影响,我国很多专利本来就不是为了转化实施的。因此,专利总量大,转化率必然低。然而,在没有深入探讨影响专利转化的供给侧因素的情况下,"专利转化

率低”这个伪问题误导了政府部门，盲目出台各种政策，并提供大量财政资金设立专利转化运营基金等。在专利转化率低、真相不明的情况下，这些举措不仅难以取得预期成果，甚至还形成了恶性循环，浪费了大量的政策资源和财政资金。

三、对策建议

我国有关部门已经注意到了专利质量问题，提出了“实施专利质量提升工程”。但是，如果不控制数量，就难以从根本上提升质量。事实上，2013 年 12 月国家知识产权局曾发布“关于进一步提升专利申请质量的若干意见”，但没有达到预期效果，甚至有愈演愈烈之势。原因在于，追求数量的指导思想没有根本改变、专利数量仍保持暴增，从而无法保证投入足够资源来有效提升专利质量。因此，笔者特提出如下建议。

（一）淡化专利数量指标的考核

专利是市场竞争的工具或手段。是否获取专利和获取专利数量的多少，本应是市场主体根据市场竞争的需要予以决定。因此，应该树立正确的政绩观，坚决执行党的十九大重申的“使市场在资源配置中起决定性作用”的精神，政府部门不能简单地按照专利数量来对一个企业或一个地区进行考核和排名，更不应将专利数量列入“五年计划”之类的国家规划目标；否则，会导致不择手段提高专利数量，专利泛滥，失去专利其应有的意义。

（二）大力压缩甚至取消专利申请费用的财政资助

我国在专利法实施初期，通过财政资助专利申请来提高公众的专利意识、消除一些市场主体“零专利”的现象，有其必要性并发挥了一定的积极作用。但随着财政资助专利申请的广度和力度增加，这个政策的实施严重地扭曲了专利制度的市场化导向。专利权人竟然可以不承担申请专利的成本，加之拥有专利成为一种“荣誉”，专利数量暴增就成为必然，劳民伤财。

（三）立即启动对目前的专利转化政策进行评估和调整

前已述及，我国专利数量失控导致的“转化率低”是个伪问题。事实上，如果不控制数量，我国的专利转化率未来可能还会更低。正常市场经济下，转化率低，专利权人应该最着急。因为专利不转化，专利权人没有直接收益，前期成本不仅无法收回，还要每年支付不断增长的专利年费以维持专利有效；同时，随着技术的进步，专利技术往往不断贬值甚至被取代。可面临“转化率低”，我国专利权人不急，反而政府着急，在没有真正搞清楚专利转化率低的内在原因的情况下，盲目出台相关政策和投入资金，尽管不排除成功的个案，但总体效果令人忧虑。笔者建议尽快启动对相关政策实施效果的评估，根据评估结果适时调整甚至废除不合适的做法。

（四）严格限制将专利数量作为衡量我国科技创新能力决策的主要依据

由于我国专利数量的非正常增长和高得离谱，其已经完全不能正确地反映我国的真正创新实力。如果按通常做法主要基于专利数量评价创新实力，肯定会对我国科技创新能力作出过高的评价，得出“世界第一”甚至超过世界其他国家总和的荒诞结论。因此，这里要提醒相关专家慎用专利数量对我国科技创新能力作出评价，政府决策时严格限制将专利数量作为衡量我国科技创新能力的主要依据。

厦门市知识产权领域诚信体系建设实践与思考

■余中阳*

摘　要:知识产权领域诚信体系建设是社会信用体系建设的重要内容。近年来,在国家大力加强社会信用体系建设的同时,知识产权诚信体系建设也不断得到加强和完善。但知识产权领域诸如信用评价办法、信用数据归集共享、诚信信息应用、守信激励和失信惩戒机制等方面还不够完善,侵权假冒问题仍然存在,诚信建设尤为迫切。本文通过厦门市知识产权局近年来在推进知识产权(专利)领域诚信体系建设方面的实践,提出理性思考。

关键词:知识产权;诚信体系;失信惩戒机制;厦门市

Practice and Thoughts on the Construction of Credit System in the Intellectual Property Field in Xiamen

Yu Zhongyang

Abstract: The construction of credit system in the field of intellectual property rights is an important part of the construction of social credit system. In recent years, while the country has vigorously strengthened the construction of social credit system, the construction of intellectual property integrity system has also been continuously strengthened and improved. However, there are not perfect enough in the field of intellectual property, such as credit evaluation methods, credit data collection and sharing, credit information application, credit incentives and credit disciplinary mechanisms, etc. And the problem of infringement and counterfeiting still exists, and credit construction is particularly urgent. This paper puts forward rational thinking based on the practice of Xiamen Intellectual Property Office in promoting the construction of integrity system in the field of intellectual property (patents) in recent years.

Key Words: intellectual property; honesty system; mechanism for dishonesty; Xiamen

新时代,我国经济已由高速增长阶段转向高质量发展阶段,创新引领发展的趋势更加明显,知识产权作为激励创新的基本保障,作用将更加突出。由于我国建立知识产权制度的时间不长,社会公众的知识产权意识还不高,知识产权领域侵权假冒,甚至恶意侵权问题仍然存在。这些问题与诚信体系缺失有较大的关系。习近平总书记在十九大报告中强调,要推

* 余中阳,厦门市知识产权局办公室副主任。

进诚信建设。作为社会信用体系建设的重要内容，知识产权诚信体系建设尤为迫切。近年来，厦门市知识产权局积极参与城市社会信用体系建设，在知识产权领域诚信建设方面进行了许多有益的实践，取得了明显成效；同时，也深感还存在一些不足和问题，必须采取行之有效的措施深入推进。

一、工作实践及成效

（一）完善顶层设计

一是引入地方立法和规范性文件。厦门一直重视在专利领域开展诚信建设，早在2011年10月，厦门市第十三届人大常委会第32次会议表决通过的《厦门经济特区专利促进与保护条例》第36条规定："市管理专利工作的部门应当建立专利中介服务机构及其从业人员的诚信管理及评价体系。"厦门是较早在地方立法中引入专利领域诚信管理条款的城市，走在了全国的前列。2015年10月实施的《厦门市展会知识产权保护办法》第15条规定："市知识产权局应当统筹协调建立展会知识产权诚信档案，将展会诚信档案信息纳入知识产权行政管理部门信用信息系统，并予以公示。"第16条规定："知识产权行政管理部门对纳入展会知识产权诚信档案的失信参展方，在展会期间应当加强监管。"

二是列入事业发展规划。《厦门市"十二五"知识产权（专利）事业发展规划》明确提出："健全信用体系，完善信用制度，培育信用市场，提高信用服务，营造促进知识产权运用的良好社会信用环境。"《厦门市"十三五"知识产权事业发展规划》又专门将"加快知识产权信用体系建设"作为一项重要任务，并进一步明确："对作出认定专利侵权行为成立并责令侵权人立即停止侵权的决定，或者认定假冒专利行为成立并作出处罚决定的，通过政府网站公开，并纳入违法失信商事主体名单，通过市商事信用平台向社会公示。开展专利代理相关信用建设，将非法代理、代理失信和不诚信执业行为等纳入企业和个人信用记录并依法予以公开。"

三是建立健全相关的诚信制度。厦门市非常重视社会信用体系建设，从2014年开始就着力进行示范创建工作，并于2018年年初成功入选全国首批12个"社会信用体系建设示范城市"名单。作为示范创建的成员单位，市知识产权局积极参与创建活动，推动在知识产权领域建立健全了多项制度。如根据"放管服"要求，在简政放权的同时加强信用承诺制度，要求市场主体在开展知识产权业务工作中，必须按照要求的规范格式做出书面守信承诺；对失信企业进行信用登记；在开展专利资助、专利技术产业化项目实施、知识产权重点企业培育等多项工作中，均要求被扶持对象"无不良信用记录"；根据市知识产权局权力清单和责任清单，编制上报知识产权（专利）领域14个方面的信用信息目录及要素；制定了知识产权（专利）信用"红名单"和"黑名单"管理和公示制度以及行政许可和行政处罚等信用信息公示工作实施方案等。

（二）推进依法行政

一是规范行政处罚自由裁量权。2012年5月，厦门市制定出台了《厦门市知识产权局行政处罚自由裁量权细化执行标准》，主要针对假冒专利行为的21种违法情节，分别设定了违法情节轻微、一般、较重、严重、特别严重五种情形，根据违法情节的轻重不同将行政处罚的自由裁量权细化成五档的处罚标准。2013年开始，所有专利行政执法案件信息都在局门户网站上向全社会公布，并且同步录入厦门市信用管理平台系统，做到信用信息数据共享的同时，也全面接受社会监督。《标准》的制定有效地约束了行政处罚自由裁量权的随意性，促进了行政处罚的公平性，提升了政府机关的公信力。

二是提升专利行政执法能力。通过建立与相关执法部门横向联合、纵向联动、市区协同、全员执法的知识产权保护工作新模式，配备“执法通”“执法记录仪”，增设口审室、证物室、调委会，组织新进在编人员参加国家和厦门市专利行政执法培训等，执法工作效率明显提升。全市专利行政执法工作近年来一直处在全国领先水平，在 2017 年全国专利执法工作绩效考核 161 个副省级城市和地级市中排第 4 名。

三是落实“双随机”“双公示”监管要求。随机抽取检查对象，随机选派执法检查人员，抽取情况及查处结果及时向社会公开，对于提升监管的公平性、规范性和有效性，减轻企业负担和减少权力寻租都具有重要意义。公开公示行政许可和行政处罚等信用信息，是打造透明政府和公信政府的重要体现。厦门市知识产权局结合年度执法工作计划，定期通过“厦门市事中事后监管综合执法平台”以随机抽取的方式开展“双随机”抽查；对双公示要求的行政处罚事项按要求 7 个工作日内在局门户网站、“信用厦门”网上进行公示，并同步推送至“信用福建”和“信用中国”网站。

(三)强化诚信管理

一是加强专利代理机构的监管和培育。厦门市通过公开全市依法设立的专利代理机构信息，号召社会公众和商事主体参与监督专利代理机构及从业人员依法、诚信执业，鼓励社会公众举报“黑代理”行为；建立“厦门知识产权 12330 呼叫中心”，一号式受理政策业务咨询、维权援助、举报投诉。出台《厦门市专利违法行为举报奖励办法》，鼓励举报违法从事专利代理业务的商事主体和个人；先后向国家知识产权局推荐 3 家专利代理机构申报“2017 年知识产权分析评议服务示范创建机构”、推荐 2 家专利代理机构申报“2017 年企业专利信息利用能力建设试点项目”。

二是建立健全守信激励机制。2016 年，厦门市知识产权局与市诚信促进会联合发文，组织全市专利代理机构和各类知识产权优势、示范企业申报省“知识产权诚信企业”，对获评“知识产权诚信企业”的企业优先给予相关政策支持；2017 年，将信用状况好、信用等级高的 27 家单位和 3 个个人列为“红名单”，并在《厦门日报》等媒体进行宣传。

三是推进失信被执行人信用监督、警示和惩戒工作。2013 年来，东莞市智高文具有限公司、厦门思明华美医疗美容门诊部、厦门思明欧菲医疗美容门诊部、厦门市湖里区痘博士美容店 4 家公司因假冒专利行为被行政处罚，共罚款 3.1 万元，相关信息推送信用平台向社会公开。对以套取政府资金为目的资助申请予以驳回，累计避免财政资金损失近千万元；其中，2016 年对 252 件涉及不正常专利申请行为的国外专利资助申请人予以约谈，避免财政资金损失 230.5 万元。2017 年来，对全市拟获评知识产权示范优势的企业均做好信用审查工作，8 家有警示及提示性信用信息的企业，在申领专利发展专项资金等财政补贴性资金时被予以否决；1 家被列入科技领域“黑名单”的国家知识产权优势企业复核不予通过。

(四)营造诚信氛围

一是集中式宣讲。利用走访园区、组织业务培训等时机，为园区工作人员、企业代表宣讲诚信建设；通过“知识产权讲习堂”等形式，组织全体干部职工开展社会信用体系建设培

训，讲解相关工作制度和任务要求，提高思想认识和守信意识。

二是针对性宣传。在项目申报、任务书填报、验收过程中向项目实施主体强调信用建设的重要性和要求；在平时的业务交流中对涉及信用建设的内容进行着重讲解和提醒；在对项目实施的过程监管中通过座谈等方式，单独进行诚信建设的宣传教育；对到厦门参加展会的企业，发出《维护知识产权信用，承诺诚信自律参展》的倡议，并在参展合同书中嵌入诚信承诺相关条款。

三是多渠道宣扬。利用厦门市知识产权局门户网站、“厦门知识产权”微信公众号、“厦门知识产权”头条号、网络业务交流群等，适时宣传各项信用制度及注意事项；利用“4·26”知识产权宣传周开设户外 LED 展示屏播放各类创新创业人才诚信事迹，传递正能量，营造全社会的诚信氛围。

二、主要问题及不足

目前，国家层面的纲要或通知都只是从管理角度对知识产权信用体系的建设内容采取了不完全的列举。当前整个体系建设还很不完善、不到位，国家虽然有对知识产权领域诚信建设涉及的信用评价办法、信用数据归集共享、诚信信息应用、守信激励和失信惩戒机制等内容有一些指导性意见，但没有形成从上到下统一的规范和标准。地方也有不少地方出台规划、办法或工作方案，但与成体系要求还有不小差距。厦门也是如此，顺应城市信用体系建设做了很多工作，但与国家要求和社会需求相比，知识产权领域信用体系建设仍存在较大差距。其主要体现在以下几个方面：

一是诚信体系制度建设不够完善。对照相关要求，以下制度急需尽快建立和完善，包括：建立知识产权（专利）领域分级分类监管制度，明确分级分类标准、异议处理等细则，明确对信用等级高的主体采取的便利措施；制定列入守信激励失信惩戒名单管理细则，明确名单标准、进出、救济、异议申诉等环节的具体细则；完善失信市场主体的信用修复制度，明确适用范围、修复程序、数据处理、后续应用等相关细则等。

二是诚信信息系统建设相对滞后。目前，厦门市知识产权局还主要是依托“信用厦门”平台归集、报送、公开和共享相关数据，没有设立专项资金，建设厦门市知识产权领域专项信用信息数据库，还不能做到根据知识产权领域管理需要建设相关信用信息平台并与市公共信用信息共享平台对接，推动市场主体在经济社会活动中便利查询、使用知识产权领域信用产品及服务。

三是诚信管理的专业人才和资源比较缺乏。知识产权领域诚信体系建设推进的时间还相对较短，实际执行层面，可复制、可借鉴的经验非常少。厦门目前没有知识产权领域诚信体系建设的专业人才，厦门市知识产权局相关的工作任务都由处室临时指定人员多头分散在做，基本上没有参加过业务培训，还存在对上级要求理解不够，对工作重难点把握不准，推进的方法和手段欠缺等诸多不足。全市企事业单位也普遍缺乏诚信管理专业的人力资源，诚信管理比较薄弱，影响和制约了诚信建设工作水平的提升

三、几点思考

当前,厦门市社会信用体系示范创建正处于"全面优化、小步快跑"的重要节点,知识产权强市创建也处于"乘势而为,整体推进"的关键时期,知识产权系统要认真落实国家关于知识产权领域诚信体系建设的各项要求,统筹谋划,真抓实干。笔者建议在以下几个方面,加快推进知识产权领域信用体系建设。

一是要加快推进知识产权领域诚信法制建设。利用《厦门经济特区知识产权促进与保护条例》列入2018年市立法备选项目之机,建议增设建立起涵盖知识产权保护全链条诚信体系建设条款,进一步完善知识产权领域政府、企事业单位和社会组织、个人的信用记录和运用等相关内容,为全市知识产权信用体系建设的深入推进提供法律保障。

二是要加快推进知识产权公共信息综合服务平台建设。利用正在筹建的"厦门城市知识产权公共服务平台",建议增设诚信信息管理模块,全面整合现有数据资源,建立综合的信用信息数据库,在此基础上,将知识产权活动情况列入信用信息管理系统,建立知识产权违法侵权企业档案,健全知识产权执法信息和展会企业诚信档案等数据库,实现信息共享。

三是要加快建立和完善守信激励与失信惩戒标准体系。建议在借鉴其他领域信用体系建设做法和广州、上海等起步较早城市知识产权领域诚信建设经验的基础上,尽快出台"厦门市知识产权领域社会信用管理办法",建立和完善守信奖励和失信惩戒的知识产权领域诚信标准体系。

四是加快知识产权诚信管理人才的培育。人才是第一资源,人才优势是最有潜力、最可依靠的优势。要把知识产权领域诚信管理工作做好,人才同样至关重要。建议着眼长效机制,积极推动本地高校有方向性地培养公共信用管理人才和企业信用管理人才等各个层面的信用管理人才;注重短期效果,可由省一级牵头,依托厦门大学知识产权研究院等国家知识产权教育基地,组织全省相关市、县知识产权主管部门和企事业单位业务人员进行专题培训,通过短期培训一批业务骨干,带动全省知识产权领域诚信管理水平的快速提升。

境外视角

保护什么,如何保护

——反不正当竞争法、知识产权法或特殊权利

[德]安妮特·库尔 田双莉译 林秀芹校*

摘 要:尽管法律理论假定知识产权法的保护范围与模仿他人智力成果的自由范围之间有一条清晰的界限,实践中却并非如此。特别是在以德国为代表的大陆法系国家中,传统上一直适用反不正当竞争法的保护模式对特定条件下的"机械模仿"行为进行规制,两种保护模式——正式的客体导向保护与行为导向保护的区别有时更像是语义问题,而不是实体问题。因此,反不正当竞争法可能为某些新权利的生成承担了类似孵化器的作用,这种新权利随后融入传统知识产权法的躯体或者转化为一种特殊权利。在描述和分析这种现象后,本文针对这些法律的蜕变现象提出一个系统化的方法,试图协调法的不同目标的灵活性和安定性。

关键词:不正当竞争;特殊权利;机械模仿;滥用信誉

What to Protect, and How

—Unfair Competition, Intellectual Property, or Protection Sui Generis

Annette Kur

Abstract: Although legal theory assumes that there is a clear boundary between the scope of protection of intellectual property law and the scope of freedom that mimics the

---

* 安妮特·库尔,法学博士,德国马克斯普朗克知识产权法和竞争法研究所(慕尼黑)教授。田双莉,厦门大学知识产权研究院法学硕士研究生。林秀芹,厦门大学法学院、知识产权研究院教授、博士生导师,厦门大学知识产权研究院院长。本文的中文翻译与发表已经获得库尔教授的授权,在此感谢库尔教授的支持。

intellectual achievements of others, this is not the case in practice. Especially in the civil law countries represented by Germany, the protection model of anti-unfair competition law has been traditionally applied to regulate the "mechanical imitation" behavior under certain conditions. Two protection modes -formal object-oriented protection The difference from behavior-oriented protection is sometimes more like a semantic problem than an entity problem. Therefore, the anti-unfair competition law may assume the role of an incubator for the generation of certain new rights, which are then incorporated into the body of traditional intellectual property law or transformed into a special right. After describing and analyzing this phenomenon, this paper proposes a systematic approach to the metamorphosis of these laws, trying to coordinate the flexibility and stability of the different objectives of the law.

Key Words: unfair competition; special rights; mechanical imitation; abuse of reputation

一、不正当竞争在法律体系中的定位概况

我们所称的"不正当竞争"的含义是什么?它在法律体系中归属何处?在法律体系中是否有其落脚之处?将对竞争对手所实施的、因某种原因被归为不正当行为等同于法律所不允许的行为是否说得通?是否有可能以一种足够精确到可以用作法律制裁依据的方式来界定"不正当"的概念?

众所周知,这些问题的答案在整个欧洲各不相同。对于英国律师来说,正是因为"不正当竞争"这一概念的模糊性,才导致许多人认为它不适合作为法律概念来指代特殊的侵权行为。[①] 从这个角度来看,"公平",有如在体育运动中,需要一种道德标准,这种道德标准被业内人士普遍接受,为供裁判使用的游戏规则,该规则有一定的延展性但很难被圈外人所掌握;简而言之,这与法律规则应当提供的安全可靠的基础完全相反。甚至,在长期存在法律传统的欧洲大陆,尤其是从比较法的角度看,不正当竞争的概念及其在法律体系中的位置仍令人难以琢磨。这反映了一种分歧现象,即迄今为止,欧洲法律没有尝试统一协调该领域的

① e.g. Hodgkinson Corby Ltd. and Anor. v. Wards Mobility Services Ltd, High Court, Chancery Division(Jacob J.), 1995 FSR 169, 175:"不存在不公平竞争侵权。"这一态度不因下列事实而改变:英国法经常提供在欧洲大陆法系看来归属不公平竞争的保护。关于总体概述,参见J. Davies, Unfair Competition law in the United Kingdom, in R.Hilty and F. Henning-Bodewig (eds.), Law Against Unfair Competition - Towards a New Paradigm in Europe? 2007,pp.183-198. (Jacob J.), 1995 FSR 169, 175: "There is no tort of unfair competition". See also in general J. Davies, Unfair Competition law in the United Kingdom, in R.Hilty and F. Henning-Bodewig (eds.), Law Against Unfair Competition -Towards a New Paradigm in Europe? 2007,pp.183-198.

规则，但有关针对消费者的市场活动规范除外。[①]

另外，从国际视野看，“不正当竞争”的法律概念似乎根深蒂固。在《巴黎公约》第1条第2款中，制止不正当竞争被列为一种具体的工业产权；在第10条中，规定了制止不正当竞争是成员国应当承担的对成员国国民最低限度的保护义务。但是，除了关于商品的性质和来源对公众产生误导，或诋毁竞争对手的虚假指控等此类核心规定之外的领域，国际强制性保护的范围和实际影响的规定仍是不确定的。的确，已经有批评意见指出，与商标、专利和工业设计不同，TRIPS协议对制止不正当竞争的规定着墨甚少，甚至协议中都没有提起该术语。[②]

时至今日，关于什么是“不正当竞争”确实没有清楚的答案，作为一个法律概念应当阐明企业家之间实施的哪些行为为法律所禁止，其实际构成如何，即哪些是不正当竞争的构成要件。不仅如此，它在知识产权法的一般框架结构中以及在与相邻法律的关系中如何定位也很不清晰。[③] 至多，它可以说是一个中间领域的法律——它既涉及知识产权领域（不仅仅是《巴黎公约》缔造者所提及的“工业产权”），也从不同方面涉及消费者权益保护法，其中最明显的部分包括涉及虚假广告和格式合同的内容。[④] “不正当竞争”与反垄断法[⑤]和一般侵权行为法也关系紧密。最后，在许多领域都可能存在大量针对特殊市场的管理规定——包括但不限于食品、化妆品、危险产品等领域——都可能涉及“不正当竞争”。通常，这些规定倾向于明确划出其适用范围。然而，正如上文所说，反不正当竞争法并未明确其适用范围。因此，反不正当竞争法规制的范围就随着其他相关法律规制范围的变化而变化：在法律系统中，所有相邻法律都强有力地扩展并全面规制其应该规制的行为，它们之间由反不正当竞争

---

① 2005年5月11日，欧洲议会与欧盟委员会发布的第2005/29/EC号《关于内部市场中针对消费者的不正当商业竞争行为的指令》（简称UCP指令），其中第六节表明：“本指令……接近成员国关于不正当商业行为的法律，包括直接损害消费者经济利益，从而间接损害竞争对手的合法经济利益的不正当广告……它既不涵盖也不影响成员国国内法针对只危害竞争对手的经济利益或涉及交易者之间贸易的不正当的商业行为的规制；但充分考虑到辅助性原则，成员国仍能够规制这种商业行为，与区域法协调一致，如果他们选择这样做。”

② 关于制止不正当竞争行为的内容与缺陷，参阅M. Pflüger, Derinternationale Schutz gegen unlauteren Wettbewerb (2010); F. Henning-Bodewig, International Unfair Competition Protection, in R. Hilty and F. Henning-Bodewig (supra, fn.1), pp.53-76; by the same author, Internationale Standards gegen Unlauteren Wettbewerb, GRUR Int. 2013, 1.

③ R. Hilty, The Law Against Unfair Competition and its Interfaces, in R. Hilty & F. Henning-Bodewig, supra, fn 1, pp.1-52.

④ 有关不正当竞争与格式合同之间（经常被忽略的）联系，参阅M. Leistner, Die “Trojanischen Pferde” der Kommission - Einige Überlegungen zur Entwicklung des allgemeinen Gemeinschaftsprivatrechts vor dem Hintergrund der Harmonisierung des Lauterkeitsrechts und des Rechts gegen Unlauteren Wettbewerb, in T. Bodewig, T. Dreier, H.-P. Götting, M. Haedicke, M. Lehmann and A, Ohly, Perspektiven des geistigen Eigentums und Wettbewerbsrechts, Festschrift für G Schricker (2005) (cited as FS Schricker), and more comprehensively in M. Leistner, Richtiger Vertrag und lauterer Wettbewerb (2008).

⑤ R. Podszun, Spezielle Wettbewerbsförderung durch Europäisches Lauterkeitsrecht: Plädoyer für ein allgemeines Europäisches Wettbewerbsrecht, in R. Hilty and F. Henning-Bodewig (eds.), Lauterkeitsrecht und Aquis Communautaire ,2009,pp.151-180.

法来填补的空白地带通常就会缩小,并且,从理论上讲,会沦落至毫无适用的余地。如果这个观点是正确的,接下来的问题是,我们很难甚至不可能在法律体系中给予反不正当竞争法一个真正的本应为其保留的适用空间。换句话说,反不正当竞争法在一国法律体系中并不是不可或缺的——法律体系的运作效果并不会因有无以反不正当竞争法为名的法律而不同。

当然,这些考虑并不会使得区分"正当行为"与"不正当行为"变得更加容易。相反,事实上,许多不同的法律在这个领域交叉重叠适用,往往造成一种典型的困境:如果某种行为已经被禁止,又可依据相邻法律对该行为进行制止和制裁,在这种情况下,是否可以或在多大程度上额外适用反不正当竞争法作为程序上或实体上的救济途径,这些问题仍然不清晰且备受争议。另一方面,如果某一行为依据其他法律不能被禁止,而根据反不正当竞争法将此行为认定为"不正当的"并对其进行制裁则更成问题。

本文将着重探讨后一个问题。在何种程度上,基于何种考量,在某些情况下,知识产权法不能给予的保护可以适用反不正当竞争法进行保护?是否有可能识别出支持那种保护的共同方案?这种方案如何操作?在这种方案下,特殊权利保护模式的作用与地位如何?或者,留给欧盟法解决的问题是缩小不同法律之间的缺口,哪怕仅仅协调这缺口的一部分,那么,解决该问题的时机成熟了吗?

二、知识产权法和反不正当竞争法的交叉重叠:一般概念

如前所述,欧洲并没有关于"反不正当竞争法"统一认同的概念。然而,当反不正当竞争法与知识产权法出现交叉重叠时,[①]在大多数国家就会产生一些共同的问题,虽然这些问题会以不同的法律术语包装,会有不同的解决方式。以下内容将以德国法为例展开论述,并试图从中提炼出更多一般性的结论。

德国适用《反不正当竞争法》(*Gesetz gegen Unlauteren Wettbewerb*,以下简称 UWG)对不正当竞争行为进行规制。这项法律起源于 1906 年,之后一直持续实施并且几乎从未改变,直至 2004 年,该项法律被废除。1906 年的 UWG 中最核心的法条就是一般条款(第一节),规定了禁止市场竞争活动中的不正当行为。该一般条款的法律措辞宽泛模糊,但被多年司法实践中大量的经典判例所弥补。[②] 目前的 UWG 仍然包含一般条款(第三节),然而,该法律也具体罗列了一些构成不正当行为的典型例子(第四节)。虽然 UWG 并未因此发生实质性的改变,但将先前案例的明确法典化是为了增强法律评价的透明度和可预见性。为了保持与《反不正当竞争商业行为指令》(*the Unfair Commercial Practices Directive*)(2005/29/EC;简称 UCP 指令)相协调,UWG 于 2008 年被修改。这些改变并没有影响本

---

① 关于交叉重叠问题,参阅 R. Hilty (supra, fn.4),下文将对文章中提出的系统化方法进行详细介绍。

② The digest of that case law literally filled volumes, in particular the famous commentary of Baumbach & Hefermehl.

文对它的兴趣。[①]

在本文探讨的范围内，UWG依如下方式运行：某人在市场竞争过程中，利用他人的成果——特别是模仿从市场上购买的、由其竞争者制作的产品——这种行为可能会落入UWG第三节规定的不正当竞争行为的范围内。对最典型的不当模仿的明确规制体现在UWG第四节第9条，它详细列出了所谓关于产品来源的可避免的欺诈行为（避免原产地欺骗标志，UWG第四节第9条a项），以及剥夺或损害被模仿产品或服务商誉的行为（UWG第四节第9条b项）。与前述相比，在实践中重要性次之的是，UWG还列出了以非法的方式获取模仿所需的信息或文件的例子（UWG第四节第9条c项）。

原则上，当某一模仿行为可能既违反了反不正当竞争法，又被认定为知识产权法意义上的侵权行为时，反不正当竞争法与知识产权法的关系则成为焦点问题。发生上述侵权行为，适用反不正当竞争法对其进行制裁，这样做通常不会导致什么问题。即使没有一个正式的"辅助规则"的适用，一般来讲，知识产权法的制裁更严厉和更有效率，这种情况通常会致使依据反不正当竞争法提出来的额外诉求变得毫无意义。[②] 然而，如果因为给予知识产权保护的先决条件未满足，或者时效届满这类典型原因而必须否决知识产权法的保护，这会引出更加尖锐的问题。尤其是在后一种情况下，即从一开始就缺乏法律保护，一般的共识是，反不正当竞争法不应作为知识产权法的替代法律加以适用，因为在此种情况下适用反不正当竞争法是站不住脚的。因此，普遍认为，适用反不正当竞争法时必须尊重法律的一般规则，即超出知识产权法的保护范围、赋予使用者以竞争优势的一般智力成果，原则上可以由公众无偿使用。由此，针对这种情况下的判决书，法院通常开篇即会重申"机械模仿"在法律上是被允许的。的确，有一条基本法律公理如是说：反不正当竞争法不保护有价值的智力成果，换言之，反不正当竞争法的保护模式不是客体导向的，而只关注对行为的评价。所以，只有当一个针对知识产权客体的不当行为达到"情节严重"时，才会受到反不正当竞争法的规制。[③]

为满足触犯反不正当竞争法最低条件下的"情节严重"，法院通常要求模仿产品具备所谓的竞争个性。这一概念融合了"个性特征"（类似工业设计法中的规定）和一定程度（通常较低的）的市场认可因素[④]。此外，根据UWG第四节第9条a项的规定，模仿行为必须具有引起模仿产品与原产品来源混淆或者部分特征混淆的可能性。模仿程度越高，引起混淆可

---

① (c)款提及的行为与保护商业秘密紧密相关（另见Sec. 17，18 UWG，对侵犯商业秘密实行刑事制裁），但对当前的论题影响不大。

② 这里需要指出UCP指令第6条(2)项（同于UWG第五节第2条）涉及的混淆可能性概念和商标法之间的关系：事实上，同一或相同的案例可以适用两部法律，例如：消费者协会可以依据反不正当竞争法参与民事法庭并进行陈述，尽管商标权人对追求索赔不感兴趣。商标法和UCP指令第6条(2)项重叠领域出现的问题目前已经在德国文学领域展开讨论。然而，这不是本文关注的重点。

③ 针对此问题的德国判例很丰富。参阅 Th. Sambuc, in Harte-Bavendamm & Henning-Bodewig (eds.), UWG, 2nd ed. 2009, § 4 Nr. 9, H. Köhler, in Hefermehl, Köhler & Bornkamm, UWG 31th ed. 2013, § 4 Nr. 9; Ohly, in Piper, Ohly & Sosnitza, UWG 5th ed. 2010, § 4 Nr. 9.

④ 适用反不正当竞争法对"竞争性"和不法模仿行为进行评估时，涉及的不同考虑因素以互补的方式运行，即评价具有相当高度的审美性和区别性时，对公众意识的衡量程度会相应放到最低，反之亦然。

能性的程度也相应提高。另外,这种模仿必须是"可避免的",尤其是复制原产品的相关特征并非是出于技术上的原因。由上述粗略的描述可见,司法实践中认定的、导致基本上合法的模仿行为"不正当"的"情节严重"要素,与知识产权保护的制度基础具有极大的相似性。"情节严重"的认定方法结合了工业设计法(或著作权法)与商标法:"竞争个性"是一种融合了"取得区别性"的(弱)独创性;根据模仿产品的相似程度来衡量"可避免混淆"的风险,显然与商标法和工业设计法解决混淆问题的方法极为相似。复制产品的特征是否因技术上的原因而必须("不可避免"),更像是原型抗辩——从知识产权法角度上讲,该抗辩理由是对原市场经营者的限制:被诉侵权人可以用来对抗权利人的索赔要求。

就UWG第四节第9条b项列明的情形而言,反不正当竞争法提供的保护与知识产权法提供的保护相类似——都是不正当地利用或者损害被模仿产品的商誉。这条规定的文字用语与《欧盟商标指令》(*Trade Mark Directive*)第5条第2项几乎相同,除了"商誉"并不是作为一个有正式门槛要求的概念提出的。然而,被模仿产品或服务的商誉不可避免地构成了"另外情形"的一部分,致使模仿行为不正当,即市场竞争者有意借用被模仿产品的商誉来推销自己的产品或者损害被模仿产品的商誉,如此,模仿行为很可能以消极的方式影响了原市场经营者的商誉。第一种方式显然与欧洲法院(European Court of Justice,简写为ECJ)在欧莱雅(L'Oréal)①案件中指出的"riding on the coat-tails"(依靠大人物的提拔),搭别人商誉的便车相类似。② 第二种方式与法院在Intel案判决中所提供的理由相似。

依据如上所述,知识产权法与反不正当竞争法的区别似乎是一种理论构建,而不是影响实践的有效规则。的确,法院惯常开篇声明"机械模仿"在反不正当竞争法中是被允许的,随后往往会做出分析,最终会总结出具有一定程度竞争个性的产品不能被模仿,除非该模仿行为被认定为技术上所必须。③ 因此,客体导向保护模式——如知识产权,与行为评价保护模式的区别更像是纯粹的语义学问题,甚至是看问题的角度问题:类似量子力学中的波粒二象

---

① ECJ case C-487/07 - L'Oréal and Others v Bellure,[2009] ECR I-05185,para 49.

② ECJ case C-252/07 -Intel Corp v CPM UK Ltd,[2008] ECR I-08823.

③ 一个显著的例子是由德国联邦最高法院的判决(Bundesgerichtshof, BGH),GRUR 2007,984 - Gartenliege,该案涉及模仿复制一种躺椅。这种椅子是由一家经营连锁咖啡店的咖啡生产商委托生产的,咖啡店也是销售其他不同种类商品的经销店,这些商品都以咖啡公司自己知名的公司标志出售。此案背景是"原始"椅的生产商停止供应椅子产品,这就迫使咖啡公司寻找替代品,以满足持续性经营的需求。BGH发现由第二家生产商生产的、以咖啡公司的公司标志售卖的椅子产生"可避免产品来源的欺骗"。此推理是基于这样的事实:原来的椅子有竞争个性的原因是由于技术细节需要——箍筋允许调整头枕的位置,同时稳定在人体"放松"的位置——第二家椅子生产商制造的椅子也有这个特点。通过声明,BGH进一步表示,因为两种椅子产品几乎相同,公众经常会认为它们来源于同一个商业渠道。这意味着任何(近似)模仿具有竞争个性的(尽管不受知识产权法保护)产品的行为必然是"不正当的",除非模仿在技术上是必要的。

性原理(wave-particle duality),[①]法院评价某一个或者同类行为是以客体为导向还是以行为为导向取决于观察该问题的角度。与此相应,与知识产权构成要件下的一些情形相同,司法实践认定的不正当模仿行为要满足一系列条件:一定程度上的区别性、模仿的相似性、模仿缺乏技术上的需要,这些因素也许可以构建现有法律之外的一种准知识产权制度。[②] 无论如何,这种现象的出现不能仅仅因技术或视角的区别而予以否定。

三、作为新的知识产权"孵化器"的反不正当竞争法

前文提及的现象变得越来越明显,即一系列司法判决成为知识产权法(或者特殊权利)法典化的前兆,换言之,反不正当竞争法成为新型权利的"孵化器",或者它使现有知识产权的范围扩张至新的领域或保护新的权利客体。在知识产权法和反不正当竞争法的整个发展历史进程中,我们可以发现许多类似的例子,例如,最初是通过反不正当竞争法给予录音录像制作者以法律保护,[③]这种保护后来演变为著作权法领域内的"邻接权"。在更近的时期,这种趋势通过欧洲的一体化而有规律地发展着。迄今为止,最显著的例子就是《欧盟数据保护指令》第7条给予了非原创汇编数据的特殊权利保护[④],《德国著作权法》将其作为一种新的邻接权类型加以保护。在此之前,德国判例法中已经有大量的判决主张:如果某一行为人仅仅是复制他人的数据,从而节省了为汇编数据所投入的时间和金钱,并使其处于竞争优

---

① 译者注:波粒二象性指的是所有的基本粒子或量子不仅可以部分地以粒子的术语来描述,也可以部分地用波的术语来描述。爱因斯坦这样描述这一现象:"好像有时我们必须用一套理论,有时候又必须用另一套理论来描述(这些粒子的行为),有时候又必须两者都用。我们遇到了一类新的困难,这种困难迫使我们要借助两种互相矛盾的观点来描述现实,两种观点单独是无法完全解释光的现象的,但是合在一起便可以。"参见 https://baike.baidu.com/item/%E6%B3%A2%E7%B2%92%E4%BA%8C%E8%B1%A1%E6%80%A7/213638? fr=aladdin,下载日期:2019年1月14日。

② 参阅 A. Ohly, Gibt es einen Numerus clausus der Immaterialgüterrechte? in FS Schricker(supra, fn. 5), 105-122; see also A. Kur, Wettbewerblicher Leistungsschutz, GRUR 1990, 1 et seq.,法院应以开放的态度接受以下事实而不是坚持旧的规则,即为了提高法律的透明度、建立稳定和可靠的法律基础、制定安全的指导方针,如评估行为正当性的可能性理由,则对模仿行为的禁止是原则而不是例外。另见 Th. Sambuc, in H. Harte-Bavendamm and F. Henning-Bodewig, (eds.), UWG, 2nd 2009, § 4 Nr. 9 at marginal note 35 et seq.

③ 德国对录音录像制作者和表演者权利保护的法典化是通过1965年颁布的《著作权法》第85条。在此之前,表演者被赋予一个建立于《反不正当竞争法》一般条款基础上的虚设的"改编权",录音录像制作者也基于该权利的授予而被保护。参阅 BGH GRUR 1960, 614 - Figaros Hochzeit.

④ Directive 96/9/EC of the European Parliament and of the Council of 11 March 1996 on the legal protection of databases.

势,则该行为人模仿他人汇编数据的行为是不正当的。[①] 经常被提起的其他例子[②]是著作权法对计算机软件的保护[③]、商标法对驰名商标的扩大保护、对未注册外观设计的保护。

根据本文第二部分所述,反不正当竞争法保护下的某些权利最终演变成一种新的知识产权或特殊权利,这些权利在"升级"过程中是否发生了实质改变?"波粒二象性"在此过程中是否还在发挥作用?换言之,这些权利无论经历了什么样的改变,是否仍然与反不正当竞争法做出的评价基本相同?

这个问题仍不能被全面地回答。对"反不正当竞争法因素"的考量最明显地体现在对有声誉的商标进行扩大保护的过程中,这种因素也可见于对未注册外观设计和数据库进行保护的演进过程中,但对计算机软件进行的保护中,反不正当竞争法的影响因素就很少见了(实际上在对制作者权利的保护中已经不见了)。至多,我们可以这样说,一个起初不被保护的客体,经过一段反不正当竞争法的"测试时期",最终演变为知识产权,或多或少,这个权利倾向于附着反不正当竞争法的一些典型特征,例如,会带有特殊的开放性条款或者相对模糊的概念,如"不正当优势地位"或者"实质性投入"。然而,更重要的是,权利在演变过程中会变得更加强大,原因之一是,一旦确定了权利人受保护的先决条件,举证责任往往转移至被控侵权人,由其承担证明自身行为正当性的责任,尽管根据一般理论,应当由控告他人行为不正当的原告承担主张和证明其诉求的责任。

本文提出的另外一个明显问题与"正在孵育的知识产权"有关,此类权利目前仍处于反不正当竞争法的孵化阶段。该类权利的一个例子即是正在孵化阶段的体育赛事组织者所主张的对于在此类活动中任何超过"最低"限度(de minimis)利用公共利益的权利。[④] 关于此权利最重要和最具争议性的一点是这种权利通常会保护"偷袭营销"行为,即当事人在重大赛事和其他体育赛事中采取各种不同的营销措施,从而试图从公众的关注度和赛事对观众的吸引力中获取利益,而不用花钱成为赛事的正式赞助商。[⑤] 另外,这种"赛事权利"涵盖了

---

① 参阅 M. Leistner, Der Schutz von Datenbanken im deutschen und europäischen Recht (2000). 德国联邦最高法院最近判决的案例请参阅 BGH GRUR 1999, 923 - Tele Info CD.

② 最近的一个例子是德国立法中新的邻接权出现,即"出版者的权利"(Sec. 87f and 87g Copyright Act)),经过新闻出版界紧锣密鼓的游说后,德国议会于2013年3月1日通过该权利,尽管遭到了由互联网界和学术界几乎一致的抗议。(参阅 MPI 对提案的声明:http://www.ip.mpg.de/files/pdf2/Stellungnahme_zum_Leistungsschutzrecht_fuer_Verleger.pdf,下载日期:2018年7月6日)在本质上,该权利限制了互联网搜索引擎服务商和其他专业互联网服务提供商(简称 ISPs)在其网络上显示摘录自新闻出版物中的简短文字,尽管简短文字可作为作品的样本以便用户点击进入相应的页面。有人预计,新权利的出现会促使 ISPs 以付费换取出版社的许可。该权利的产生并没有以反不正当竞争法作为"孵化器",所以不包括在上文中。

③ 欧盟指令91/250/EEC,现在编入指令2009/24/EC,对计算机程序进行法律保护。该指令实施之前,如果软件的独创性程度高于一般程序员的技能水平,则适用著作权法对其保护;若独创性低于该门槛,仅能适用 UWG 的一般条款对其保护。参阅 See BGH GRUR 1985, 1041 - Inkassoprogramm.

④ 详情请参阅 A. Peukert, Güterzuordnung als Rechtsprinzip (2008), p.143 et seq.

⑤ 为了避免法律问题,拥有较大影响力的大型赛事如奥运会或世界足球协会,通常对举办国施加压力,以确保它们享有充分的市场专有权,如果有必要,举办国甚至会改变国内立法。参阅《伦敦奥运会和残疾人法案》(2006年3月30日),介绍了一个新的权利类型"伦敦协会权"(LOAR),其目的是防止在赛事商业活动中出现未经授权的协会使用特定的代理权。

摄制和播放连续镜头的权利，或者以其他形式利用公开进行的体育活动进行广告推销的权利，例如，街头自行车比赛或者城市马拉松等。当前，体育赛事组织者只能依靠授权他人摄制或者录制在其权利所及的封闭场所范围内的体育赛事的权利，这就意味着，体育赛制组织者仅仅享有在一个封闭区域范围内授权他人有条件地获得体育赛事的权利。相应的，在没有围墙和大门将观众排除在运动场地之外的情况下，赛事组织者无救济保护手段。在一个"前沿案例"(Pilot Case)中，业余足球比赛的私人录制片段被发布在一个非商业网站上进行播放，这个案例成功地挑战了上述观点：第一审和第二审法院支持了地区业余俱乐部协会的禁令请求，认为未经俱乐部授权拍摄赛事并播放的行为属于不正当竞争行为。① 如果德国联邦最高法院赞同上述意见，这可能暗示着一种新的专有权的诞生。但是，令那些强烈批评下级法院作出上述判决的人欣慰的是，②联邦最高法院最终反对认定此种行为属于不正当竞争行为。③ 然而，这并不标志着讨论的结束，甚至激励利害关系人努力促使采取立法行动。更有甚者，法院的判决并不意味着判例法解决了该案的争议问题，因为在不同的情形下，尤其是如果未经许可拍摄的片段是出于商业目的，法院也许会支持被告。

四、如何处理交叉重叠?

(一)反面论证法

知识产权法和反不正当竞争法在结构和内容上的近似甚至平行引出了下一个问题：当一个冲突潜在地涉及知识产权法和反不正当竞争法时，若适用其中一部法律来处理该冲突，如何避免出现相互矛盾的结果。正如上文所述，当一个客体已过知识产权保护期限或者未满足知识产权保护的条件时，若依据反不正当竞争法保护该客体，这种情况下，知识产权法和反不正当竞争法的关系问题则会上升为热点话题。

在德国，处理该问题的一般方法是一个备受争议的话题。④ 最保守的观点主张优先适用知识产权法，因为当时效已过或者由于其他原因不能适用知识产权法对有关客体进行保

① 一审法院(district court)：LG Stuttgart，ZUM 2009，258；上诉法院（higher regional court）：OLG Stuttgart，MMR 2009，395 – hartplatzhelden. de.

② A. Ohly，Hartplatzhelden.de oder：Wohin mit dem unmittelbaren Leistungsschutz?，GRUR 2010，487；T. Ehmann，Monopole für Sportverbände durch ergänzenden Leistungsschutz? GRUR Int. 2009，659.

③ Judgment of 28 October 2010，GRUR 2011，436 with comment by Ohly.

④ for example Th. Sambuc，Der UWG-Nachahmungsschutz，1996；from the numerous articles that have been written on the subject see inter alia (in chronological sequence) A. Kur，GRUR 1990，1；E. Müller-Laube，ZHR 156 (1992)，480；A. Ohly，ZEuP 2004，296；K.-H. Fezer，WRP 2001，989. The topic has attracted renewed interest in the aftermath of the law revision of 2004. This is best illustrated by the fact that no less than seven contributions (Steinbeck，409；Hilty，643；Körner，701；Kur，717；Lubberger，737；Münker，781；Ohly，795) are dedicated to that field in the volume of writings in honour of E. Ullmann，former president of the First Senate of the German Supreme Federal Court，(2006；cited：FS Ullmann).

护时，也不能适用反不正当竞争法进行保护。[①] 与此相反，有人主张两部法律的地位平等且相互独立。[②] 折中观点认为，当某种智力成果被视为不受或者不再受知识产权法的保护，而主张适用反不正当竞争法进行保护时，必须考虑在每个具体案例中致使模仿行为不正当的具体因素是否与知识产权法保护所考量的因素相一致。如果相一致，则优先适用知识产权法。[③]

本文赞同折中观点，一方面，认为否定知识产权法对相关客体进行保护就是不给反不正当竞争法的保护留下适用空间，会导致不适当的结果，因为这种结果忽略了一些导致问题的重要因素，例如：导致公众对产品的特征或者来源产生误解。另一方面，主张两部法律完全属于不同领域且没有内在联系也不正确。正如前文所述，两部法律的区别自然地来源于一个侧重于对有关客体的保护，另一个侧重于对行为的评价，但这种区别并非使两者界限分明。因此，从这个意义上讲，当一个问题涉及两部法律时，出现交叉重叠是不可避免的，适用两者之一来处理争议问题得出不同的结果也是不可避免的。与将两者正式区别开来或者促进两者互相独立相比，更重要的是采取一种协调的方法，努力避免出现不一致的结果。原则上说，这种协调方法要求支撑知识产权法保护的目标与导致被控行为不正当的目标一致。反不正当竞争法的保护只有在下列情况下具有正当性：反不正当竞争法保护所据以成立的考量因素没有隐含在且已被"吸收"在支撑知识产权赋予保护的政策方面或保护客体的范围内。

原则上，"折中法"反映了法院在实践中惯用的标准方法，即只有当不正当竞争行为的额外构成要件已经确立的情况下，才可以认定模仿行为是不合法的。然而，法院采取折中方法时通常只是逞口头功夫，不进行全面分析。本文赞同的方法是不考虑两部法律事实上存在的语义差异，而是综合考核和比较案件涉及的各方面。Ansgar Ohly 将这种方法称为"反面论证法"：如果在一定的范围内，特定的客体已被知识产权法所覆盖，基于反不正当竞争法的补充保护则就被排除在外。[④]

(二)举例

反面论证方法在实践中的作用可以引用一个来自德国联邦最高法院的判例进行论证，这个案例涉及 LEGO 生产的积木块被其竞争者完全复制并使用了另一个不同的商标进行销售。[⑤] 在当时，LEGO 根据国内法和欧盟商标法申请了商标注册，但是注册申请在欧盟知识产权局和德国专利局被挑战成功(后者的上诉程序当时正在进行)，因此，当商标法不能提供所需的权利保护时，LEGO 偏向于依据反不正当竞争法所形成的一系列判例进行维权。几十年来，在几份支持对 LEGO 进行保护的判决中，联邦最高法院认为，尽管模仿行为是合法的，但这些案例也显示了额外的不公平因素，即模仿者试图通过模仿行为渗入原创者的整

---

① "严格方法"被推广于技术发明方面，参阅 Emmerich, Unlauterer Wettbewerb, 7th ed. 2004, at 181.

② E.g. Fezer, WRP 2001, 1007; Lubberger, FS Ullmann, 745 et seq.

③ Ohly, FS Ullmann, 795, 807 et seq. and in GRUR 2007, 731; see also Kur, GRUR 1998, 771, 775.

④ A. Ohly, FS Schricker (above, fn. 17).

⑤ BGH GRUR 2005, 349 - Klemmbausteine III.

个产品系列市场内，从而在没有进行投资的情况下潜在地侵占原创者已经建立的整个市场。[①] 与第三人通过为他人提供零部件或者配件将自己的商业活动限制在二级市场范围内不同，第三人模仿复制像LEGO基本积木这样的模块化产品，往往旨在为自己提供一个不同的竞争优势，以便进入一级市场，这种行为构成了不正当竞争，确实是一个站得住脚的论证。这些考虑也反映在《欧盟外观设计指令》(98/71/EG)第7条第3款中，该规定排除了对模块化产品的外观设计进行保护，即此类产品的设计元素"目的是在一个模块化系统内兼容多元化组件或联结可互换的产品"，因此，第3款排除了对模块化产品的外观设计进行保护，但是如果作为模块化产品的零部件符合《欧盟外观设计指令》第7条第2款规定的条件(即满足了新颖性和独特性的一般要求)，原则上对此类产品进行保护是合理的，且给予其最大保护期限限制在25年内。在LEGO一案中，LEGO占据市场专有权的时间跨度远远超过25年。因此，依据反面论证规则，其不能再次基于外观设计法提供保护的相同理由来适用反不正当竞争法。虽没有准确清晰的说理，联邦最高法院认为，尽管反不正当竞争法提供的保护没有一个明确的时间限制，LEGO享受了类似准专有权的延长保护期限后，控告他人"渗入产品系列"的论点不再能站得住脚。法院进一步解释，原则上，此案可以依据其他理由来提出保护请求，例如，模仿者利用他人商誉取得不正当的竞争优势。为了在判决中考虑这些额外因素，上诉法院将此案发回重审。然而，法院也明确指出，如果他人要求取消LEGO形状商标这一当时悬而未决的诉求得到支持，会影响关于公众混淆的潜在可能性或篡夺商誉的评估：如果考虑《欧盟商标指令》(*European Trade Mark Directive*，简称TMD)第3条(1)(e)(ii)规定的政策原因(即为技术上的需要而具有的商品形状不得注册；注册后，他人可请求宣告无效)，LEGO的注册商标是无效的，[②]基于实质上相同的理由而要求反不正当竞争法提供保护也不可行。

另外一个相关的案件涉及模仿在年轻人中间非常流行的牛仔裤。[③] 在原生产者销售一种牛仔裤数年后，一个竞争者开始提供外观与此非常相似的牛仔裤。该后来竞争者在侵权诉讼中提出的反驳理由之一是，依据欧盟外观设计法，对未注册外观设计的保护期限是3年，这意味着依据反面论证规则，若3年期限已过，销售复制品是被允许的。联邦最高法院认为，原则上，认定模仿的不正当性与对未注册外观设计进行保护的依据不同，这是因为，保护未注册外观设计是基于设计本身具有的独特性和竞争者只进行单纯模仿却没有自己的投资。然而，这并没有排除基于外观设计的内在区别性而对其提供的知识产权保护，否则会导致对目标公众产生"关于产品来源可避免的欺骗"。尽管法院判决的第一部分与本文赞同的方法一致，但必须批判地说明，判决中的分析并没有扩大适用至商标法，判决的第二部分仅仅为商标法的适用提供了适当的参考框架。如果不顾法院认定的"内在区别性"而排除商标法提供的保护，在严格的反面论证规则下，这也会排除基于"内在区别性"而提供的反不正当

---

① BGH GRUR 1964，621.—Klemmbausteine; see also BGH GRUR 1992，619 - Klemmbausteine II，在一审中确认了反面论证方法，并宣告提供与LEGO配套的玩具火车以搭LEGO主题包中游戏人物便车的行为是不合法的。

② 关于LEGO形状商标无效的异议在欧洲法院的一个判决之后提出，即C-48/09 P-Lego Juris v OHIM，[2010] ECR I-08403.

③ BGH GRUR 2006，79 - Jeans; English translation in IIC 2007，128.

竞争法保护。①

五、寻找一个共同的框架

试图在反不正当竞争法和知识产权法之间划出一条清晰的界限是徒劳无功的,更有价值的努力方向也许是寻找支撑不同法律提供保护的通用模式,然后将这些模式整合成一个总体结构框架。Reto Hilty 教授已经开始向这方面努力迈进。由 Reto Hilty 提出的方案中的基本公理是:欧盟法证成法律保护与自由竞争的共同特性基本上都是出于功利主义的考虑:在有必要防止市场失灵的情况下,两者的目标是要鼓励不同种类的投资(技术、创造力、时间、金钱)。从这个前提出发,密度分级模式理论,或者称投资保护的"逐渐固化"理论,为不同种类的知识产权、特殊权利和各种不同的不正当竞争规则提供了一个共同的分类系统(不考虑单纯或主要表现为消费者保护导向的规范条款,如禁止虚假广告)。该方案的最底层级是提供法律保护依据的开放性条款,例如,一般条款;该条款的上一层级是不正当竞争行为(B2B)的示范目录,例如,UWG 第四节第 9 条的规定。穿过不可见的分界线进入知识产权层级,即再上一层级是特殊权利,尤其是以邻接权形式存在的权利(非原创数据库、录音录像录制者权)。最接近顶层的层级是商标权、工业设计、地理标志,专利权和著作权被认为是知识产权"密度最大"的表现形式。(参见图 1)

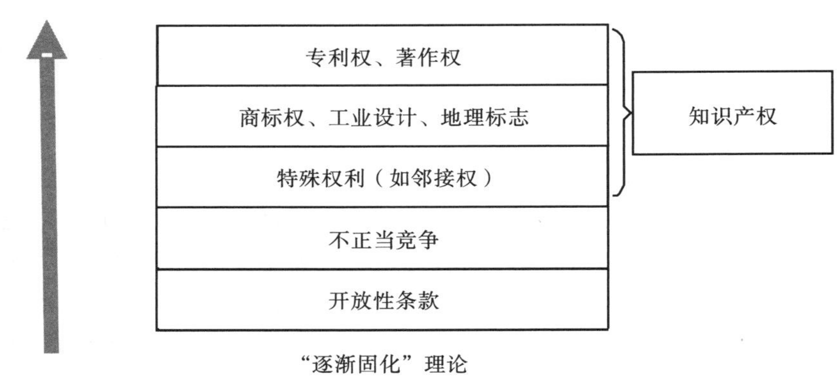

图 1 "逐渐固化"理论

我们可以讨论该方案的具体要素——例如,工业设计置于次高层级,而不是与专利权和著作权置于同一类别是否正确——但是,无论如何,从原则上讲,Reto Hilty 提出的方案具有帮助意义和说服力。更重要的是,它提供了一个结构化方法,一系列规范以此方法针对具体的、与竞争有关的行为做出反应,正如"爬楼梯",相关行为起初通常被视为一般条款下确定的不正当行为,最后,通过具体化的方式,逐渐演变为高阶的知识产权或者特殊权利领域。

基于该方案下的密度分级模式理论或者"逐渐固化"理论的启发,构想出某些调整法律

---

① 这一点值得关注不仅仅是因为欧洲法院曾经判决了一个有同样冲突背景的案例:371/06 - Benetton Group v. G-Star International,欧洲法院认为,依据《欧盟商标指令》第 3 条(1)(e)(iii)认同商品形状赋予了牛仔裤实质价值,则就忽视了自申请日起商品具有的区别性程度而排除了商标法提供的保护。

进程的一般规则是有可能的。最重要的是，权利的固化程度与其确定性程度直接相关，对权利保护的缺失会导致市场失灵；相应的，当对专有权的干涉会毫无疑问地造成损害结果时，赋予而且应当赋予有明确保护范围且固化程度较强的权利。相反，固化程度较低的权利——往往基于开放性条款对其进行保护，这需要对各有关方面进行复杂的评估——以保证对双方当事人基本公平。此外，为避免市场失灵提供的保护，不单只在数量意义上进行理解，如缺乏财政上的投资等，而且保护的首要目标是取得实质意义上超越"普通"门槛的智力成果，这种情况下，权利的固化程度往往是最高的。

六、一些观察

上文所提的方案仅是描述性的框架，而不是可以提供得出具体结论的依据。然而，它有助于支撑一些关于知识产权法和反不正当竞争法的观察结论。

（一）从小处入手

首先，"确定性"和"固化性"的关系特征确定无疑地支撑了传统的智慧，即不应急于发展。对公众某些领域的新型保护的需求做出迅速反应，可能会受到欢迎，但是事后也会认识到，以一种专有权的形式做出反应，这种智慧是值得怀疑的。众所周知数据库的例子，欧盟委员会发现，特殊权利保护模式在欧洲对数据库产生的助推作用几乎为零。[①] 然而，这种保护模式并没有被废止。这种模式贯穿于知识产权法的发展历史：一旦赋予某种客体或智力成果以保护，或者现有的保护模式扩大了保护范围，将不会再"缩减"到以前的状态。攀登保护梯的隐喻只知道爬向一个方向——向上爬。当相关规定记载于区域性的文书中时（欧洲或者国际文件），这种趋势通常会加强。计算机程序的著作权保护为此提供了一个例证：在19世纪80年代讨论对软件保护的最好模式时，《欧盟软件指令》（91/250/EEC）慎重地将计算机程序揽入著作权的保护伞之下，而不是选择提供保护比较弱的特殊权利模式，目的（之一）是确保《伯尔尼公约》下的权利客体受到基本的国际保护。事实上，就传统的著作权保护模式来说，与其提供的优势相比，考虑到著作权保护的持续时间和以作者为中心的模式，欧洲大陆的传统保护模式并不恰当。这一事实在立法者的眼中并未得到充分重视。著作权保护模式也适用于国际层面上：在TRIPS协议和《世界版权公约》（WCT）中，计算机程序被明确地认为属于文字作品种类。[②] 当这种模式发展成为一个约束170个成员的国际标准（以TRIPS协议为例）时，若想以其为历史性错误的"后见"对其进行修改，事实上是被禁止的。至少，任何想用特殊权利模式取代对计算机程序的著作权保护模式的尝试将面临大量的法律和政治问题。从这个角度来看，"从小处入手"似乎更明智，即只能经过严格的确定性测试后，才提供有确切的量度和力度的专有权保护。如果这种保护模式出现严重的漏洞，则总有可能向上"爬楼梯"；但在相反的方向上不存在现实的选择。

（二）平缓的区别

依据与反面论证原则有关联的"逐渐固化"理论，一个基本论点是，可以假定一方面适用

---

① DC Internal Market and Services Working Paper, First evaluation of Directive 96/9/EC on the legal protection of databases, 12 December 2005, in particular pp.24-25.

② Article 10 (1) TRIPS; Art. 4 WCT.

反不正当竞争法,另一方面适用知识产权法,不但“不是反复无常”,而且还显示出建立在一般规则之上的“平缓的区别”,即“逐渐固化”理论与知识产权法相比,为第三人留出更加宽松的调整空间。[①] 因此,即使在反面论证原则之下,确立了构成不正当行为的附加因素,法院也应当做出修正以确保第三人的行为不应受到比知识产权法更加严格的限制。

例如,我们参考德国联邦最高法院最近作出的判决。此案的冲突涉及模仿剔骨刀的行为,[②]法院在诉讼程序中理所当然地认为,刀子的形状为实现其功能达到了“最优”状态。然而,这仍不足以支撑这种模仿行为是“不可避免的”的论点,毕竟涉案的剔骨刀还有可供选择的其他形状,虽然这些形状不太适合剔骨刀本应实现的功能。德国联邦最高法院没有运用反面论证方法进行分析,即没有适用《欧盟商标指令》第 3 条(1)(e)(ii)进行推理分析。依据该法,为实现技术功能的需要而必须呈现的形状不受商标法的保护。然而,欧洲法院(ECJ)针对此条款指出,可供选择的形状能否实现相同的功能对模仿行为的评估不是决定性的,从而反驳了德国联邦最高法院认为的令人信服的论点。此外,依据“平缓的区别”规则,反不正当竞争法对竞争者的行为进行测试要比商标法更为宽松才是适当的。这表明,在法律意义上不可避免的模仿应该予以接受,即使模仿形状不是严格意义上的“必要的”,而是“最适合”实现产品的目的(正如此案所述),这种观点无疑通过接受存在可供选择方案的观点,反对适用比商标法更为严格的测试。

在联邦最高法院判决的另外一个案件中,被告销售的髋关节置换假体与原告生产和销售的产品几乎一致。[③] 涉案产品的形状所获的专利于 2001 年失效。在该案中,不存在关于产品来源的欺诈风险,因为这两者都可以它们各自的商标而加以清楚地区别。事实上,相关公众并没有错误地混淆原被告的产品,并且考虑到原告已经享有受专利权保护的市场专有权的延长保护期,同时法院还发现被告没有不正当地利用原告的产品声誉。然而,法院却宣布,如果原产品的形状是它产生商誉的一个重要因素,竞争者销售高仿复制原产品形状的模仿产品,若模仿产品的质量低劣,即模仿产品没有达到与原产品完全相同的质量标准,也会损害原产品的商誉。

如果将上述第二个案例中法院的判决作为一般性的规则加以适用,会对推销可能是廉价的复制品的行为产生相当严重的后果——即使原产品形状受到专利法、著作权法或者工业设计法的保护已经过期。从本质上说,这有可能导致原权利持有人控制竞争产品的质量,从而对市场价格施加强有力的影响。通过比较模仿行为对竞争的实质性影响,法院推理的动机显得十分脆弱,因为如果相关公众是通过不同的商标来区分产品,法院再假定原产品的商誉仍会受到(被指控)质量差的其他产品的负面影响,这种观点似乎相当牵强。以反面论证的观点来看,欧洲法院认为,必须证明被控侵权行为改变了或者有可能改变相关公众的经济行为,模仿行为才会损害原产品的区别性特征。依据“平缓的区别”规则,反不正当竞争法下模仿行为对商誉造成损害的要求至多与商标法的要求同样严格。

---

① already Kur, GRUR 1990, 1, 2.

② BGH GRUR BGH GRUR 2009, 1073-Ausbeinmesser.

③ BGH GRUR 2010, 1125 - Femur-Teil; see also the (positive) evaluation of the decision by Witt, MPR 2011, p.42.

七、回顾前文和最后总结

我们很难从上文的简略图得出具体的结论。然而,应该指出的是,直到现在也不可能在反不正当竞争法和知识产权法之间划定和设置一条清晰的界限,这点也受到了实践的尊重。客体导向和行为导向保护模式之间惯常的分离可能会形成一个原则性的、能自圆其说的理论概念,不仅如此,这为法院或有利害关系的当事人提供了方便的理由,他们会援引此作为一个标准的公式,而不用对整个案件的系统背景和具体案例的影响进行更深入的分析。

对于学术界,学者们应当继续在这个复杂和综合的领域长期努力,并尽可能深入研究。此外,我们应该变得更"欧洲"化,试图更加深入理解,寻找更加透明和一致的方案以处理反不正当竞争法、知识产权法或特殊权利交叉重叠领域的许多问题。

美国专利侵权损害赔偿制度的历史演进与现实启示探析*

张　鹏**

摘　要: 专利侵权损害赔偿制度具有两大目标:补偿损害和侵权预防。基于补偿损害的需要,其设立了造成损失、违法所得等赔偿标准;基于侵权预防的需要,其设立了禁令、惩罚性赔偿和律师费相关制度。回顾美国专利侵权损害赔偿制度的历史,美国专利侵权损害赔偿制度的演进具有深厚的历史背景。首先,在基于造成损失的普通法救济和基于违法所得的衡平法救济之间寻找平衡;其次,逐步确立合理的专利许可使用费这一判断标准,同时该标准获得较为广泛的适用并逐渐成为主流标准;再次,由于历史原因,"违法所得"不在作为专利侵权损害赔偿的计算标准,同时逐步优化造成损失和合理的许可使用费的选择适用;最后,逐渐产生针对损害赔偿数额过高和惩罚性赔偿制度过度适用的讨论,并且逐步探索以规制专利非经营实体为目的的制度适用优化,以使得专利侵权损害赔偿制度回归激励创新的制度本质属性。近期而言,专利侵权损害赔偿制度的法律适用,仍然是美国法律实践中讨论比较多的一项制度。展望未来,由于不同产业对专利侵权损害赔偿制度价值和制度定位的需求存在显著不同,专利侵权损害赔偿制度有可能面临进一步的裂化和细化。

关键词: 造成损失;违法所得;合理的专利许可使用费;惩罚性赔偿;专利非经营实体

The Historic Process and Practical Enlightenment of Remedy for Patent Infringement in the United States

Zhang Peng

Abstract: There are two main goals for remedy for patent infringement: compensating for the loss and preventing for the infringement. The damage caused by infringement and the illegal gains caused by the infringement are set as the standard for compensating for the loss. The injunction, punitive damages and compensating for the lawyer's fee are set for preventing the infringement. Looking back for the history of remedy for patent infringement in the United States, we can find that the rules have pro-

* 本文系司法部 2017 年度国家法治与法学理论研究课题"以司法保护为主导的知识产权保护体系研究"(项目编号 17SFB5014)和国家知识产权局 2018 年度软科学研究项目"知识产权政策法律化路径考察"(项目编号 SS18-A-07)的阶段性成果。

** 张鹏,北京市中伦律师事务所合伙人,中南财经政法大学知识产权学院法学博士、研究员,北京理工大学法学院硕士生导师,研究方向:知识产权法、反垄断法、WTO 国际贸易。

found historical background. First, the judges try to find the balance for the common law relief based on the damage caused by infringement and the equitable relief based on illegal gains caused by the infringement. Second, the amount of the appropriate multiple of the amount of the exploitation fee of that patent under a contractual license turns into the main standard of evaluating the remedy for patent infringement. Third, illegal gains cased by the infringement had not used as the standard of evaluating the remedy for patent infringement. Forth, there are discussion about the exorbitant compensation and the abuse of punitive damages and there are some rules about the regulation of NPE(Non-Practicing Entities). Now, the application of remedy for patent infringement is the important rule which are discussed widely. Looking forward for the future, there would be the divisions and refinements of remedy for patent infringement based on the characters of different industries.

Key Words: the loss caused by infringement; illegal gains caused by the infringement; reasonable exploitation fee under licenses; punitive damages; non-practicing entities

专利侵权损害赔偿制度具有两大目标:补偿损害和侵权预防。基于补偿损害的需要,其设立了造成损失、违法所得等赔偿标准;基于侵权预防的需要,其设立了禁令、惩罚性赔偿和律师费相关制度。据此,《美国专利法》赋予专利权人针对专利侵权行为民事救济的权利,[①]该民事救济包括两种方式:损害赔偿[②]和禁令(临时性禁令和永久性禁令),[③]专利法并未提供侵权的刑事救济,即使针对故意侵权行为也不能要求其承担刑事责任。[④] 在理想情况下,立法者和裁判者能够精确地确定赔偿额度,用以充分补偿过去的侵权损失和防止所有的未来侵权,但是在现实情况下并非如此。回顾美国专利侵权损害赔偿制度的历史,美国专利侵权损害赔偿制度的演进具有深厚的历史背景。美国的现行专利侵权损害赔偿制度深深受到其发展历史的影响,只有通过历史回溯的方式,才能够解释为什么"违法所得"不再是专利侵权案件的金钱赔偿标准,而仍然是商标侵权案件和著作权侵权案件的金钱赔偿标准等一系列问题。

一、1790—1800年:美国专利侵权损害赔偿制度的缘起

总体而言,普通法和衡平法的区分影响着美国专利侵权损害赔偿在法律制度中的演进。

---

① 35 U.S.C. §281.

② 35 U.S.C. §§284,285,289.

③ 35 U.S.C. §§283.

④ Dowling v. United States, 473 U.S. 207,227 n.19, 226 USPQ 529,537-538 n.19(1985).该判决指出,国会赋予专利权人民事救济权利,参见 35 U.S.C. §281-294.在所有可以采用的救济中,包括针对故意侵权行为的三倍赔偿,参见 American Safety Table Co. v. Schreiber, 415 F.2d 373,378-379, 163 USPQ 129, 132(CA12 1969).

最初,美国专利侵权损害赔偿制度非常粗糙。1790年的《美国专利法》并未给出专利侵权损害赔偿规则,司法实践中专利侵权损害赔偿制度的基本准则是陪审团估计的损失。[①] 1793年的《美国专利法》则增加了专利侵权损害赔偿的法律规则,规定"被控侵权人应当销毁侵权物品并且赔偿专利权人,专利侵权损害赔偿数额是专利权人销售或者许可他人使用该专利的费用的三倍以上"。[②] 为什么将专利侵权损害赔偿数额规定为三倍以上?这一问题一直缺乏直接证据加以说明。[③④] 在确定该法律规则之后渐渐发现,诸多专利的经济价值在于保持基于垄断使用而形成的比较竞争优势,而非通过许可或者转让的方式获取交换性利益。同时,许多专利通过转让的方式获取交换性利益,而并非通过许可的方式获取。因此,很多专利并不存在或者无法衡量"专利权人许可他人使用该专利的费用"。

1800年,美国国会对《美国专利法》进行修改,将第38条规定的专利侵权损害赔偿标准修改为,"损害赔偿金额是给专利权人造成的实际损失的三倍"。[⑤] 相对于1793年《美国专利法》,1800年《美国专利法》作出两处修改:一是将计算基准从"专利权人销售或者许可他人使用该专利的费用"修改为"给专利权人造成的实际损失";二是将计算倍数从"三倍以上"修改为"三倍"。其中第一处修改的原因,就是如前所述的"诸多专利的经济价值在于保持基于垄断使用而形成的比较竞争优势,而非通过许可或者转让的方式获取交换性利益"。[⑥] 同时,对于第二处修改的原因,亦即为什么将计算倍数从"三倍以上"修改为"三倍",一直缺少直接证据加以说明。

---

① "Such damages as shall be assessed by a jury". See Nike Inc. v. Wal-Mart Stores Inc., 138 F.3d 1437.

② Any infringer "shall forfeit and pay to patentee, a sum, that shall at least equal to three times the price, for which the patentee has usually sold or licensed to other persons, the use of the said invention", see F. ScottKieff, Pauline Newman, Herbert F. Schwartz, Henry E. Smith. *Principles of Patent Law (Fifth Edition)*, Thomson Reuters/Foundation Press, 2011, p.1235.

③ Howard Wisnia, Thomas Jackman. Reconsidering the Standard for Enhanced Damages in Patent Cases in view of Recent Guidance from the Supreme Court. *Santa Clara High Technology Law Journal*, Vol.31, 2015, pp.461-482.

④ 有制度历史学者经考察认为,当时一位名为约瑟夫·巴尔内斯(Joseph Barnes)的专利代理人曾代理某专利侵权案件,感受到维权非常困难,他撰文批评1790年专利法,指出"如果专利权人的邻居制造了含有专利权人技术方案的磨坊,并从中获利,那么通常的结果是,这些邻居不会因为专利侵权而承担损害赔偿责任,最大的可能是,陪审团作出象征性赔偿的判决,以此表明专利权人胜诉,但是不再给予足够的赔偿",后来,约瑟夫·巴尔内斯说服了国会议员通过了上述1793年美国《专利法》中的上述专利侵权损害赔偿规则。See Matthew D. Powers & Steven C. Carlson. The Evolution and Impact of the Doctrine of Willful Patent Infringement, 51 *Syracuse Law Review*, 2001, pp.53-55.

⑤ "A sum equal to three times the actual damage sustained by the patentee". See Roger D. Blair & Tomas F. Cotter, *Rethinking Patent Damages*, 10 Tex. Intell. Prop. L.J.1.

⑥ Roger D. Blair & Thomas F. Cotter. Rethinking Patent Damages. 10 Tex. *Interllectual Property Law Journal*, 1.

二、1800—1870 年：基于造成损失的普通法救济和基于违法所得的衡平法救济的对立与互补

19 世纪初期，美国技术发展非常迅速，采取登记制度的美国 1793 年专利法和 1800 年专利法很快不能适应发展的需要。1819 年美国修改《专利法》，将衡平诉讼的受理权赋予联邦法院。受理衡平诉讼的联邦法院具有发出禁令的衡平救济权利，附带地也就享有了要求侵权人返还违法所得的权利。[①] 1836 年《美国专利法》对此进一步明确。美国国会考虑到了非故意侵权行为的存在，降低了三倍赔偿的这一标准，给予专利权人足以弥补实际损失的补偿。此时，专利权人可以选择造成损失和违法所得两种赔偿标准，其中违法所得的标准仅在衡平法院适用。[②] 因此，专利权人必须选择到普通法院起诉或者到衡平法院起诉，如果到普通法院起诉，那么，只能获得基于造成损失的损害赔偿救济，不能获得违法所得救济；如果到衡平法院起诉，那么，只能获得违法所得救济，不能得到基于造成损失的损害赔偿救济。做出此项区别的重要原因是，普通法院可以通过陪审团的方式确定损害赔偿数额，显然这一方式对违法所得而言适用困难。具体而言，美国联邦最高法院认为，"违法所得"这一专利侵权损害赔偿标准是基于衡平法上信托的基本理论，侵权人是专利权人的专利的拟制信托人，违法所得难以由陪审团确定，应当由衡平法院的助理法官调查被告账目并询问被告员工，从而确定违法所得数额。[③] 1836 年《美国专利法》进一步明确，陪审团确定专利权人的实际损失之后，法官在实际损失的三倍以下确定损害赔偿数额，[④]也就是说，1836 年《美国专利法》将损害赔偿数额明确为实际损失的三倍以下。至此，美国形成了专利侵权损害赔偿的完整体系。美国专利侵权损害赔偿体系既具有补偿损失的功能还具有惩罚侵权的功能，这两种功能分别由普通法和衡平法加以实现。衡平法通过适用禁令和将违法所得作为侵权损害赔偿标准这两种方式实现对侵权后果的矫正，普通法院通过将实际损失的三倍以下作为侵权损害赔偿标准这种方式实现对侵权的惩罚性功能。正如美国联邦最高法院在利文斯顿诉伍德沃思(Livingston v. Woodworth)一案中所述，专利侵权损害赔偿救济的目的不仅仅在于对专利权人加以补偿，更在于对侵权人加以惩罚，而衡平法的目的仅仅是矫正而非惩罚，给予专利权人赔偿救济本身就意味着对侵权人的惩罚，这不符合衡平法的基本原则，也并非衡平法院的权力所在。[⑤] 也就是说，专利侵权损害赔偿不仅具有补偿损失的作用，还具有惩罚侵权的制度价值，这两种功能在普通法救济和衡平法救济两方面分别实现。显然，这种将普通法救济和衡平法救济相互区别的立法例会产生专利权人救济不足。可以说，虽然 1836 年《美国专利法》之后，美国形成了完整的专利侵权损害赔偿体系，但是对专利权人而言，禁令和实际损失三倍以下的赔偿不可兼得，产生了专利权救济不力的情况。例如，专利权人为了

---

① Stevens v. Gladding, 58 U.S.(17 How.) 447, 455, 15 L.Ed.155(1854).

② Stevens v. Gladding, 58 U.S.(17 How.) 447, 455, 15 L.Ed.155(1854).

③ Burdell v. Denig, 92 U.S. 716(1876).

④ "A verdict shall be rendered for the plaintiff in such action, it shall be in the power of the court to render judgment for any sum above the amount found by such verdict as the actual damages sustained by the plaintiff, not exceeding three times the amount thereof."

⑤ Livingston v. Woodworth, 56 U.S.(15 How.) 546(1853).

获得实际损失三倍以下的赔偿而提出普通法救济,那就可能会因为无法获得禁令而救济不力;专利权人为了获得禁令而提出衡平法救济,那就可能无法实际损失三倍以下的赔偿,仅能依据违法所得标准获得侵权补偿,甚至在特定情况下仅能获得微不足道的名义救济(nominal damages)。

1870年《美国专利法》修改了专利侵权损害赔偿制度,破除了专利侵权救济中普通法救济和衡平法救济之间的严格区分,允许专利权人以所失利润和违法所得作为专利侵权损害赔偿的计算标准,允许专利权人在衡平法院选择适用基于造成损失的损害赔偿救济和基于违法所得的损害赔偿救济。也就是说,衡平法院有权将侵权人违法所得和权利人的实际损失一并计算到专利侵权损害赔偿数额之中,同时权利人的实际损失可以提高到三倍以下。[①] 为了防止专利权人并用双重侵权损害赔偿标准而非法获利,联邦法院对上述规定进行了限缩解释,专利权人可以选择依据专利法弥补损失(并非侵权人的违法所得),或者依据衡平法基于审计确定的违法所得(并非造成损失)。[②] 也就是说,专利权人允许选择造成损失和违法所得中更大的一种作为损害赔偿救济的基准,但是并非将二者加以叠加。[③] 同时,美国联邦法院明确了上述规则的例外情况,亦即在专利权人的损失明显大于侵权行为人违法所得的时候,可以在违法所得的基础上再获得专利权人损失的赔偿。即美国联邦最高法院在酷派诉罗耶(Coupe v. Royer)一案[④]中指出,专利权人有权在衡平法上获得侵权人的违法所得,并且在1870年7月8日[⑤]之后,当专利权人的损失明显大于侵权人违法所得时,专利权人有权在获得侵权人违法所得的基础上再获得关于造成损失的赔偿。可见,1870年《美国专利法》破除了普通法救济和衡平法救济之间的严格界限,构建了保护更加充分的专利侵权损害赔偿体系。

三、1870—1946年:合理许可费赔偿标准的确立

(一)1870年以来美国专利法的法律适用

首先,1870年《美国专利法》之后的法律实践特点之一是衡平法救济的优先选择性。由于1870年《美国专利法》对普通法救济没有优化,仍然保留如果专利权人到普通法院起诉只能获得以造成损失或者已经确定的许可费为标准的专利侵权损害赔偿,到普通法院起诉的专利权人无法获得禁令救济或者违法所得和造成损失的互补性救济。这导致的结果是,无论专利权人是否需要获得禁令,通常都会选择衡平法救济,选择向衡平法院起诉。总体而

---

① "The court to enter judgment... for any sum above the amount found by the verdict as the actual damages sustained, according to the circumstances of the case, not exceeding three times the amount of such verdict."

② Birdsall v. Coolidge, 93 US64,68-69(1876).

③ F.ScottKieff, Pauline Newman, Herbert F. Schwartz, Henry E. Smith. *Principles of Patent Law (Fifth Edition)*, Thomson Reuters/Foundation Press,2011,p.1236.

④ Coupe v. Royer, 155 U.S. 582, 15 S.Ct.206(1895).

⑤ 1870年美国专利法的修改日期。

言，专利侵权的衡平法救济的基础是，针对侵权人的持续性侵权行为提供禁令和违法所得救济。[①] 从英美法系的历史传统来看，衡平法主要是对普通法僵硬性的一种矫正，是在普通法之外提供司法救济。[②] 然而，专利侵权的普通法救济和衡平法救济所存在的上述不同，使得专利权人即使在获得禁令并非最为主要的救济需求的情况下，也倾向于选择衡平法救济。

其次，1870 年《美国专利法》之后的法律实践特点还包括，无法获得衡平法救济的专利权人会因为缺乏专利侵权造成的经济损失仅仅能够获得微不足道的名义救济。可以想见的是，1870 年《美国专利法》实施后，有一个重要问题仍然存在。这个问题就是，无法获得衡平法救济的专利权人会因为缺乏专利侵权造成的经济损失仅仅能够获得微不足道的名义救济。例如，在上述 1895 年酷派诉罗耶(Coupe v. Royer)一案中，美国联邦最高法院指出，如果现有证据无法证明许可费和专利侵权对专利权人市场的损害，总之，没有证据证明存在任何形式的损害，那么，陪审团确定的专利侵权数额不能超过微不足道的名义救济数额。据此，诸多法院遵循该判例，认为在缺少确定的许可费和造成的实际损失的证据适用实质性损害救济规则缺乏法律依据，使用合理使用费作为专利侵权损害赔偿确定标准缺乏法律依据。例如，在休斯敦皇家公司诉斯特恩(Houston E & W. Ry. Co. v. Stern)一案[③]中，联邦巡回法院指出，被告在 18 台火车头上使用了原告的专利，诉讼前些年许可费为 50 美元的三次证据不足以证明合理使用费的情况，判处微不足道的名义救济。又如，在波士顿城市诉艾伦(City of Boston v. Allen)一案中，联邦巡回法院认为，被告将专利产品舷梯使用于渡船上，原告没有获得任何使用该装置的专利许可费。"根据法院的上述指引……陪审团需要考虑该发明专利对原告的价值。我们没有机会对此进行质疑，无论是酷派诉罗耶(Coupe v. Royer)一案还是本案都缺乏可以供陪审团确定问题使用的实质性损害，并且除非估价建构在这样的事实基础上，该事实就是专利权人或者受让人曾经在专利权有效的若干年里得到了金钱利益，否则所有估价都是纯粹推测性的。"[④]另外，在西雅图城市诉麦克纳马拉盖(City of Seattle v. McNamar)一案中，联邦巡回法院指出，被告使用了原告的装置以建设排水隧道，初审法院错误地认可了关于何为合理许可使用费的专利权人证词并错误地引导陪审团确定许可使用费。"酷派诉罗耶(Coupe v. Royer)一案没有证据证明使用被告装置的合理许可使用费状况，本案中现有证据仅能证明被告通过使用该专利可以获得的利润，法院无法清楚地确定原告专利合理许可费的标准……这宣示了一个宽泛的标准，除非原告证明对其自身产生的真实损害，或者证明专利侵权行为之前在专利产品的确定价格上存在的销售数量或者其他用途，确定使用该发明的合理许可使用费或者市场价格，从而证明由于被告行为造成的市场损害"。[⑤]

最后，由于到普通法院起诉的专利权人只能获得以造成损失或者已经确定的许可费为标准的专利侵权损害赔偿，所以在专利有效期已经届满、专利权人无法举证证明所受损失和

---

① Donald S. Chisum. *Chisum on Patents* (VOLUME 7Chapter 20 Remedies) §20.02(1)b, LexisNexis Matthew Bender, 2005.

② 高鸿钧等:《英美法原论(上)》,北京大学出版社 2011 年版,第 75 页。

③ Houston E& W. Ry. Co. v. Stern, 74 F.636(5thCir. 1896).

④ City of Boston v. Allen,91 F_248(1st Cir. 1898).

⑤ City of Seattle v. McNamara, 81 F.863(9th Cir. 1897).

已确立的许可费的情况下,明显对专利权的保护不力。最高法院在鲁特诉铁路公司(Root v. Railway)一案[①]中,透彻地综述了专利侵权的衡平法救济和普通法救济的发展历程,指出专利权人不能通过专利侵权诉讼的方式在专利保护期届满之后取得侵权人在专利保护期届满之前获得的利润。如果支持专利权人的如此诉讼主张,那么必然会导致违反衡平法的基本限制,这一基本限制就是在无法获得充足的普通法救济的前提下才能够启动衡平法救济。衡平法的根本特征和界限就是普通法无法提供足够的和充分的救济。学者普遍认为,鲁特诉铁路公司(Root v. Railway)一案[②]创造了不理性的、甚为严格的专利侵权损害赔偿普通法和衡平法的区分。之后的法院判例倾向于减弱鲁特诉铁路公司一案造成的影响。例如,在克拉克诉伍斯特(Clark v. Wooster)一案[③]中,针对专利权人在专利到期15天之前提起的诉讼,法院适用了衡平法救济。法院认为,如果案件受理之时符合衡平法救济的要求,虽然专利保护期届满,但是该救济基础并未被剥夺。

(二)1870年以来的法律实践探索

首先,1895年酷派诉罗耶(Coupe v. Royer)一案否定了合理使用费的赔偿标准。19世纪以来,一些法院探索将“微不足道的名义救济”修正为“合理金额”。美国联邦最高法院在1895年酷派诉罗耶(Coupe v. Royer)一案中提出,如果当事人所提交的证据显示不存在专利许可费,同时当事人提交的证据显示不存在对专利权人市场的损害,由于无法证明存在任何形式的损害,那么陪审团确定的损害赔偿数额不得超过微不足道的名义救济。自此,诸多法院遵循这一判例,认为法院依据案件情况确定合理专利许可费的实践缺乏法律依据。

其次,1915年多沃贾克诉明尼苏达(Dowagiac v. Minnesota)一案修正了上述观点。美国联邦最高法院在1915年多沃贾克诉明尼苏达(Dowagiac v. Minnesota)一案[④]中,修正了酷派诉罗耶(Coupe v. Royer)一案的判例。该案件涉及一种谷物条播机的改进方案,专利说明书和权利要求书都清楚地说明,该改进仅涉及特定部分——弹簧加压杆的结构设计。初审法院和二审法院均认为,被控侵权人销售了侵权谷物条播机,但是,“其经济收益并非完全由涉案专利所造成的,而本质上是由该专利并不保护的其他部分或者特征所造成的”。因此,基于专利权人没有能够承担相应的证明责任,没有能够“提交证据证明侵权谷物条播机销售利润在具有专利权保护的改进部分和没有专利权保护的其他部分之间如何分配”,初审法院和二审法院拒绝了基于违法所得的损害赔偿请求。在最高法院,专利权人改变了原有观点,要求对全部销售利润进行赔偿。最高法院不同意上述观点,认为提交证据证明“专利侵权造成的影响”的证明责任仍应当由专利权人承担……由于专利法所赋予的排他权的基本属性是财产,而侵权是以不合法的方式获得该财产的一部分,因此,适当的损害赔偿计算应当是侵权造成的价值损失……当不存在已经确立的许可费时,应当允许法院通过确定合理许可费来体现专利的价值,而确定合理许可费要考虑该发明的性质,该发明的用途和优

---

① Root v. Railway Co., 105 U.S. 189(1882).

② W. Robinson. The Law of Patents for Useful Inventions, 406-407(1890).

③ Clark v. Wooster, 119 U.S. 322, 326(1886),另外,还可以参见 Goshen Mfg. Co. v. Myers Mfg. Co., 242 U.S. 202(1916).

④ Dowagiac Mfg. Co. v. Minnesota Moline Plow Co. 235 U.S. 641(1915).

点，以及该发明的适用范围。

（三）1922 年和 1946 年《美国专利法》对“违法所得”标准的废除

1922 年《美国专利法》。1922 年，为了实现专利法与案例法相协调，《美国专利法》允许专利权人在下述情况下可以获得合理数额（reasonable sum）的赔偿，该情况就是违法所得和造成损失确实存在，但是“不易于计算和确定”。如果现有证据能够证明专利权人因为侵权行为遭受了损失，或者现有证据能够证明侵权行为人违法所得，但是该造成的损失和违法所得不易于计算和确定，法院可以根据专家证言等典型证据确定损害赔偿数额。

1946 年《美国专利法》。1946 年《美国专利法》将上述“合理数额”修改为“合理许可费”，同时，废除了“违法所得”作为专利侵权损害赔偿计算标准的规定。依据 1946 年《美国专利法》规定，法院在得出有利于专利权人的结论后，应当判决给专利权人足以补偿其所受侵犯的赔偿金，对制造、使用或者销售发明专利产品或者依照专利方法直接获得的产品给予应当获得的、不少于合理许可费的赔偿，附加法院确定的利息和成本。法院可以自行判断败诉方应当承担的合理律师费用。[①] 可见，1946 年《美国专利法》在三个重要方面作出文字修改：第一，通过删除条文中“被告获得的利润”[②]的表述内容，废除了“违法所得”作为专利侵权损害赔偿的计算标准；第二，使用“合理许可费”这一标准并将“造成损失”作为损害赔偿的最低标准，以代替 1922 年《美国专利法》中“违法所得或者造成损失的合理数额”；[③]第三，其将胜诉方的合理律师费用纳入专利侵权损害赔偿的酌情考虑范畴。

1946 年《美国专利法》废除“违法所得”标准的主要考虑。非法获利救济是指法院将侵权人从侵权活动中获得的利益赔偿给专利权人。[④] 将“违法所得”作为专利侵权损害赔偿标准的非法获利救济是各国普遍采用的制度安排，但是 1946 年《美国专利法》修改时废除了“违法所得”标准，这在全世界专利立法例方面都是比较独特的。尤其是，美国在版权法、商标法上都具有将“违法所得”作为专利侵权损害赔偿标准的非法获利救济制度，在同属于专利法的外观设计专利侵权中也具有“违法所得”作为专利侵权损害赔偿标准的非法获利救济制度，唯独在发明专利侵权损害赔偿制度中废除了“违法所得”标准。有学者将这一问题称为“专利法理论之谜”，[⑤]有学者认为只有历史才能解释为什么“违法所得”仍然适用于版权、商标、外观设计侵权损害赔偿中，而不再适用于发明专利侵权案件中。[⑥]

1946 年《美国专利法》废除“违法所得”标准后出现的不同法律解释。美国参众两院专

---

① 英文原文为：“Upon a judgment being rendered in any case for an infringement the complainant shall be entitled to recover general damages which shall be due compensation for for making, using, or selling the invention, not less than a reasonable royalty therefore, together with such costs, and interest, as may be fixed by the court. The court may in its discretion award reasonable attorney's fee to the prevailing party upon the entry of judgment on any patent case...”

② 英文原文为：“...in addition to the profits to be accounted for the defendant...”

③ 英文原文为：“...reasonable sum as profits or general damages...”

④ 和育东：《美国专利侵权救济》，法律出版社 2009 年版，第 126 页。

⑤ Roger D. Blair, Thomas F. Cotter. Intellectual Property, *Economic and Legal Dimensions of Rights and Remedies*, Cambridge University Press, 2005, p.74.

⑥ Donald S. Chisum. *Chisum on Patents* (Vol.7Chapter 20 Remedies) § 20.02(1), LexisNexis Matthew Bender, 2005.

利委员会关于专利法修改法案的报告使得议会的修改意图体现得非常不明确,1946年《美国专利法》修改后,许多法院并不认为该项修改内容废除了“违法所得”标准。美国参众两院专利委员会关于专利法修改法案的报告指出,“本法案的目的是在专利侵权诉讼中将整体损失情况作为专利侵权损害赔偿的基础,也就是说,专利权人提供证据予以证明的任何损害,不低于合理许可使用费,包括侵权发生之后失去的利润都应当获得赔偿。专利权人所需要的保护自身合法权益和针对以往侵权获得补偿的手段,是防止其权利在未来得到侵犯的禁令和侵权造成损失的补偿……通过使得衡平法院能够估计总体损失的方式,该法案并未将利润回复排除在总体损失之外。”[①][②]其使用了“利润回复”(recovery of profits)的表述,其中的利润显然可以解释为专利权人因为侵权所失去的利润,也可以解释为侵权人因侵权而获得的违法所得。这意味着在专利权人希望基于合理的专利许可费恢复损害的情况下,不再适用强制性的利润审计。这也就可能将1922年《美国专利法》解释为,只有在无法确定侵权人违法所得的情况下才允许适用许可费的回复。[③] 有的法院据此解释,专利法规定将合理使用作为专利侵权损害赔偿的最低标准,这并不意味着将违法所得作为专利侵权损害赔偿标准,同时违法所得是侵权损害赔偿金的传统计算方法。[④]

四、1946—1952年:造成损失和合理许可费的选择

1946年《美国专利法》修改以来,对于侵权人“违法所得”是否可以作为专利侵权损害赔偿计算标准产生了很大的学术争议和实践混淆,直至美国联邦最高法院阿罗Ⅱ(Aro Ⅱ)案[⑤]明确国会不再将“违法所得”作为专利侵权损害赔偿计算标准。阿罗系列案件展现了专利法的很多问题并且两次被美国联邦最高法院提审。尤其是,在阿罗Ⅱ案中,美国联邦最高法院9位大法官中的4位大法官形成一致意见,阐述了1946年《美国专利法》修正案的立法本意并且得出该修正案旨在“明确地废除违法所得这一专利侵权损害赔偿计算标准”。[⑥] 车体研究公司(Automobile Body Research Co.)拥有一项汽车可折叠顶篷组合架的发明专利,将其转让给了可折叠顶篷公司(Convertible Top Replacement Co.)。通用汽车公司和福特公司在他们的1952—54车型中使用了该可折叠顶篷组合架。通用汽车公司从车体研究公

---

① 英文原文为:“…would not preclude the recovery of profits as an element of general damages...”

② H.R. Rep. No.1587, 79th Cong., 2d Sess. 2(1946), S. Rep. No.1503, 79th Cong., 2d Sess.(1946).转引自Donald S. Chisum. *Chisum on Patents* (Vol.7Chapter 20 Remedies) § 20.02[4][a], Lexis-Nexis Matthew Bender,2005.

③ 应当说,由于1952年美国专利法出于将其实质内容法典化的需要,仅仅在个别文字方面作出修改,因此,专利法第284条解释方面的上述模糊之处仍然存在于1952年美国专利法。

④ Zysset v. Popeil Bros., Inc., 318 F.2d 701,137 USPQ 694(7th Cir. 1963), cert. denied, 376 U.S. 913(1964).

⑤ Aro Mfg. Co. v. Convertible Top Replacement Co., 365 U.S. 336, 128 USPQ 354(1961), reh'g denied, 365 U.S. 890(1961)(Aro Ⅰ); Aro Mfg. Co. v. Convertible Top Replacement Co., 377 U.S. 476 (1964)(Aro Ⅱ).

⑥ Nike, Inc. v. Wal-Mart Stores, Inc., 138 F.3d 1437,1442, 46 USPQ2d 1001,1005(Fed. Cir. 1998).

司获得了专利许可。福特公司并未获得许可,但是其在 1955 年 7 月 21 日与车体研究公司达成了和解协议。阿罗制造公司(Aro Mfg. Co.)生产织物材质的可替换顶篷,该顶篷专门用于通用公司和福特公司生产的汽车,用以更换磨损的顶篷。可折叠顶篷公司以阿罗制造公司为被告提起专利侵权诉讼,可折叠顶篷公司认为,阿罗制造公司生产的织物材质的可替换顶篷是专利法第 271 条第(c)项所规定的专门制造用于侵权使用的专用商品,不具有非侵权用途,因此,其行为构成了对汽车可折叠顶篷组合架发明专利的间接侵权。在阿罗Ⅰ(Aro Ⅰ)案中,美国联邦最高法院多数派法官认为,汽车拥有者更换旧顶篷的行为是"修理"行为,从而不构成直接侵权,由于在缺乏直接侵权的前提下间接侵权并不存在,因此,阿罗制造公司并不需要承担间接侵权责任。

但是,需要关注和深入思考的是,在阿罗Ⅱ(Aro Ⅱ)案中,美国联邦最高法院改变了先前的观点。美国联邦最高法院多数派法官认为,通用公司的销售行为获得了专利许可,因此,通用汽车的拥有者更换旧顶篷的行为不构成直接侵权,由于在缺乏直接侵权的前提下间接侵权并不存在,阿罗制造公司针对该类行为并不构成间接侵权。同时,福特公司在 1955 年 7 月 21 日与车体研究公司达成了和解协议之后的销售行为具有法律依据,其拥有者更换旧顶篷的行为不构成直接侵权,由于在缺乏直接侵权的前提下间接侵权并不存在,阿罗制造公司针对该类行为并不构成间接侵权。但是,福特公司在 1955 年 7 月 21 日与车体研究公司达成了和解协议之前的销售行为没有法律依据,阿罗制造公司将可替换顶篷销售给福特公司达成和解协议之前的消费者的行为构成了间接侵权。也就是说,福特公司和车体研究公司之间的和解协议不能免除达成和解协议之前的间接侵权者的间接侵权责任。在认定构成间接侵权之后的关键问题就是损害赔偿数额计算。在本案中,如果将阿罗制造公司的违法所得作为计算标准,可以明确地得出结果;如果将可折叠顶篷公司的损失或者合理许可费作为计算标准,可折叠顶篷公司难以举证。因此,最高法院在将案件发回地区法院重审以确定阿罗制造公司间接侵权的损害赔偿数额的同时,明确了专利法第 284 条的法律适用。最高法院指出,1946 年,专利法并未将侵权人违法所得包含在赔偿金的定义范围之内,因为赔偿金只能是出自专利权人所遭受的金钱损失。在专利法领域,侵权人侵权产生的是违法所得(profits),专利权人因专利侵权行为丧失的利益才是赔偿金(damages)。在传统意义上,违法所得和赔偿金是侵权损害赔偿中无所不包的两个基本要素。在 1946 年之前的专利法中,违法所得和造成损失是一并存在的。在 1946 年专利法修改时废除了违法所得,只有赔偿金是专利权人可以获得的救济内容。美国联邦最高法院阿罗Ⅱ(Aro Ⅱ)案判决第四部分关于违法所得的分析削弱了其先例效力。首先,在阐述国会 1946 年专利法修改中的立法主旨的过程中没有考虑到立法历史,同时没有注意到下级法院判决允许将侵权人违法所得作为确定赔偿金的一种手段的现实;其次,该法律意见并非下级法院判决所涉及的问题,也非当事人提出的问题;[①]最后,9 位大法官中仅有 4 位大法官针对第四部分签署了共同意见,哈伦大法官明确指出,"所述这一问题尚不成熟不足以作出决定,应当留待未来在立法进程中

---

① Donald S. Chisum. *Chisum on Patents* (VOLUME 7Chapter 20 Remedies) § 20.02[4][c], LexisNexis Matthew Bender, 2005.

加以确定”。[①]

虽然如此,后续的下级法院判决事实上给美国联邦最高法院阿罗Ⅱ(Aro Ⅱ)案判决第四部分赋予了判例的地位。例如,在泽格诉泽格公司(Zergers v. Zergers, Inc.)一案[②]中,第七巡回上诉法院依据美国联邦最高法院阿罗Ⅱ(Aro Ⅱ)判决第四部分的观点,推翻了泽赛特诉波比兄弟(Zysett v. Popeil Bros.)一案的判决,其认为 17500 美元代表了被告销售侵权产品的合理许可费。地区法院在一审判决中认定,原告获得的赔偿金应当是被告全部销售利润 34950 美元。第七巡回上诉法院认为,通过确定被告全部销售利润的方式测定合理许可费的方式“实质上相当于采取违法所得这一专利侵权损害赔偿标准”。第七巡回上诉法院认同“侵权人的违法所得可以作为证明原告损失的证据……或者作为计算合理许可费的相关考量因素”,但是,“在专利许可过程中,被许可人不可能将 100%的利润全部付给专利权人”。现有案件中没有发现对许可人愿意让渡利润这一结论的任何支持性论据。

南纽约地区法院在佐治亚—太平洋公司诉胶合板公司(Georigia-Pacific v. Plywood)一案[③]中对美国联邦最高法院阿罗Ⅱ(Aro Ⅱ)案判决第四部分给出了最为彻底的司法讨论。该判决在驳回专利权人有关基于违法所得的专利侵权损害赔偿的过程中,论述了如下四个观点以支持 1946 年《美国专利法》实际上废除了“违法所得”的专利侵权损害赔偿标准。一是,由于修改前的法律明确区分了“赔偿金”和“获利”,因此,1946 年《美国专利法》中的“赔偿金”不包括侵权人的违法所得。关于“赔偿金”和“获利”的这一区分在 1870 年《美国专利法》和 1922 年《美国专利法》中都有所体现,例如,三倍赔偿制度仅适用于实际造成的损失,并不适用于违法所得。二是,国会明确表述,1946 年及以后,在商标制度(《美国商标法》第 1117 条)和外观设计专利制度(《美国专利法》第 289 条)这两部相关法律中保留“违法所得”作为侵权损害赔偿的标准。这使得 1946 年《美国专利法》条文中废除“违法所得”的文字表述含义非常明确。三是,国会报告关于违法所得的表述“作为一般赔偿金的一个考虑因素”仅仅意味着,在特定情况下,违法所得可以作为计算专利权人赔偿金或者合理许可费的证据。[④] 四是,允许“违法所得”作为专利侵权损害赔偿标准有违 1946 年《美国专利法》的修改主旨。1946 年《美国专利法》的修改主旨是大幅减少司法助理人员在计算违法所得过程中费时费力的程序,虽然侵权人的违法所得经常在合理许可费的固定过程中得以考虑,但是这只是众多考虑因素之一,因此,违法所得不必以作为唯一考虑因素的精确程度加以估算。[⑤] 需要指出的是,虽然“违法所得”不再是专利侵权损害赔偿的法定计算标准,但是“违法所得”至少与现行专利法下“造成损失”的计算紧密相关。[⑥]

---

① *Hoffmann. Recovery in Patent Infringemetn Suits*.11 IDEA ,1967,pp.89-104.

② Zergers v. Zergers, Inc., 458 F.2d 726, 173 USPQ 385(7th Cir. 1972), cert. denied, 409 U.S. 878 (1972).

③ Georigia-Pacific Corp. v. United States Plywood Corp., 243 F.Supp.500, 146 USPQ 228(S.D.N.Y. 1965).

④ 243 F. Supp.At 528, 146 USPQ at 252.

⑤ 243 F. Supp.At 530, 146 USPQ at 253.

⑥ F.ScottKieff, Pauline Newman, Herbert F. Schwartz, Henry E. Smith. *Principles of Patent Law* (Fifth Edition), Thomson Reuters/Foundation Press,2011, p.1236.

1952年《美国专利法》包含了现行专利侵权损害赔偿制度的整体框架[①],《美国专利法》第284条的规定成为美国专利侵权损害赔偿制度整体框架的核心。《美国专利法》第284条规定,法院在得出有利于专利权人的结论后,应当判决给专利权人足以补偿其所受侵犯的赔偿金(无论如何不能少于侵权人使用该专利所付出的合理使用费),附加法院确定的利息和成本。陪审团未确定赔偿金的,法院应当估定赔偿金。无论采取陪审团确定的方式还是采取法院估定的方式,法院均可以将损害赔偿金增加到原确定数额的三倍以下。根据本款增加的损害赔偿金不是用于临时权利。法院在确定损害赔偿金,或者根据具体情况确定什么是合理的使用费时,可以接受专家证词的帮助。美国专利法第285条规定,在特殊情况下,法院可以判给胜诉的当事人合理的律师费。《美国专利法》第286条第1款规定,除法律另有规定外,对在提起侵权诉讼或者在诉讼中提起侵权反诉6年以前实施的任何侵权行为,不能获得赔偿金。《美国专利法》第287条规定,专利权人以及在美国境内为专利权人或者在专利权人指示下制造、为销售而提出邀约、销售或者向美国进口任何专利产品的人,可以通过在专利产品上标识"patent"或者英文缩写"pat."字样并附加专利号的方式,告知公众其享有专利权。在没有这一标识的情况下,专利权人不能在专利侵权诉讼中获得损害赔偿金,但是能够举证证明侵权人已经知晓侵权并在其后继续侵权的除外。在能够举证证明侵权人已经知晓侵权并在其后继续侵权的情况下,专利权人只能就知晓后发生的专利侵权获得损害赔偿金。提起专利侵权诉讼也构成了此种通知。

可见,1952年《美国专利法》将1946年《美国专利法》的相应条文修改为,"法院有权将专利侵权损害赔偿数额提高到已经确认的或者评估值的三倍"。[②] 1952年《美国专利法》修改以来,美国专利侵权损害赔偿制度主要适用"所失利润"和"合理的专利许可使用费"的判定标准。虽然"合理的专利许可使用费"是较为常用的专利侵权损害赔偿数额计算标准,但是在法律实践中也存在着优先适用"所失利润"的观点和实践。例如,在格雷斯公司诉互联公司(W.R. Grace & Co. v. Intercat Inc.)一案中,美国法院认为,在计算赔偿金的时候,"专利侵权行为对专利权人造成的实际损失"是关注的重点,不能仅仅关注"专利侵权行为人依

---

① 现行美国专利侵权损害赔偿制度整体框架的核心是《美国专利法》第284条的规定。《美国专利法》第284条规定,法院在得出有利于专利权人的结论后,应当判决给专利权人足以补偿其所受侵犯的赔偿金(无论如何不能少于侵权人使用该专利所付出的合理使用费),附加法院确定的利息和成本。陪审团未确定赔偿金的,法院应当估定赔偿金。无论采取陪审团确定的方式还是采取法院估定的方式,法院均可以将损害赔偿金增加到原确定数额的三倍以下,根据本款增加的损害赔偿金不是用于临时权利。法院在确定损害赔偿金,或者根据具体情况确定什么是合理的使用费时,可以接受专家证词的帮助。《美国专利法》第285条规定,在特殊情况下,法院可以判给胜诉的当事人合理的律师费。《美国专利法》第286条第1款规定,除法律另有规定外,对在提起侵权诉讼或者在诉讼中提起侵权反诉6年以前实施的任何侵权行为,不能获得赔偿金。《美国专利法》第287条规定,专利权人以及在美国境内为专利权人或者在专利权人指示下制造、为销售而提出邀约、销售或者向美国进口任何专利产品的人,可以通过在专利产品上标识"patent"或者英文缩写"pat."字样并附加专利号的方式,告知公众其享有专利权。在没有这一标识的情况下,专利权人不能在专利侵权诉讼中获得损害赔偿金,但是能够举证证明侵权人已经知晓侵权并在其后继续侵权除外。在能够举证证明侵权人已经知晓侵权并在其后继续侵权的情况下,只能就知晓后发生的专利侵权获得损害赔偿金。提起专利侵权诉讼也构成了此种通知。

② "...allows the court to increase the damages up to three times the amount found or assessed."

据侵权行为的获利或者受损情况”。

五、1952—2011 年:针对损害赔偿数额较高和惩罚性赔偿制度适用的讨论

1952 年以来,《美国专利法》经历了 1975 年①、1984 年②和 1999 年③三次较大范围的修订,尤其是,1982 年美国联邦巡回上诉法院成立,专门受理不服地区法院判决提起的专利上诉案件,“以促进更强的专利法律适用的一致性”,④这是美国专利侵权救济体系化发展的一个拐点,联邦巡回上诉法院的多个判例对赔偿数额计算规则进行了分析和阐述。⑤ 但总体而言,美国法律在实践中坚持了《美国专利法》第 284 条进行专利侵权损害赔偿制度的法律适用。

针对法律适用中的问题,主要是针对损害赔偿数额较高的问题,也有一些议案得以提出。2005 年 6 月,以拉马尔 · 史密斯为首的议员向众议院提出《2005 年美国专利法改革法案》,又称为 HR2795 法案或者 S3818 法案。该法案被称作是“自国会通过 1952 年专利法以来对美国专利法的最全面修改”⑥,旨在提高专利质量、减少无效的专利诉讼和推动美国专利制度与世界其他国家的专利制度接轨。该法案未能在第 109 届国会中获得通过。

2007 年 4 月,加州议员霍华德 · 伯曼和德州议员拉马尔 · 史密斯向美国国会众议院提交了《2007 年美国专利改革法案》,又称为 HR1908 法案或者 S1145 法案。⑦⑧ 该法案保留了 2005 年法案的部分建议,但也进行了比较大幅度的调整,例如,取消了关于禁令的相关立法建议等。有关专利侵权损害赔偿制度的改革,是此次法案的重要内容之一。HR1908 法案为了解决《美国专利法》第 284 条在法律适用过程中判处的专利侵权损害赔偿金额过高的问题,提出适用“技术分摊规则”(Appointment)来计算损害赔偿数额,将专利侵权损害赔偿限定在“专利权人对现有技术作出的市场贡献”的范围内。也就是说,HR1908 法案否定了“全部市场价值规则”,不将专利侵权产品的全部市场价值作为专利侵权损害赔偿数额计算的标准,仅针对构成专利侵权的产品部分计算专利侵权损害赔偿数额。不同产业对该 HR1908 法案具有截然不同的态度,电子信息企业强烈支持,认为这一修改有助于降低专利侵权诉讼的高额赔偿金,制止非实质性的专利侵权诉讼;医药生物企业强烈反对,认为这一

---

① 1975 年《美国专利法》修改的主要内容是,将“专利局”更名为“专利商标局”,结合《专利合作条约》(PCT)作出适应性修改,更改专利撰写的某些要求。

② 建立药品专利链接制度,将“出口”列为专利侵权行为,完善合作发明制度等。

③ The Intellectual Property and Communications Omnibus Reform Act of 1999.

④ Kyle J. Fiet. Restoring the Promise of Markman: Interlocutory Patent Appeals Reevaluated Post-Phillips v. AWH Corp., 84 *N.C. L. REV.* 2006, pp.1291-1297.

⑤ 张玉敏、杨晓玲:《美国专利侵权诉讼中损害赔偿金计算及对我国的借鉴意义》,载《法律适用》2014 年第 8 期。

⑥ Christopher L. Logan. Patent Reform 2005 : Hr. 2795 and the Road to Post-Grant Oppositions. 74 *University of Missouri-Kansas City Law Review*, 2006 , p.975.

⑦ Eric E. Benson, The Patent Reform Act of 2007, LEXIS, Dec. 18, 2007.

⑧ Patent Reform Act of 2007, H.R. 1908, 110th Cong. (2007), http://govtrack.us ,下载日期:2018 年 8 月 6 日。

修改大大降低了专利的市场价值，削弱了专利权的保护力度，将会导致侵权多发。[①] 由于该HR1908法案具有较大的争议，难以达成一致，于2007年9月获得众议院通过，但是在参议院被否决。

2008年9月，议员凯尔提出《2008年美国专利改革法案》，又称为S3600议案，但是议会没有考虑该议案。2009年3月，美国专利法改革再次启动，议员科尼尔斯和议员莱希提出了《2009年美国专利改革法案》，又称为HR1260法案或者S515法案。该法案在以前的美国专利改革法案的基础上，删除了备受争议的申请人现有技术检索义务、授予专利商标局实质性和程序性规则制定权力等。参议院司法委员会于2009年4月通过了该法案，但在参众两院均未进入全院审议。[②] 该法案未能通过的重要原因就是在专利侵权损害赔偿制度优化方面难以达成一致，该法案提出，法官需要在专利侵权责任成立的情况下，确定该专利对产品的市场价值是否至关重要，并允许法官作为“看门人”来确定专利侵权损害赔偿数额确定中应当考虑的因素，从而帮助和指导陪审团确定适当的专利侵权损害赔偿数额。

在2005年、2007年、2008年和2009年专利法改革法案多次失败的情况下，2011年1月，美国参议院司法委员会提出新一轮专利制度改革法案，即《2011年美国专利法改革法案》，又称S23法案。2月，美国参议院司法委员会投票通过，并将部分修正后的版本送交参议院全院审议，经审议后更名为《美国发明法案》(*Leahy-Smith America Invents Act*，简称AIA)。《美国发明法案》被视为是近60年来为提高专利系统的有效性和可靠性而制定的具有里程碑意义的立法，在发明人先申请制度方面，AIA法案删除了2005年、2007年、2008年和2009年专利法改革法案中争议最大的专利侵权损害赔偿制度的修改建议。2011年6月，该法案通过，没有对专利侵权损害赔偿制度作出修改，但是在认定是否构成“故意侵权”(willful infringement)方面增加了限制性规定，即第298条规定，对任何声称被侵权的专利，被控侵权人没有获得涉及该专利的律师意见，或者未能将律师意见提交法庭，此类行为不能用来证明被控侵权人是故意侵权。这一规定对专利侵权惩罚性赔偿制度的法律适用作出限制。

六、2011年以来：以规制专利非经营实体为目的的制度适用优化

如前所述，《美国发明法案》虽然没有对专利侵权损害赔偿制度作出修改，但是通过优化专利授权后程序等方式，积极提高专利质量。之后，美国法院在法律实践中进一步澄清了可专利性的范围，以减少专利诉权滥用的行为。然而，在美国的法律实践中，专利非经营实体

---

① Schacht W H . Patent Reform: Issues in the Biomedical and Software Industries, *Congressional Research Service Reports*, Vol.27(2), 2006, pp.73-89.

② Keiko Takagi, Ryan Corbett, Chandran Iyer. *Patent Reform 2009: An Analysis of H.R. 1260 and S. 515, part I Litigation Reform and Damages*. http://www.sughrue.com/patentreform2009/，下载日期：2018年8月6日。

(Non-practising entities,简称为 NPE)①对创新的影响作用仍然非常突出,利用一种商业模式来劫持他人的创意并从中获利,在很多领域造成了非常大的影响。

近些年,美国针对专利非经营实体提出了一系列规制性措施,很多都涉及专利侵权赔偿制度的优化。例如,2011 年《美国发明法案》明确规定,禁止在单一的专利侵权诉讼中起诉多个被控侵权人,以期对专利非经营实体有所规制。2012 年,美国众议院议员彼得 · 德法西奥提出了《保护高技术创新者免遭恶意诉讼法案》(*Saving High-Tech Innovators from Egregious Legal Disputes Act of* 2013),简称 SHIELD 法案,该法案最终遭到否决。② 2013 年 2 月,刚刚竞选连任的奥巴马总统回答了社会各界关于专利问题的提问,明确对专利非经营实体持负面态度,认为"其本身不生产任何产品,本质上是利用和挟持别人的想法进行敲诈,我们应该建立更加聪明的专利制度"。2013 年 3 月,美国众议院议员彼得 · 德法西奥与贾森 · 谢菲茨联名再次提出旨在保护高技术创新者的同名法案,提交美国众议院委员会审议。③

该法案的基本背景是,美国专利非经营实体活动的日渐活跃,对实体经济造成了一定影响。有学者统计,仅 2011 年,美国专利蟑螂就给创新企业造成了超过 290 亿美元的直接损失。④ 美国总统行政办公室 2013 年 6 月发布的《专利主张与美国创新》报告指出,2010 年,美国专利非经营实体共发起专利侵权诉讼 729 件,约占全部专利侵权诉讼的 29%;2011 年,美国专利非经营实体共提起诉讼 1507 件,约占全部专利侵权诉讼的 45%;而到了 2012 年,美国专利非经营实体共提起诉讼 2921 件,约占全部专利侵权诉讼的 62%。有报告分析,2007 年至 2010 年 4 年间,美国专利非经营实体通过专利侵权诉讼带来的实际损失超过 3000 亿美元。从 2000 年至 2010 年,美国 14 家专利非经营实体,通过专利侵权诉讼获得 76 亿美元的收益;而与此同时,诉讼中的被告企业的同期股票市场价值,减少了 870 亿美元。美国专利非经营实体还引发了其他一系列社会损失,包括:消费者由于无法购买创新产品带来的损失,工人因为无法使用一些更高效的工艺流程导致收入无法提高等。⑤ 该法案(H.R.845)于 2013 年 4 月 8 日提交众议院司法委员会小组讨论,但是在第 113 届国会上并未得到通过。

在这样的背景下,2013 年 6 月 4 日,奥巴马政府宣布采取 5 项行政措施,并向国会提出 7 项立法意见,以打击专利非经营实体。⑥ 其中,5 项行政措施包括,明确真正的利益主体、限制功能性限定权利要求、保护下游使用者、扩大专业的宣传研究以及加强 337 禁令的执行

① 学界还存在"专利维权实体"(Patent Assertion Entities,简称 PAE)、专利经营公司、专利持有公司等称呼,甚至有学者将其称为"专利流氓"(Patent Troll),主要指本身不从事生产制造,通过积累专利并起诉他人侵犯专利权要求巨额赔偿的公司。

② H. R. 6245 Bill, August 1, 2012, 112th Congress 2d Session (2012).

③ H. R. 845 Bill, February 27, 2013, 113th Congress 1st Session (2013).

④ James Bessen, Michael J. Meurer. The Direct Cost from NPE Disputes, 99 *Cornel L. Rev*, 2014, pp.387-397.

⑤ Executive Office of the President. *Patent Assertion and U. S. Innovation. Jun.* 2013, The White House, Washington, Jun.6, 2013.

⑥ Sam Gustin. Viewpoint: Obama's 'Patent Troll' Reform: Why Everyone Should Care. http:///business.time.com/2013/06/08 /viewpoint-obamas-patent-troll-reform-why-everyone-should-care/,下载日期:2016 年 9 月 20 日。

程序等。7项立法意见中非常重要的一点就涉及专利侵权损害赔偿制度，建议在专利侵权损害赔偿费用方面赋予法院更大的自由裁量权。根据《美国专利法》第285条关于律师费的规定，“在特殊情况，法院也可判定败诉方负担胜诉方合理的律师费用”，[①]其建议在专利侵权诉讼案件中，赋予地区法院更大的自由裁量权，以确定是否判给胜诉方的律师费用，以进一步遏制滥用专利诉权的行为，打击专利非经营实体。[②]

在这一背景下，美国众议院于2013年12月5日通过了众议院司法委员会提出的《创新法案》(*Innovation Act*)。[③]《创新法案》在《美国发明法案》的基础上，对多项涉及专利蟑螂的专利诉讼程序等有关规定进行了修改，涉及各类法律条文包括提供必要诉讼细节、提高专利权属透明性、原被告诉讼费用的承担转移、重塑证据开示程序、终端用户诉讼例外和对商业方法专利的重新规制等。其中，针对《美国专利法》第285条有关律师费用的规定，其提出了较为激进的“费用承担转移条款”，并将费用扩大至胜诉方律师费之外的其他费用。亦即，如果原告的侵权诉求被驳回，法院可以视具体情况判定败诉方负担胜诉方在诉讼中产生的合理的律师费和其他费用，被告还可以要求原告支付相关的诉讼费用；如果败诉方不能应法院判决支付给另一方费用，法院可以判定与败诉方有密切联系的“利益相关人”支付合理的律师费和其他费用。这一规定实际上扩大了连带责任的主体和客体范围。[④]该法案于12月9日提交参议院，并经司法委员会研究后两次审议，但在第113届国会上并未得到通过。

回顾美国专利侵权损害赔偿制度的历史发展，美国法律实践一直秉持补偿损害和侵权预防两大目标不断优化该制度。首先，在基于造成损失的普通法救济和基于违法所得的衡平法救济之间寻找平衡；其次，逐步确立合理的专利许可使用费这一判断标准，同时该标准获得较为广泛的适用并逐渐成为主流标准；再次，由于历史原因，“违法所得”不在作为专利侵权损害赔偿的计算标准，同时逐步优化造成损失和合理的许可使用费的选择适用；最后，逐渐产生针对损害赔偿数额过高和惩罚性赔偿制度适用的讨论，并且逐步探索以规制专利非经营实体为目的的制度适用优化，以使得专利侵权损害赔偿制度回归激励创新的制度本质属性。同时，近期而言，专利侵权损害赔偿制度的法律适用，仍然是美国法律实践中讨论比较多的一项制度，在法律实践中发现了一些问题，但是由于不同产业、不同类型企业对专利侵权损害赔偿制度价值和制度定位的需求存在显著不同，导致近期制度调整进展缓慢。

---

① 易继明译：《美国专利法》，知识产权出版社2013年版，第103页。

② 易继明：《遏制专利蟑螂——评美国专利新政及其对中国的启示》，载《法律科学》2014年第2期。

③ Innovation Act, H.R. 3309, 113th Cong.(2013).

④ 易继明：《美国〈创新法案〉评析》，载《环球法律评论》2014年第4期。

知识产权管理

版权保护能够提升企业绩效吗*

——来自德化陶瓷企业的证据

王 俊 龙小宁**

摘 要:为回答版权保护是否能提升企业绩效的问题,本文基于福建省德化县实施的版权本地免费登记政策这一"准自然实验",运用倍差法评估该政策对企业绩效的影响。研究发现,在对版权施行本地免费登记政策后,德化陶瓷企业无论是在利润水平、劳动生产率还是销售额的增长率上,都显著高于属于同一地级市辖区内的其他陶瓷企业,且越是与版权联系紧密的产业,这种积极影响也越大。在运用反事实法和替换控制组为景德镇、醴陵的陶瓷企业进行检验后,这一结果依然稳健。

关键词:版权保护;版权登记政策;企业绩效

Does Copyright Protection Promote Firm Innovation

—Evidence from Dehua Ceramic Industry

Wang Jun Long Xiaoning

Abstract: Does copyright protection promote firm innovation? To answer this question, based on a quasi-natural experiment of free copyright registration policy enforced in Dehua county, Fujian province. This paper uses a difference-in-difference method to evaluate the impacts of policy on firm performances. It is found that the profit rate, labor pro-

---

* 本文得到国家自然科学基金(项目编号:71273217、71340012)、中央高校基本科研业务费专项资金(项目编号:20720151287)的资助。感谢德化县文体局对项目前期调研的支持,感谢厦门大学林秀芹教授、山东大学魏建教授等学者提出的宝贵建议,感谢匿名审稿人的意见与建议,文责自负。

** 王俊,厦门大学知识产权研究院助理教授;龙小宁,厦门大学经济学院、王亚南经济研究院教授。

ductivity and sales growth of ceramic firms in Dehua are significantly larger than other ceramic firms located in the same prefecture-level city, especially for those firms that more relevant with the copyright. Even after using the counterfactual test and replacing the control group with ceramic firms in Jingdezhen and Liling county, our results still hold.

Key Words: copyright protection; copyright registration policy; firm performances

一、引言

知识产权及相关产业在我国经济发展中的作用正日益凸显。根据世界知识产权组织对中国版权产业的调查,[①]2004 年,中国版权产业增加值达到 7884 亿元人民币,占 GDP 的 4.9%,而到 2006 年,版权产业增加值增长为 13197 亿元人民币,占 GDP 的比重提高到5.6%(WIPO, 2009)。[②] 如何延续这一增长趋势并推动版权产业的持续发展是需要研究的重要问题,特别是在当前中国经济增速放缓的"新常态"背景下,被历次党代会和人大会议多次强调的创新驱动发展战略已成为中国经济发展转型,培育新的增长点的重要手段。

此外,在当前我国经济结构亟待优化升级的背景下,版权产业快速增长背后所凸显的结构性问题也需要引起我们的警觉和重视。世界知识产权组织将版权相关产业分为四类:核心版权产业、部分版权产业、版权依赖产业和非专用支持产业(WIPO, 2009)。[③] 其中,核心版权产业是指那些创作和出品受版权保护产品的行业,包括音乐、书籍、杂志和报纸出版业等,这部分产业的重要性自不待言;而部分版权产业一般是指传统产业中有部分产品享有版权的产业,如本文将重点关注的陶瓷产业。正因为部分版权产业体现了传统产业和版权的结合,因而其发展水平的高低从一个侧面体现了创新在产业发展中发挥作用的程度。从我国版权产业发展的现状看,2004 年,我国核心版权产业和部分版权产业的工业增加值分别为 3188.7 亿元和 763.8 亿元人民币,占 GDP 的比重分别为 2%和 0.48%;到 2006 年,核心版权产业和部分版权产业的工业增加值增长到 6471.6 亿元和 1014.2 亿元,占 GDP 的比重分别为 3.07%和 0.48%(WIPO, 2009)。[④] 从两组数据可以看出,核心版权产业和部分版权产业两年的增长率分别为 42.46%和 15.23%,无论是从增长率还是比值的角度,部分版权产业的发展都相对滞后。这一方面表明我国版权产业存在结构性发展失衡的问题,另一方面也间接验证了我国制造业缺乏创新,产品的附加值低,尚处于粗放型发展阶段的现状。因此,如何通过实施有效的版权保护策略,来促进版权产业,特别是部分版权产业的发展,以推

① 版权产业是指生产经营具有版权属性的作品(产品),并依靠版权法和相关法律保护而生存法则的产业。

② WIPO(2009), National studies on assessing the economic contribution of the copyright-based industries, Creative Industries Series, No.5.

③ WIPO(2009), National studies on assessing the economic contribution of the copyright-based industries, Creative Industries Series, No.5.

④ WIPO(2009), National studies on assessing the economic contribution of the copyright-based industries, Creative Industries Series, No.5.

动产业结构的优化升级,正是当前“新常态”背景下我国经济发展的当务之急。

现有研究对于创新之于经济发展的重要作用已经形成了广泛的共识,但对于知识产权保护作用的研究结果因经济发展水平、保护强度和保护方式等方面的不同而存在争议,[①]特别是缺乏针对版权保护作用的研究。究其原因:一是知识产权指标衡量的困难;二是高质量数据的缺乏。现有研究中对于知识产权保护水平的衡量,主要采用的方式是基于 GP 指数或其扩展形式以及 WEF(World Economic Forum)开发的知识产权保护指数的测度。前者通过综合考虑包括保护的覆盖范围、是否加入国际条约、权利丧失的保护、执法措施和保护期限来衡量保护的强度;[②]后者则基于每年连续的问卷调查数据。这两种测度方式主要适合比较国与国之间知识产权保护的差异,无法对更为微观层面的知识产权保护进行有效衡量。[③] 还有部分研究则以专利和技术相关的数据衡量知识产权保护的水平,[④]但专利毕竟仅仅只是知识产权的一个维度,无法衡量包括商标、版权在内的其他知识产权保护的水平。同时,与专利研究相对比,由于版权的获得不以登记为条件,版权数量的相对难以量化使得从实证角度研究版权对经济影响的文献相对匮乏,因而对于版权问题的研究主要是以理论模型为主。[⑤] 而在现有为数不多的版权方面的实证研究中,除依赖于 GP 指数这样相对宏观和概括的测度方法外,现有研究则主要采取尝试寻找版权的代理变量的方法,例如,基于累计

---

① 参见 Gould, D.M. & W.C.Gruben, The role of intellectual property rights in economic growth, *Journal of Development Economics*, Vol.48(2)1996,pp.323-350; Kwan, Y.K. & E.L.C.Lai, Intellectual property rights protection and endogenous economic growth, *Journal of Economic Dynamics & Control* , Vol.27(5),2003,pp.853-873; Chen, Y. & T.Puttitanun, Intellectual property rights and innovation in developing countries, *Journal of Development Economics* ,Vol.78(2),2005,pp.474-493;刘小鲁:《知识产权保护、自主研发比重与后发国家的技术进步》,载《管理世界》2011 年第 10 期。

② 参见 Ginarte, J.C. & W.G.Park, Determinants of patent rights: A cross-national study, Research Policy Vol.26(3),1997,pp.283-301.

③ 参见 Park, W.G, Do intellectual property rights stimulate R&D and productivity growth? Evidence from cross-national and manufacturing industries data, in: D.Foray(eds.), *Intellectual Property and Innovation in the Knowledge-Based Economy*, *Industry Canada* ,2005,pp.1-51;Weng, Y., C.H.Yang & Y.J.Huang, Intellectual property rights and U.S. information goods exports: The role of imitation threat, *Journal of Cultural Economics*,Vol .33(2):2009,pp.109-134;姚颉靖、彭辉:《版权保护与软件业盗版关系的实证研究》,载《科学学研究》2011 年第 6 期;刘思明、侯鹏、赵彦云:《知识产权保护与中国工业创新能力》,载《数量经济技术经济研究》2015 年第 3 期;余长林:《知识产权保护、模仿威胁与中国制造业出口》,载《经济学动态》2015 年第 11 期。

④ 参见史宇鹏、顾全林:《知识产权保护、异质性企业与创新:来自中国制造业的证据》,载《金融研究》2013 年第 8 期;李莉、闫斌、顾春霞:《知识产权保护、信息不对称与高科技企业资本结构》,载《管理世界》2014 年第 11 期。

⑤ 参见 Novos, I.E. & M.Waldman, The effects of increased copyright protection: An analytic approach, *Journal of Political Economy* ,Vol.92(2):1984,pp.236-246; Landes, W.M. & R.A.Posner, An economic analysis of copyright law, *Journal of Legal Studies*,Vol.18(2),1989,pp.325-363; Koboldt, C, Intellectual property and optimal copyright protection, *Journal of Cultural Economics* ,Vol.19(2):1995, pp.131-155.

生产函数，以个人电脑、服务器和宽带作为版权相关资本的代理变量来研究其对经济发展的影响。[①] 但此类方式由于内生性问题难以解决，故而也并非较为合适的研究版权保护的方法。

为更好地研究版权保护的作用，本文以福建省德化县于 2004 年颁布的一项关于版权的本地免费登记政策作为切入点，来研究这一版权保护的政策对企业绩效的影响。对该政策的研究一方面可以帮助我们探索创新版权保护的有效办法，另一方面对于评估当前业已开始的更大范围实验的效果具有较大的现实意义。自 2013 年 10 月 1 日起，江苏省已经开始施行版权免费登记制度，并专门成立了江苏省版权保护中心，随后，江苏省下辖的南通、泰州等地市也专门根据各地市的实际情况，设立版权登记机构来提供版权免费登记服务。通过本文的实证研究，我们发现，版权本地免费登记政策对企业绩效具有显著的积极影响，因而为预测此类政策的实施效果提供了可资参考的依据。

本文的主要贡献有如下几点：第一，通过一项"准自然"实验（版权本地免费登记）来考察版权保护政策的重要变化所导致的影响。具体而言，我们在研究中将样本划分为实验组（颁布政策区域的企业）和对照组（未颁布政策区域的企业），考察在仅存在这一具体版权保护政策差异的情况下，相同产业中企业的不同绩效表现。这区别于大多数现有文献中通过给予不同指标各种主观权重来编制指数并在此基础上衡量版权保护程度变化的做法，[②]因而更能客观体现版权保护的程度与作用，得到的研究结果也有助于行政和立法机关有针对性地制定版权保护政策。第二，在研究策略上，本文基于面板数据固定效应模型，利用倍差法（Difference-in-Difference）来研究版权保护政策对企业绩效的影响，较好地解决了内生性问题。本地免费版权登记的政策安排主要来自福建省德化县政府的决定和规划，外生于当地企业的生产经营行为，因而可以将其视为一项"准自然"实验。另外，我们通过双重固定效应面板模型，控制了不随时间和不随企业变化的诸多特征的影响，较大程度地减少了遗漏变量的偏差。第三，在研究样本的选择上，本文采用的是企业级的微观面板数据，区别于通常研究中使用的国家级数据，这样更有助于从微观层面研究版权保护政策对作为市场直接参与者的企业绩效的影响，在一定程度上避免了利用国家级数据可能遭遇的加总偏误。事实上，据我们所知，我国目前还未发现有从企业层面，基于实证方式研究版权保护对经济影响的相关文献。

本文其余部分结构安排如下：第二部分介绍版权本地免费登记政策的背景信息，并提出相关的理论假说；第三部分介绍本文采用的实证策略和研究数据；第四部分给出计量模型的实证分析结果和稳健性检验；最后是总结性评论。

---

① 参见 Smith, P.J. et al, How do copyrights affect economic development and international trade? *Journal of World Intellectual Property*, Vol.12(3)2009, pp.198-218.

② 参见 Park, W.G, Do intellectual property rights stimulate R&D and productivity growth? Evidence from cross-national and manufacturing industries data, in: D.Foray(eds.), *Intellectual Property and Innovation in the Knowledge-Based Economy*, *Industry Canada*, 2005, pp.1-51

二、研究背景及理论假说

(一)研究背景

为研究版权保护与企业绩效之间的关系问题,我们在本文中通过福建省德化县在 2004 年出台的一项版权本地免费登记政策的"准自然实验",来尝试识别版权保护与企业绩效的因果关系。虽然我们的研究对象是一个县的版权保护政策,但该县的产业特征具有较大的代表性和典型性,对其政策效果的研究也有助于为在更大范围内推广该政策提供参考。以下我们通过对研究背景的介绍来论证研究样本选择的合理性。

福建德化与江西景德镇、湖南醴陵并称中国三大古瓷都,陶瓷产业长期以来都是德化的支柱产业。以 2012 年为例,德化县 GDP 为 134.68 亿元,而陶瓷产业的产值便达到了124.23 亿元,占当地 GDP 的 92.24%。[①] 从瓷器特色来看,与河北唐山、广东佛山等以工业瓷为主的陶瓷产地不同,德化陶瓷在以工艺瓷为传统优势的基础上,形成了以白瓷为代表的德化瓷器特征,具有较高的艺术美感和价值。同时,德化陶瓷产业竞争激烈,截至 2012 年,当地共有 1361 家陶瓷企业。若想在如此众多的企业中脱颖而出,唯有不断在产品设计方面推陈出新,而版权保护对于德化陶瓷产业在发展过程中成功避免被竞争对手模仿的重要性则愈加凸显。[②] 因而,德化的陶瓷产业是部分版权产业中对版权依赖程度较高的典型产业样本,以其为研究对象能够较准确地衡量版权保护对部分版权产业发展的影响。

与此同时,福建德化在版权保护方面做了大量工作,而其中 2004 年开始实施的企业本地免费版权登记制度更成为全国首创的版权保护措施。世界知识产权组织和国家版权局将德化经验概括为主要包括通过行政执法制止侵权行为、调处版权侵权纠纷、引导成立行业公会、加强司法保护和普法宣传教育等。[③] 但我们认为,相比其他地区,德化固然可能对这些措施施行的力度更大,但真正区别于其他地区的版权保护措施则是德化的版权本地免费登记制度。为便于企业进行版权登记,并减少企业版权登记的成本,德化县于 2004 年成立版权登记服务中心,开始在本地为企业免费进行版权登记。[④] 德化的版权保护工作得到了国内外的肯定,德化在 2006 年被国家版权局授予"全国版权保护示范单位",又在 2011 年被授予"世界知识产权组织版权保护优秀案例示范点",是继江苏南通之后,世界知识产权组织在华授予的第二个版权保护示范点。

版权本地免费登记政策的实施有哪些效果呢?首先,也是最直接的效果,降低了版权所

---

① 数据来自《德化县统计年鉴》。

② 对于陶瓷产品还可以选择通过外观设计专利等其他形式的保护,但版权保护具有保护期限长、手续办理简便和费用低等其他显著优势。

③ 主要归纳自世界知识产权组织和国家版权局关于德化版权保护的研究报告:《版权保护促进中国德化陶瓷产业发展的研究》。

④ 值得注意的是,德化县从 2001 年起便开始开展版权登记服务,但笔者通过对德化县文体局相关负责人的访谈了解到,当时虽然已经实行版权免费登记,但依然需要企业通过中介或者自行到省版权局报送相关材料,且由于当时交通条件的限制,单程便需要四五个小时的车程,或者通过中介来进行版权登记。这种情况直到 2004 年版权登记服务中心正式成立才得到改观。

有人的登记成本,从而增加了版权所有人对版权登记的需求。陶瓷产品一般是作为美术作品而受到《著作权法》保护的,而根据《国家发展改革委关于著作权自愿登记收费有关问题的通知》,美术作品的登记费为每件 300 元,系列作品登记第二件起每件 100 元。进行版权登记往往需要聘请中介公司,中介费用根据各地情况有所差异,每件 100 元至 150 元;如果不通过中介公司而自行办理登记事宜,则需要另外承担相应的人力和物力成本。以德化为例,登记版权需要到福建省版权局办理,而在 2004 年高速公路开通之前,从德化到福州需要四五个小时的车程,企业派人派车需要耗费大量的成本,由于企业不可能经常性地往返于两地,便会造成大量作品逾期登记,从而得不到及时的保护。此外,基于版权免费登记政策所成立的德化版权登记服务中心,还发挥了推动当地陶瓷企业之间的版权作品交流,起到了避免侵权的作用。根据世界知识产权组织和国家版权局的德化调查报告,德化县陶瓷作品的侵权主要来源于本地陶瓷企业,而将陶瓷作品在版权登记服务中心进行登记展示,可以形成对有侵权动机的本地陶瓷企业的震慑,有效制止当地的其他陶瓷企业的侵权行为,这一作用是传统上到省版权局进行登记所不具备的。

综上所述,我们发现,2004 年德化县正式成立版权登记服务中心后,一方面帮助陶瓷企业节省了版权登记费用以及交通等相关人力物力成本,因为企业只需要把相关材料递交当地的版权登记中心,后者收集好全县企业的资料,一并送到省版权局登记;另一方面更为重要的是,将各自的版权作品在当地进行展示,为企业通过行政或司法途径寻求救济提供了版权所有的直接证据,从而提高了其他企业的侵权成本,更好地避免了侵权。同时,版权登记中心的设立也便于企业就近咨询相关版权业务知识,对版权知识的宣传起到了推动作用,这进一步提高了企业版权登记的意识。

(二)理论假说

在上文讨论的基础上,我们接下来讨论德化的版权本地免费登记政策对企业绩效的具体影响。版权登记为企业保护自己设计研发的产品提供了直接而有力的证据,这样就能更有效地预防和制止其他企业的抄袭模仿等侵权行为,为企业通过行政或司法途径寻求救济提供了依据。换句话说,企业所设计的产品进行版权登记后,便更容易得到有效的保护,避免潜在的侵权行为的产生,因而,企业会更愿意加大研发投入,不断设计新的产品,并增加版权登记数量。新产品设计并生产出来后,得到市场的青睐,因其他企业在版权保护期内不能对其进行仿制,拥有版权的企业便会占有市场垄断地位,销售额会大幅提高。[①] 对于劳动生产率,受版权保护水平提高的激励,企业销售额增加,而消耗的成本不会有显著的增加,从而使得工业增加值得到提高,在企业雇佣人员数不变的条件下,劳动生产率也会相应地提高。同时,无论是基于企业销售额的增加而导致的正常利润的增加,还是基于企业一定程度的垄断权力而获得的垄断利润,在投入成本没有相同幅度的增加时,其都会带来企业利润率的提高。

① 当然,版权保护赋予企业的垄断权利,也会给予企业控制销量、提高定价的动机,但由此产生的对销售额的影响是次要影响(second-order effects),一般小于销售额增加的主要影响(first-order effects)。

上述论断可以通过经济模型正式推导，如 Varian① 论证了赋予创作者版权实际上就相当于给予了创作者一定期限的垄断权。又如 Landes & Posner② 建立了一个创作者和复制者生产具有完全可替代性产品的模型，来衡量版权保护对作品创作的影响。通过对创作者的利润函数求导分析，文章推导出利润与版权保护水平的关系，并发现创作者的利润是版权保护水平的增函数，版权保护水平提高，能够提高版权所有者的利润。

因此，根据上述分析，我们提出如下假设：

假设1：版权本地免费登记政策能够增加企业的版权登记数量、销售额、劳动生产率和利润率。

此外，陶瓷产品本身也包含多个类别，根据《国民经济行业分类代码》，陶瓷行业可细分为建筑陶瓷制品、卫生陶瓷制品、特种陶瓷制品、日用陶瓷制品和园林、陈设艺术及其他陶瓷制品几个子类。那么，版权本地免费登记政策对哪一类陶瓷行业的影响最大呢？根据《国民经济行业分类代码》中对园林、陈设艺术及其他陶瓷制品的说明，该类产品是"具有艺术造型或花纹、图案等，主要供陈设、观赏或装饰用的纯艺术欣赏陶瓷制品和以欣赏为主的陶瓷陈列品、实用品的制造"。③ 因此，我们认为，此类陶瓷产品与版权的关联最为密切，版权本地免费登记政策能够提高生产此类陶瓷制品的企业的版权登记数量，从而推动此类企业具有更好的绩效表现，故而我们提出如下假设。

假设2：版权本地免费登记政策对生产园林、陈设艺术及其他陶瓷制品的企业在版权登记数量和企业绩效表现方面的影响更大。

总结起来，本文研究版权保护对企业绩效的影响，具体是检验版权免费登记这一政策是否能够通过促进企业加强创新来提升企业生产的技术水平，最终提高企业的产出和绩效。下文将对以上的假设进行实证检验。

三、实证策略

(一)倍差法与计量模型设定

直观上，基于是否颁布版权本地免费登记政策来考察对企业绩效的影响，就是直接比较版权本地免费登记政策颁布后和颁布前的企业绩效是否存在系统性差异。但是，这种简单的比较可能无法得出可信的结论，因为版权登记政策颁布前、后的企业绩效差异也可能是由

---

① 参见 Varian, R.H, Copying and copyright, *Journal of Economic Perspectives* ,Vol.19(2)2005, pp.121-138.

② 参见 Landes, W.M. & R.A.Posner, An economic analysis of copyright law, *Journal of Legal Studies*,Vol.18(2),1989,pp.325-363.

③ 建筑陶瓷制品是指用于建筑物的内、外墙及地面装饰或耐酸腐蚀的陶瓷材料的生产，以及水道、排水沟的陶瓷管道及配件的制造；卫生陶瓷制品是指卫生和清洁盥洗用的陶瓷用具的生产；特种陶瓷制品是指专为工业、农业、实验室等领域的各种特定用途和要求，采用特殊生产工艺制造；日用陶瓷制品是指以黏土、瓷石、长石等为原料，经破碎、制泥、成型、烧炼等工艺制成，主要供日常生活用的各种瓷器、炻器、陶器等陶瓷制品的制造。对比园林、陈设艺术及其他陶瓷制品，上述陶瓷制品由于以实用为主，故与版权相关的艺术、设计的成分相对较少。

其他因素引起的，而不是版权本地免费登记政策的结果。为了更准确地识别版权保护对企业绩效的影响，本文采用倍差法（Difference-in-Difference）来实证分析版权登记政策的影响。

倍差法通常被用来评估某项政策或事件对实施对象的影响，[①]其中隐含的假设是将某项政策或事件视作一个自然实验。这要求该政策或事件对结果的影响足够外生，也即政策与所研究的结果之间既没有反向因果的关系，也不是同为其他因素作用的结果。[②] 本文所研究的版权免费登记政策是由德化县政府实施的，作为个体的陶瓷企业无法影响政府的决策，因此，我们的政策变量部分地满足了政策的外生性要求。同时，我们通过选择合适的控制组（也即未受自然实验影响的样本，control group）来与实验组（也即受自然实验影响的样本，treatment group）进行比照，以较好地解决同时性的问题并准确考察政策对结果造成的净影响。本文选择的控制组是德化县以外与德化位于同一地级市（泉州市）辖区的陶瓷企业。[③] 选择其作为控制组的理由是，由于德化县和除德化以外的泉州其他地区的陶瓷企业同属一个地级行政辖区，地理位置相近，在陶瓷产品生产制造过程中的原材料、政策环境、市场环境等各个方面都极为相似，因此可以认为，在德化县的免费版权登记政策实施之前，德化县和除德化外的泉州其他地区的陶瓷企业具有相似的发展趋势。因此，本文选择泉州市（除德化县外）的陶瓷企业作为控制组来识别版权免费登记政策的影响是合适和有效的。在另外的稳健性检验中，我们也会选择其他地区的企业样本作为对照组。

此外，我们在模型中还将控制企业的总销售额、雇员人数、资本密度（总资产/雇员人数）、企业存续时长和资本构成类型。同时，为了尽可能地避免其他不可观测变量造成的遗漏变量偏差，我们还在模型中加入企业和时间固定效应，以控制不随企业和不随时间变化的各种因素的影响。

具体地，我们采用面板固定效应模型，运用倍差法的回归方程如下：

$$Y_{i,t}=\beta policy_{i,t}+\gamma X_{i,t-1}+\eta_i+\mu_t+\varepsilon_{i,t} \tag{1}$$

其中，i 表示企业，t 表示年份，为检验前文列出的理论假设，$Y_{i,t}$将分别衡量企业销售增长率、劳动生产率和利润率，其中企业的利润水平用三种方式衡量，即 ROS（总利润/总销售额）、ROA（总利润/总资产）和 ROE［总利润/（总资产－总负债）］。$policy_{i,t}$代表本文研究的版权本地免费登记政策试验，具体来说，当企业 i 在空间维度位于德化县行政区域内（实验组），在时间维度处在免费登记政策实施后（$t>2004$）时，$policy_{i,t}$ 取值为 1，其余情况则$policy_{i,t}$取值为 0。因此，$policy_{i,t}$取值等同于倍差法模型中用于捕捉政策实施效应的交乘项。而 $X_{i,t-1}$是上文提到过的企业级控制变量，具体包括上一期的总销售额和雇员人数（用来控制企业规模）、资本密度（即总资产/雇员人数，用来控制企业的资本技术含量）、企业存续时长（用来控制企业历史）和资本构成（用各种所有制形式股份额度表示）。在回归中，我

① 参见 Meyer，B.D，Natural and quasi-experiments in economics，*Journal of Business & Economic Statistics*，Vol.13(2)：1995，pp.151-161.

② 也即反向因果（reverse causality）与共时性（simultaneity）的问题。

③ 德化县是地级市泉州市下辖的县。

们将使用除资本构成以外的所有这些变量的对数形式,[①]η_i和μ_t分别为不随企业和不随时间变化的固定效应,$\varepsilon_{i,t}$是误差项。

另外,需要注意的是,在政策外生的条件之外,倍差法还要求政策实施前实验组和控制组的企业绩效表现趋势基本相同。因此,为进一步确认倍差法的适用性,本文将利用政策实施前的样本数据进行平行趋势的检验。依据Galiani[②]的研究思路,本文对模型(1)稍加调整,形成如下的具体模型:

$$Y_{it}=\sum_{j=2000}^{2003}[\beta_j Dehua\cdot T_t(t=j)]+\gamma X_{i,t-1}+\eta_i+\mu_t+\varepsilon_{it} \tag{2}$$

其中,$T_t(t=j)$为指示函数,其具体定义为,如果$t=j$,则T_t取值为1,否则取值为0。德化用来区分样本属于实验组还是控制组,β_j则用于估计第j年实验组和控制组的时间趋势的差异。其余变量的意思同模型(1)一致。通过该模型的实证检验,如果各年份的β_j在统计上无异于0,则可以认为在版权免费登记政策实施前,实验组和控制组的企业绩效表现趋势基本相同。

(二)数据来源与特征描述

本文的主要研究数据来源于国有及大中型工业企业数据库,该数据涵盖了全部国有企业和年销售额在500万元人民币以上的非国有企业。取决于具体的研究范围和要求,我们通过企业名称、企业地址和行业代码信息从1998—2007年工业企业数据中选取相应地区和行业的陶瓷企业数据,来生成本文将要用到的企业微观数据。例如,在我们的基准分析中,样本仅限于福建省泉州市的陶瓷企业,而之后的稳健性分析则包括德化、景德镇和醴陵的陶瓷企业。

此外,我们在福建省德化县进行实地调研时,德化县文体局还为我们提供了从2001年至2007年的德化本地陶瓷企业的版权登记数量的信息,即包括登记时间、著作权人名称和作品名称等数据。我们筛选出其中著作权人为企业的数据,根据企业的名称和工业企业数据库进行匹配,获得德化县2001—2007年陶瓷企业版权登记数量的数据。基于该数据,我们希望对版权本地免费登记政策的最直观效果进行检验,即版权免费登记政策能否推动版权登记数量的提高。然而,由于我们仅有德化县的版权登记数据,因而无法基于倍差法来直接同泉州非德化地区的控制组进行比较。而为了检验政策的效果,我们采用了一种替代性的方法,即以德化县的园林、陈设艺术及其他陶瓷制品企业为实验组,以德化县的其他类型陶瓷企业为控制组,来比较版权免费登记政策是否对园林、陈设艺术及其他陶瓷制品企业的版权登记数量的影响更大。

在对工业企业数据处理的过程中,为了尽可能减少极端异常值对研究结果的影响,参考现有文献的处理方式,[③]我们剔除了以下几种类型的数据:就业人数缺失或少于8人的企

---

① 采用各变量本身作为因变量得到的结果性质上基本类似。此外,资本构成由于存在大量的0值,故未使用对数形式。

② Galiani, S., P.Gertler & E.Schargrodsky, Water for life: The impact of the privatization of water services on child mortality, *Journal of Political Economy*, Vol.113(1)2005, pp.83-120.

③ 参见Cai, H. & L.Qiao, Competition and corporate tax avoidance: Evidence from Chinese industrial firms, *Economic Journal*, Vol.119(537)2009, pp.764-795.

业;固定资产净值、总产出、总销售额和总资产缺失或小于0的企业。同时,我们还删除了在样本存续期内行业类型有调整的企业。为了保证数据在不同年份间的可比性,我们还以1998年为基期,使用CPI指数对相关数据进行了平减处理。

表1　各变量的基本统计特征

变量	未分组		控制组		实验组		t—统计量
	观测值	均值	观测值	均值	观测值	均值	
销售额增长率对数	829	−1.26 (1.23)	592	−1.26 (1.31)	237	−1.26 (0.99)	−0.07
劳动生产率对数	1497	3.53 (0.83)	1184	3.53 (0.90)	313	3.52 (0.53)	0.32
Ln(ROS)	1133	−2.17 (0.92)	830	−2.27 (0.98)	303	−1.88 (0.64)	−6.43 ***
Ln(ROA)	1076	−1.88 (1.18)	804	−2.14 (1.17)	272	−1.10 (0.83)	−13.59 ***
Ln(ROE)	954	−1.65 (1.12)	759	−1.85 (1.10)	195	−0.86 (0.78)	−11.84 ***
销售额对数	1535	9.58 (0.99)	1219	9.55 (1.00)	316	9.71 (0.94)	−2.53 ***
雇员人数对数	1536	5.18 (0.85)	1220	5.11 (0.84)	316	5.42 (0.85)	−5.87 ***
资本密度对数	1536	4.09 (1.17)	1220	4.27 (1.20)	316	3.40 (0.76)	12.34 ***
企业年龄对数	1508	1.79 (0.73)	1195	1.77 (0.74)	313	1.85 (0.72)	−1.64 *
版权登记数	804	1.16 (9.12)	369	0.63 (3.43)	435	1.60 (11.98)	−1.51 **

注:***、**、*分别表示在1%、5%和10%水平上显著。

基于泉州市陶瓷企业样本的描述性统计量的结果如表1所示。可以看出,对于本文关注的企业绩效指标,实施了版权本地免费登记政策后的德化县陶瓷企业,其用三种方式衡量的企业利润水平都要显著高于其他位于泉州市(非德化)或免费登记政策实施前的德化县的陶瓷企业,而销售额的增长率和劳动生产率在实验组和对照组间不存在显著差异。最后一组的变量是德化县陶瓷企业的版权登记数,同其他变量不同的是,该变量的实验组是德化工艺陶瓷企业,控制组是德化其他类型的陶瓷企业。从对比结果来看,德化工艺陶瓷企业的版权登记数量要明显高于其他类型陶瓷企业的版权登记数量。不过,这些只是对版权本地免费登记政策影响效果的初步探讨,下面我们将做进一步更细致的检验。

(三)倍差法适用的平行趋势检验

为更可信地研究版权免费登记政策的影响,我们首先基于模型(2)来检验政策实施前,德化县和泉州市(非德化)在企业绩效方面的时间趋势是否一致。由于版权免费登记政策是2004 年开始实施的,因此,本文检验 2004 年前也即政策实施前的样本时间趋势,结果如表 2 所示。可以看到,对于销售额的增长率、劳动生产率和利润率这三个维度的企业绩效,除 2002 年德化企业相比其他企业在 ROA 上存在 10%水平上的显著差别外,其他从 2000 年到 2003 年的时间趋势对企业绩效的影响均不显著。这说明在版权免费登记政策实施前,德化县和泉州市(非德化)在企业绩效方面的时间趋势是基本一致的。[①] 倍差法在此处的适用性是不存在问题的。

表 2　免费登记政策实施前样本的平行趋势检验结果

变量	(1) Ln(销售额增长率)	(2) Ln(劳动生产率)	(3) Ln(ROS)	(4) Ln(ROA)	(5) Ln(ROE)
2000 年样本时间趋势	1.779	0.351	0.593	0.643	0.443
	(1.611)	(0.267)	(0.363)	(0.412)	(0.403)
2001 年样本时间趋势	0.532	0.241	−0.0988	−0.0764	−0.170
	(0.591)	(0.232)	(0.400)	(0.419)	(0.427)
2002 年样本时间趋势	−0.0713	−0.103	−0.345	−0.659 *	−0.483
	(0.646)	(0.181)	(0.317)	(0.375)	(0.381)
2003 年样本时间趋势	−0.143	−0.0537	−0.199	−0.820	−0.657
	(0.554)	(0.194)	(0.441)	(0.509)	(0.499)
总销售额对数	−1.839 ***	0.0157	0.0807	0.204	0.174
(滞后一期)	(0.371)	(0.128)	(0.169)	(0.197)	(0.189)
雇员人数对数	0.960 ***	0.168	−0.163	−0.0206	−0.203
(滞后一期)	(0.308)	(0.133)	(0.235)	(0.253)	(0.262)
资本密度对数	0.217	0.0596	−0.146	0.0493	−0.00236
(滞后一期)	(0.277)	(0.0902)	(0.165)	(0.222)	(0.228)
企业年龄对数	0.0228	−0.0449	−0.123	−0.0775	−0.139
(滞后一期)	(0.323)	(0.0875)	(0.179)	(0.188)	(0.198)
资本构成类型	是	是	是	是	是
企业固定效应	是	是	是	是	是
年份固定效应	是	是	是	是	是
观测值	278	435	364	359	343
R^2	0.276	0.126	0.133	0.173	0.142

注:括号中的数值为聚类在企业水平上的稳健标准差; *** 、** 、* 分别表示在 1%、5%和 10%水平上显著,下同。

① 另一方面,即使 2002 年德化企业样本与非德化企业样本之间存在 ROA 上的显著性差异,也与后面观察到的政策作用方向相反,因此,我们更加支持版权免费登记政策促进企业绩效的结论。

四、计量结果及分析

(一)基本结果

表3给出根据模型(1)得到的实证回归结果,其中列(1)~(5)中的自变量分别为代表是否施行德化版权本地免费登记政策的虚拟变量,滞后一期的总销售额对数、雇员人数对数、资本密度对数、企业年龄对数和资本构成类型。所有的标准差均为在企业水平上计算的聚类标准差。①

表3 版权本地免费登记政策对企业绩效的影响

变量	(1) Ln(销售额增长率)	(2) Ln(劳动生产率)	(3) Ln(ROS)	(4) Ln(ROA)	(5) Ln(ROE)
政策	0.337 * (0.204)	0.384 *** (0.0839)	0.815 *** (0.158)	0.693 *** (0.203)	0.504 ** (0.208)
总销售额对数 (滞后一期)	−1.182 *** (0.181)	0.112 * (0.0641)	−0.0147 (0.0908)	0.135 (0.120)	0.0592 (0.107)
雇员人数对数 (滞后一期)	0.698 *** (0.148)	−0.0189 (0.0786)	−0.0410 (0.121)	−0.0717 (0.149)	−0.0531 (0.146)
资本密度对数 (滞后一期)	0.442 *** (0.106)	0.0686 (0.0525)	−0.0195 (0.102)	−0.107 (0.116)	−0.110 (0.102)
企业年龄对数 (滞后一期)	0.156 (0.145)	−0.0324 (0.0485)	0.00526 (0.0851)	0.0664 (0.112)	0.0665 (0.104)
资本构成类型	是	是	是	是	是
企业固定效应	是	是	是	是	是
年份固定效应	是	是	是	是	是
观测值	810	1,139	870	826	725
R^2	0.141	0.373	0.168	0.245	0.199

从表3的第(1)列可以发现,政策变量的估计系数显著为正,表明了版权本地免费登记政策颁布后,德化陶瓷企业销售额的增长率显著高于泉州市(非德化)的陶瓷企业,具体来说,德化县的陶瓷企业销售额的增长率要高出泉州市(非德化)的陶瓷企业33.7%。这也验证了我们在理论假说部分所认为的,政策对销售量增长的作用要大于由于版权保护的增强

① 根据Bertrand et al(2004)和Stock & Watson(2008),我们使用企业水平上的聚类标准差。而Moulton(1990)和Wooldridge(2003)强调当使用分组水平的解释变量时,需要考虑可能存在的组内相关以避免标准误的不一致。因此,我们也尝试在政策层次使用聚类标准差,并得到类似的结果,详见本文附表1和附表2。

而导致企业限定产量的影响。而对于第(2)列,政策变量的估计系数在1%的显著性水平上为正,表明在德化县版权本地免费登记政策实施后,德化陶瓷企业的劳动生产率高于泉州市(非德化)的陶瓷企业,具体来说接近提高了40%。而从表3中的(1)到(3)列可以看出,政策变量的估计系数在1%的显著性水平下为正,意味着在德化县实施了版权本地免费登记政策后,德化陶瓷企业的利润率要显著高于泉州市(非德化)的陶瓷企业。具体来说,版权本地免费登记政策可以使得德化陶瓷企业基于不同方法衡量的利润率高于其他非德化的泉州陶瓷企业50%~80%。上述结果也就验证了我们之前提出的假设1,即版权本地免费登记政策能够提升企业销售额、劳动生产率和利润率。

进一步地,为了检验假设2的推断,我们在回归模型(1)中额外加入一个政策*工艺陶瓷企业的交互项,其中,当工艺陶瓷企业亚变量等于1时,则代表生产园林、陈设艺术及其他陶瓷制品的企业,加入该变量后的回归结果如表4所示。我们首先看表4的第(1)列,政策*工艺陶瓷企业这一交互项的估计系数在10%的显著性水平下为正,表示在版权免费登记政策实施后,德化县的工艺陶瓷企业版权登记的数量要高于其他类型陶瓷企业平均3件以上,这说明版权免费登记政策对工艺陶瓷企业进行版权登记的影响是直接和显著的。而从对企业绩效的影响来看,从表4的第(2)列我们发现,在加入交互项后,虽然政策变量不再显著,但政策变量对销售额增长率的影响变为负的,这可能就验证了理论假说部分所说的,在版权本地免费登记政策实施后,企业由于版权保护的增强,存在通过控制销量来提高利润的倾向。而我们发现交互项依然是在5%的水平上显著为正的,说明对于工艺陶瓷企业,版权保护的加强使得企业的销量更有保障,因而销售额增长率的提高才是政策的最主要影响。而从第(3)列可以看到,版权免费登记政策对劳动生产率的影响在不同类型的陶瓷企业之间并不存在显著的差异。而从第(4)~(6)列的结果来看,政策*工艺陶瓷企业对企业利润水平的影响均是显著为正的,这说明德化县版权本地免费登记政策所起到的提高陶瓷企业利润率的作用主要表现在生产园林、陈设艺术及其他陶瓷制品的企业方面。上述发现也支持了假设2的推断,版权本地免费登记政策对生产园林、陈设艺术及其他陶瓷制品的企业在版权登记数量和企业绩效表现方面的影响更大。

表4 版权本地免费登记政策对企业绩效的影响

变量	(1) 版权登记数	(2) Ln(销售额增长率)	(3) Ln(劳动生产率)	(4) Ln(ROS)	(5) Ln(ROA)	(6) Ln(ROE)
政策		−0.0301 (0.231)	0.297 ** (0.144)	0.493 ** (0.215)	0.0786 (0.299)	−0.187 (0.316)
政策* 工艺陶瓷企业	3.220 * (1.875)	0.419 ** (0.183)	0.0986 (0.129)	0.367 * (0.200)	0.703 ** (0.280)	0.805 *** (0.295)
总销售额对数 (滞后一期)	0.767 (0.925)	−1.182 *** (0.182)	0.112 * (0.0641)	−0.0151 (0.0906)	0.134 (0.120)	0.0653 (0.106)
雇员人数对数 (滞后一期)	−2.171 (2.571)	0.703 *** (0.146)	−0.0184 (0.0789)	−0.0364 (0.121)	−0.0595 (0.147)	−0.0484 (0.145)

续表

变量	(1) 版权登记数	(2) Ln(销售额增长率)	(3) Ln(劳动生产率)	(4) Ln(ROS)	(5) Ln(ROA)	(6) Ln(ROE)
资本密度对数 (滞后一期)	0.287 (2.109)	0.453 *** (0.106)	0.0706 (0.0529)	−0.00949 (0.102)	−0.0892 (0.114)	−0.0964 (0.0997)
企业年龄对数 (滞后一期)	0.303 (0.788)	0.158 (0.144)	−0.0323 (0.0486)	0.00201 (0.0859)	0.0597 (0.113)	0.0482 (0.104)
资本构成类型	是	是	是	是	是	是
企业固定效应	是	是	是	是	是	是
年份固定效应	是	是	是	是	是	是
观测值	628	810	1,139	870	826	725
R^2	0.031	0.143	0.374	0.171	0.253	0.209

(二)稳健性检验

为了检验上述结果的稳健性,我们进行下面几种分析。首先,采用倍差法来评估版权本地免费登记政策对企业绩效影响的一个假设条件是,如果该政策不存在,实验组和对照组间的企业绩效则并不应该存在显著差异。这里我们将采用反事实的方法来检验这个假设条件是否成立。具体来说,我们通过设置假想的版权本地免费登记政策的实施年份,并重新估计回归方程(1)来判断之前表 3 结果的稳健性。如果在假想版权政策实施年份的情况下,政策变量的估计系数不显著,就可以说明除去版权登记政策的冲击,实验组和对照组的企业绩效不存在显著的差异。我们任意选取 2002 年作为假想的版权免费登记政策的颁布时间,估计结果如表 5 所示,从估计结果来看,政策变量的估计系数是不显著的,因此它支持了在版权登记政策不存在的情况下,实验组和对照组间的企业绩效并不存在显著差异的假设。[①] 同时,这些反事实检验的结果也验证了 2004 年德化县正式实施的版权本地免费登记政策仅在该年之后才对企业的绩效存在显著影响。

表 5 版权本地免费登记政策对企业绩效的影响(反事实检验)

变量	(1) Ln(销售额增长率)	(2) Ln(劳动生产率)	(3) Ln(ROS)	(4) Ln(ROA)	(5) Ln(ROE)
政策	−0.428 (0.345)	−0.0533 (0.134)	0.0221 (0.161)	−0.389 (0.320)	−0.284 (0.229)
总销售额对数 (滞后一期)	−1.234 *** (0.184)	0.0977 (0.0626)	−0.0804 (0.0871)	0.0502 (0.111)	−0.00868 (0.101)
雇员人数对数 (滞后一期)	0.687 *** (0.153)	−0.0464 (0.0811)	−0.0812 (0.125)	−0.106 (0.149)	−0.0889 (0.137)

① 我们还尝试使用 2003 年作为假想的时间,结果与此类似。

续表

变量	(1) Ln(销售额增长率)	(2) Ln(劳动生产率)	(3) Ln(ROS)	(4) Ln(ROA)	(5) Ln(ROE)
资本密度对数 (滞后一期)	0.464 *** (0.105)	0.0879 (0.0550)	0.0223 (0.111)	−0.0446 (0.117)	−0.0668 (0.103)
企业年龄对数 (滞后一期)	0.212 (0.152)	0.0113 (0.0494)	0.0945 (0.0843)	0.161 (0.108)	0.143 (0.108)
资本构成类型	是	是	是	是	是
企业固定效应	是	是	是	是	是
年份固定效应	是	是	是	是	是
观测值	810	1,139	870	826	725
R^2	0.140	0.355	0.124	0.229	0.190

进一步地,我们将通过替换控制组来检验版权本地免费登记政策对德化陶瓷企业的影响是否稳健。正如我们在背景部分所介绍的,福建德化同江西景德镇、湖南醴陵并称中国三大古瓷都,三地在陶瓷产品特色上各有不同,但均以与版权联系紧密的工艺陶瓷见长。因而,三地的陶瓷企业产品特点相近,且在当前国内市场一体化的背景下,三地陶瓷企业面临的市场环境和竞争态势也是相近的。所以,我们将泉州(非德化)的陶瓷企业替换为景德镇和醴陵的陶瓷企业作为控制组应当也是合适的。替换控制组后的回归结果如表6所示。从表6的结果来看,第(1)列显示政策变量对销售额增长率的影响接近显著为正;第(2)列显示政策对劳动生产率存在正向的影响,但不显著;第(3)～(5)列则显示政策在1%的显著性水平上对陶瓷企业利润存在显著为正的影响。通过与表3的对比,我们可以发现在影响的具体程度方面也是较为接近的,版权本地免费登记政策的实施可以使得德化陶瓷企业的利润率高于景德镇和醴陵的陶瓷企业75%～110%,而销售额的增长率高44%左右。这就验证了版权本地免费登记政策对德化陶瓷企业的影响效果是稳健的。

表6 版权本地免费登记政策对企业绩效的影响(控制组为景德镇、醴陵陶企)

变量	(1) Ln(销售额增长率)	(2) Ln(劳动生产率)	(3) Ln(ROS)	(4) Ln(ROA)	(5) Ln(ROE)
政策	0.439 (0.282)	0.134 (0.113)	0.756 *** (0.181)	1.110 *** (0.213)	0.885 *** (0.206)
总销售额对数 (滞后一期)	−1.280 *** (0.179)	0.0688 (0.0619)	−0.0343 (0.117)	0.240 * (0.145)	0.155 (0.146)
雇员人数对数 (滞后一期)	0.623 *** (0.177)	−0.0996 (0.0775)	−0.131 (0.155)	−0.446 ** (0.184)	−0.0558 (0.189)
资本密度对数 (滞后一期)	0.371 ** (0.150)	0.0490 (0.0563)	0.129 (0.139)	−0.121 (0.168)	−0.128 (0.174)
企业年龄对数 (滞后一期)	0.175 (0.113)	−0.0225 (0.0431)	0.0247 (0.0859)	0.0733 (0.101)	0.0112 (0.104)

续表

变量	(1) Ln(销售额增长率)	(2) Ln(劳动生产率)	(3) Ln(ROS)	(4) Ln(ROA)	(5) Ln(ROE)
资本构成类型	是	是	是	是	是
企业固定效应	是	是	是	是	是
年份固定效应	是	是	是	是	是
观测值	812	1,078	755	706	552
R^2	0.128	0.350	0.192	0.265	0.230

在表6的基础上，表7进一步加入政策*工艺陶瓷企业变量以检验版权本地免费登记政策主要作用于与版权联系更为紧密的陶瓷产业门类的结论是否稳健。从表7的结果来看，与之前表4中发现的结果类似，版权本地免费登记政策对于企业销售额的增长率和利润水平的促进作用主要集中在与版权联系更为紧密的生产园林、陈设艺术及其他陶瓷制品的企业方面，这也再次验证了本文先前研究结论的稳健性。

表7　版权本地免费登记政策对企业绩效的影响(控制组为景德镇、醴陵陶企)

变量	(1) Ln(销售额增长率)	(2) Ln(劳动生产率)	(3) Ln(ROS)	(4) Ln(ROA)	(5) Ln(ROE)
政策	0.0797 (0.304)	−0.0114 (0.185)	0.431* (0.242)	0.531* (0.295)	0.194 (0.329)
政策* 工艺陶瓷企业	0.407** (0.178)	0.164 (0.150)	0.369* (0.208)	0.652** (0.270)	0.786** (0.310)
总销售额对数 (滞后一期)	−1.279*** (0.180)	0.0682 (0.0619)	−0.0364 (0.116)	0.238* (0.143)	0.169 (0.138)
雇员人数对数 (滞后一期)	0.629*** (0.177)	−0.0993 (0.0775)	−0.121 (0.153)	−0.425** (0.182)	−0.0350 (0.185)
资本密度对数 (滞后一期)	0.383** (0.150)	0.0522 (0.0564)	0.144 (0.138)	−0.0956 (0.165)	−0.0942 (0.160)
企业年龄对数 (滞后一期)	0.178 (0.113)	−0.0228 (0.0431)	0.0228 (0.0863)	0.0703 (0.101)	−0.00639 (0.103)
资本构成类型	是	是	是	是	是
企业固定效应	是	是	是	是	是
年份固定效应	是	是	是	是	是
观测值	812	1,078	755	706	552
R^2	0.130	0.351	0.196	0.274	0.246

五、结论

以福建省德化县在版权保护方面实施的版权本地免费登记政策为研究对象，本文使用倍差分析法对政策的实际效果进行了评估。从实证研究的结果中我们看到，福建省德化县实施的版权本地免费登记政策显著提高了当地陶瓷企业的经营绩效，无论是从销售额增长率，还是劳动生产率，抑或是基于不同指标的利润水平，版权登记政策实施后德化县陶瓷企业的绩效都显著高于泉州市(非德化)以及景德镇和醴陵的陶瓷企业，且这种影响更明显地体现在生产园林、陈设艺术及其他陶瓷制品的企业上，这显示了版权保护对于与版权相关程度越高的行业，其作用也越大。

本文的研究结果为我国探求版权保护的有效路径提供了有益的经验和借鉴。在当前我国面临经济结构转型升级的背景下，从中央到地方各级政府，都越来越深刻地意识到版权保护对经济健康持续发展的重要作用，与版权相关的诸如文化创意产业也已被各地列为重点扶持发展的对象。然而，对于促进版权产业的发展的途径，现有的措施主要还是以经济手段为主，即给予版权相关产业一定的税收优惠和减免等扶持政策，而对于如何从版权保护的角度推动版权相关产业的发展，却鲜见有针对性的政策。常见的司法保护和行政保护基本属于事后救济，且企业面临着举证难甚至赢了官司输了市场的困境，因此，如何在事前就给予版权所有人便利和有效的保护，成为加强版权保护和提升保护效率的重要问题。而德化县出台的版权本地免费登记政策就为我们解决现有的版权保护措施往往无法进行有效的事前救济的弊病提供了重要参考。该政策首先节约了版权人的登记成本；其次通过本地化服务也方便了版权人登记版权和咨询相关事宜；最后，所建立的本地化的版权作品展示平台，加强了当地企业版权作品的信息交流。通过这样一项便利且低成本的版权保护措施，可以对潜在的侵权行为给予事前的预防，既解除了版权人研发设计新产品的后顾之忧，又基于市场的手段来给予版权人恰当的回报。这样减轻了政府惯常使用的经济激励所带来的财政负担，同时从长远角度来看，也有利于真正培育有竞争力的市场主体，全面提高我国版权相关产业的市场竞争力，推动创新驱动战略的实现。

附表1　版权本地免费登记政策对企业绩效的影响

变量	(1) Ln(销售额增长率)	(2) Ln(劳动生产率)	(3) Ln(ROS)	(4) Ln(ROA)	(5) Ln(ROE)
政策	0.337 (0.0633)	0.384 ** (0.0240)	0.815 ** (0.0400)	0.693 *** (0.00981)	0.504 ** (0.0383)
总销售额对数 (滞后一期)	−1.182 ** (0.0562)	0.112 (0.0351)	−0.0147 (0.0544)	0.135 * (0.0182)	0.0592 (0.0751)
雇员人数对数 (滞后一期)	0.698 (0.132)	−0.0189 (0.0201)	−0.0410 (0.115)	−0.0717 (0.0953)	−0.0531 (0.154)
资本密度对数 (滞后一期)	0.442 ** (0.0142)	0.0686 (0.0224)	−0.0195 (0.162)	−0.107 (0.126)	−0.110 (0.0178)

续表

变量	(1) Ln(销售额增长率)	(2) Ln(劳动生产率)	(3) Ln(ROS)	(4) Ln(ROA)	(5) Ln(ROE)
企业年龄对数 (滞后一期)	0.156 ** (0.0119)	−0.0324 (0.0408)	0.00526 (0.0141)	0.0664 (0.0682)	0.0665 (0.0624)
资本构成类型	是	是	是	是	是
企业固定效应	是	是	是	是	是
年份固定效应	是	是	是	是	是
观测值	810	1,139	870	826	725
R^2	0.413	0.712	0.488	0.609	0.596

注:括号中的数值为聚类在政策水平上的稳健标准差;***、**、* 分别表示在 1%、5%和 10%水平上显著,下同。

附表 2　版权本地免费登记政策对企业绩效的影响

变量	(1) Ln(销售额增长率)	(2) Ln(劳动生产率)	(3) Ln(ROS)	(4) Ln(ROA)	(5) Ln(ROE)
政策	−0.0301 (0.0812)	0.297 ** (0.00681)	0.493 * (0.0669)	0.0786 (0.0413)	−0.187 (0.104)
政策 * 工艺陶瓷企业	0.419 ** (0.0227)	0.0986 (0.0348)	0.367 * (0.0331)	0.703 ** (0.0372)	0.805 * (0.160)
总销售额对数 (滞后一期)	−1.182 ** (0.0576)	0.112 (0.0352)	−0.0151 (0.0539)	0.134 * (0.0165)	0.0653 (0.0597)
雇员人数对数 (滞后一期)	0.703 (0.125)	−0.0184 (0.0208)	−0.0364 (0.117)	−0.0595 (0.0975)	−0.0484 (0.144)
资本密度对数 (滞后一期)	0.453 ** (0.0219)	0.0706 (0.0250)	−0.00949 (0.170)	−0.0892 (0.140)	−0.0964 (0.0300)
企业年龄对数 (滞后一期)	0.158 ** (0.00900)	−0.0323 (0.0403)	0.00201 (0.0140)	0.0597 (0.0698)	0.0482 (0.0740)
资本构成类型	是	是	是	是	是
企业固定效应	是	是	是	是	是
年份固定效应	是	是	是	是	是
观测值	810	1,139	870	826	725
R^2	0.415	0.712	0.491	0.613	0.601

美国高校专利技术转化模式及其对我国的启示研究*

刘雪凤　王帆乐　闫　莉**

摘　要:我国高校科技成果数量随投资增加和科研实力提升而快速增加,科技成果转化率却普遍偏低、增长缓慢。美国高校技术转化的经验和精髓,对我国高校有极大的启示和借鉴意义。作者梳理美国高校专利技术转化历史,分析其成功模式特点及优劣,并总结出美国高校专利技术转化经验。文章建议:我国应从健全政府引导功能、推动企业产学研合作以及提高高校主体意识等角度来完善政府—企业—高校关系链,最终促进高校专利技术转化。

关键词:美国高校;专利技术转化;WARF;第三方模式;OTL

A Study on the Patent Transfer Modes in American Universities and Their Enlightenment in China

Liu Xuefeng　Wang Fanle　Yan Li

Abstract: The out-put number of science and technology in Chinese universities keeps increasing because of the increased investment and improved scientific and researching ability, while the transfer ratio is relatively low and shows a slow development. The essence and experience in American universities can enlighten the Chinese universities. The paper reflects the history of technology transfer in American universities, and analyses three most successful modes and their features, advantages and disadvantages. the On the base of analyzing what we can learn from them, the author suggests that we should set up a good chain among the government, companies and universities, from the perspective of improving the government's guiding function, promoting industry-university-institute co-operation and improving the subject consciousness in colleges and universities, so as to prompt the patented technology in universities to be transferred.

Key Words: american universities; patented technology transfer; WARF; the third party mode; OTL

---

* 基金项目:江苏省教育科学规划重点课题“学术资本主义视域下的中国高校知识产权管理机制研究”(B-b/2015/01/026)。

** 刘雪凤,中国矿业大学公共管理学院副教授、硕士生导师,研究方向为知识产权与公共政策。王帆乐,英国利物浦大学管理学院,在读博士,研究方向为知识产权管理。闫莉,美国犹他大学教育学硕士,研究方向为高等教育管理研究。

2016 年 2 月，我国国务院发布“知识产权强国战略”，作为知识产权重要创新主体的高校，在此战略中具有举足轻重的重要地位。目前尽管我国高校在知识产权创造方面取得了进步，但是转化方面仍然有待进一步加强。知识产权涉及创造、运用、保护和管理诸多环节，有创造没运用，同样无益于社会和经济的发展。据 2015 年 5 月公布的《中国大学专利态势及影响统计分析研究》显示，2006—2013 年我国“985 高校”共提交专利申请 18.8 万件，转化率只有 5%。我国科研实力较强的“985 高校”尚且技术转化率如此之低，普通高校更是望尘莫及。中国科技统计年鉴(2012—2014 年)数据显示，2014 年、2013 年、2012 年中国高校专利所有权转让及许可收入分别为 54122.48 万元、43623.86 万元、43630.4 万元人民币。然而，美国高校在知识产权转化方面却成绩斐然。根据美国专利商标局和美国高校技术管理协会的年度报告，纵观美国高校近 10 年来的业绩，不难发现，其不但授权专利多，而且科技成果转化率及收益位居世界前列。2014 年、2013 年，美国专利许可总收入都排名第一的西北大学的收益分别为 3.6 亿美元、2.57 亿美元，排名第二的纽约大学的专利许可收益分别为 2.15 亿美元、2.14 亿美元。2012 年西北大学排名第二，其收益为 2.84 亿美元；2014 年、2013 年，西北大学排名第一，收益为 1.61 亿美元。① 不难发现，仅就近三年而言，这些专利许可收益排名前 2 的美国高校，远远超出中国整个国家高校之专利许可和转让收益，是后者的三到四倍之多。美国高校为什么能成功地将专利转化？其成功经验值得我国借鉴。研究美国成功经验，以促进我国科研成果转化、激励高校创新，最终推动经济和社会发展，是具有重要意义的课题。

一、美国高校专利技术管理发展史简介及特点分析

1.早期发展。美国高校专利申请和保护行为最早可以追溯到 1912 年，伯克利大学化学学院教授 Frederick Cottrell 建立了“研究公司”(Research Corporation)，旨在促进污染控制技术的商业化。他认为，如果技术没有专利保护，公司不会愿意投资，因此成立了作为独立的、非营利的“研究公司”来支持教授们申请专利。无独有偶，1925 年，威斯康星大学成立威斯康星校友研究基金会(Wisconsin Alumni Research Foundation，WARF)来管理学校的许可事宜，许可本校农业学院的一位教授 Henry Steenbock 在桂格燕麦方面的一项独占权。② 这项举措使之变成美国最早的知识产权管理与转移机构。并且此后，其他高校也陆陆续续允许“专利和许可的研究”。

2.关键转折点。其中一个著名的案例就是 1973 年斯坦福大学的 Stanley Cohen 和加利福尼亚大学的 Herbert Boyer，成功地把来自一个非洲爪蟾蜍的遗传物质转移到细菌上，并在《纽约时报》预测了这项技术的前景。但是，他们绝对无法预料自己的研究影响有多深远：在基因工程里具有突破性意义。他们也没有预料到，此研究促进了一个数十亿美元的行业——生物技术的诞生，而这个加强了学术界和商业界的联系。斯坦福专利管理人员 Niels

---

① 数据来源：美国高校技术管理者协会，笔者从其成员的负责人处获得。

② Jennifer Washburn，*University，Inc.：The corporate corruption of higher education* ，Basic Books，2006，pp.49-59.

Rermers注意到《纽约时报》的这个报道,找到两位发明人,说服他们让学校就此基因撕裂技术gene-splicing申请专利。这一决定在学术界激起了关于专利权的归属问题的激烈讨论。在此之前的30年里,许多由纳税人资助的科学家在这一突破性的技术领域奠定了智力基础。科学是一个累积的过程,这两个发明人怎么可以主张排他性的独占权?事件争论的结果就是促成了1980年《杜拜法案》(*Bayh-Dole Act*)的出台。

《杜拜法案》的宗旨在于:利用专利系统促进产自联合资助的研发的发明的使用,以及促进商业和非营利组织包括大学的合作。它是一个里程碑式的立法,它明确了大学技术转移途径以及知识产权的归属,允许大学自由保留由政府资助的R&D活动所产生的相关知识产权,同时要求他们必须申请专利并加快专利技术的商业化。《杜拜法案》其意义在于:赋予了创新者专利权的实际运用权力,这样有助于克服技术市场的不完善性,从而促进技术转移的顺利进行以及后期试验和产品开发阶段的技术合作。如此厘清了学术知识专利化发展过程中的障碍。在此之后,高校的市场化模式诞生了。这一法案的实施使大学、政府实验室、企业、政府在技术创新和技术转移领域的合作关系得到了极大的发展,大学所获得的专利数大幅度增长,在法案颁布前(20世纪70年代)每年才200多件,在1997年则达到了一年2300多件。①

3.高速发展时期。由于《杜拜法案》的出台,高校技术转化有了法律的倡导与支持,从此产业界的资金源源不断地注入了高校。哈佛大学等一批高校从企业赞助人那里获取资助;自从1982年开始,孟山都和圣路易斯的华盛顿大学建立了长期的合作关系。1998年,瑞士一家制药公司——诺华农业发现研究所(the Novartis Agricultural Discovery Institute),以5年内2500万美元的价格购买到加利福尼亚大学伯克利分校的植物和微生物生物学的研究的特权,这在当时是一笔巨额生意。其后在2007年伯克利分校又从英国石油公司获得了5亿美元的资助。麻省理工学院2004年收到7200万美元的公司资助。② 这些资助的到来,为高校提供了巨大的预算。

4.质疑与批评。学术资本主义的产生,主要基于如下背景:高校科学研究的资助总是远远不够。在丹尼尔看来,商业资本像是一个难以捉摸的天使。③ 企业资金大量入驻高校,但同样带来了问题与质疑。在高校获得资助极大地激励了技术创新的同时,这种学术资本主义的潮流受到了质疑。作为商业化的高校,遭受公众的各种批评:如知识公域的消失,使创新居于险地,唯利是图,把公共利益放在末位,等等。④ 正如哈弗大学前校长Derek Bok所说,追求技术转化以刺激技术创新,几乎在每一个著名的研究型大学都引起了焦虑,因为它

---

① 李名家、杨俊:《美国和日本高校知识产权战略研究》,载《武汉大学学报(哲学社会科学版)》2005年第6期。

② Daniel S. Greenberg, *Science for sale: the perils, rewards, and delusions of campus capitalism*, The University of Chicago Press, 2007, pp.45-48.

③ Daniel S. Greenberg, *Science for sale: the perils, rewards, and delusions of campus capitalism*, The University of Chicago Press, 2007, p.89.

④ Jennifer Washburn, *University, Inc.: The corporate corruption of higher education*, Basic Books, 2006, p.137.

混淆了大学核心的任务：是追求知识还是追求商业实用性以及财政收入？[①] 尽管对于学术资本主义进行了各种反思，市场化、商业化、产业化仍然无可阻挡地成为美国高校知识产权的发展主流。

美国高校专利技术转化发展过程的特点体现如下：第一，独立性增强。20 世纪 70 年代以前，大学进行专利申请被认为会影响到教学和研究的本职工作。因此，大学普遍利用外部力量管理本校专利。之后，在国家的大力倡导下，服务社会成为大学职责之一，经由技术转移办公室向企业提供专利和许可而增加产品数量和种类成为高校知识产权管理的重要途径。第二，目标协同。通过转化促进技术发展和服务社会、满足社会需要的早期高校目标是一致的，并没有因为资本的干预而偏离轨道。高校专利许可或者转让，能够促进高校和企业之间的技术合作，弥合两者之间的差距，使技术得以使用，最终促进社会的发展。如斯坦福大学和硅谷，哈佛大学、麻省理工学院与波士顿地区，就是高校与附近所在区域相辅相成的成功例证。第三，专利保护起步早，知识产权管理体系完备，包括组织机构、政策体系。至 2011 年为止，美国设立技术转移办公室的院校已有 350 个，[②]技术转移办公室先对发明进行评估和保护，然后通过向已具规模的公司实施许可、新建创业公司并实施许可这两种途径实施市场化。很多高校就知识产权管理有明确、细致的政策体系，例如，在发明人、发明人所在的院系以及学校之间收益的分配方面，就有详细的比例规定。

二、美国高校专利技术管理模式分析

目前而言，美国最成功的高校知识产权管理和技术转移模式，主要有威斯康星大学麦迪逊分校创设的基金会模式（WARF）、麻省理工学院创设的第三方模式以及斯坦福大学首创的 OTL 模式，这些模式为其他高校效仿。

（一）威斯康星校友基金会模式

威斯康星校友基金会（WARF）是美国最早设立的大学知识产权管理和转移机构，是高校技术转移办公室的开拓者和创新者。1925 年，为方便和服务威斯康星大学麦迪逊分校研究人员的专利管理和专利申请，Steenbock 博士联合几个校友成立威斯康星校友研究基金会。威斯康星校友基金会是独立的法人机构，通过与 UW 签订协议专门从事威斯康星大学麦迪逊分校专利管理和许可事宜。WARF 的使命和宗旨是：推动威斯康星大学麦迪逊分校研究成果向产业的转移，在实现科研成果的市场价值并造福社会的同时，通过技术许可为大学的科研活动提供经费支持，从而使大学的科研创新活动具有可持续性。

WARF 成效显著。2005 年 3 月 14 日，美国总统布什在白宫向 WARF 颁发了美国技术创新最高荣誉——美国国家技术奖章（The National Medal of Technology），以表彰其在高校技术转移方面的杰出贡献。其官方网站表明，成立 90 多年的 WARF 对大学和公众同样做出贡献，已经处理了约 6000 项发明，为这些创新获得 1900 项美国专利，并在全球签订了 1600 多个授权协议。WARF 技术转移效果显著，至今仍为明尼苏达大学、俄亥俄州立大学

① Derek Bok, Business and the academy, *Harvard Magazine*, Vol.83, 1981, pp.291-298.

② 孙舒眉：《美国大学知识产权管理模式》，载《中国发明与专利》2011 年第 7 期。

等高校采用，这些高校成立附属的“研究基金会”，管理本校的专利事务。

WARF显著的特点在于私人的、非营利性。这与其他高校技术转移办公室不同，后者作为高校的一部分而运转。这一特点使得WARF运转灵活，更具有弹性和独立性，从而能够更广泛地支持技术转移活动。1928年，其开始了它的第一笔捐赠——1200美元。据其官方网站统计，WARF代表大学，目前管理着数十年以来因技术许可和投资回报而积累的26亿美元的捐赠。这些捐赠用于教师补助、学生奖学金以及为了研究而需要的设备、设施和伙伴关系。

该模式的优点在于：第一，机构设置完整，专业人才丰富。其设有知识产权、技术产业化、合同管理、投资、法律、人力资源、程序设计、通讯、财会、设备、信息技术、专利和市场评估等部门。观察其官方网站统计的现有员工名录，除行政助理和常务理事各1名外，其拥有各领域经验丰富的专职人员69名，其中仅知识产权部门人员就有12名，占整个人员构成的近1/6，甚至是一些部门规模的3倍或4倍，由此可见该部门的重要性。第二，部门分工合理，合作流程清晰。其具体表现如下：知识产权管理部成员负责联系威斯康星麦迪逊分校的发明人，获取最新研发信息。信息部、技术和市场分析部、投资分析部、专利顾问部等部门人员组成的专门委员会就研发信息的可专利性、市场价值及许可价值等进行评估。经过发明审核后，合同部将与发明人签订专利协议，获得专利申请权。而后管理部负责聘请专利代理机构撰写申请文件和办理申请手续，并监督和管理申请过程。最后，信息部及技术许可部利用已开发的技术许可渠道，与潜在技术需求方取得联系，授予许可合同，并对许可合同进行跟踪管理和权利维护。[①] 第三，在权利和收益等方面多方利益共享。研究者可以把发明的所有权过渡给WARF，在这一点上更方便WARF联系公司考虑为技术进行更好的匹配。WARF的政策要求将发明总许可收入的20%返还给发明者(或发明人)，其余与威斯康星大学麦迪逊分校办公室和发明家所在部门共享。学校、发明人和WARF进行利益分配，从而有效地刺激了多方主体在技术研发、管理和转化方面的积极性。

WARF发展初始，高校涉足专利商业化的做法很容易引发非议。在发展的过程中，WARF存在如下缺点：首先，权限界定不明，容易产生纠纷。尽管收入比例分配有着明确的约定，但“如成果不佳或收入不多，学校或行政单位会认为研究基金会不尽全力；若收入丰富，则认为基金会自主性太大，获利过多，应该收回营业权”。[②] 其次，收入前景不明，影响发明者的积极性。专利技术转化的市场前景不明朗，致使其不愿意或者不容易与WARF配合。

(二)第三方模式

第三方模式也称研究公司模式。1912年，加州大学伯克利分校教授Frederick Cottrell成立美国首家专门管理高校专利事务的研究公司(简称RC)。1937年，麻省理工学院与RC签署第一个“创新管理协议”，由RC掌管本校专利申请和许可事宜，获取四成专利许可收益，其余收益由麻省理工学院接管，高校技术转移第三方模式出现。[③] 自此之后，第三方模

---

① 徐棣枫：《威斯康星之路与WARF奇迹：高校技术转移实现模式选择》，载《学海》2009年第3期。

② 华北电力大学高等教育研究所：《国内外大学技术转移比较》，载《高教动态》2014年第19期。

③ 罗涛：《斯坦福大学技术转移的成功经验》，载《经济管理文摘》2002年第6期。

式非常盛行，为很多高校接受，大部分大学在 1980 年之前都与研究公司签订了合作协议。

第三方模式的优点非常明显。第一，节省高校行政资源。高校设立的专利办公室结构简单，任务单一，只负责基础的专利收集，专利保护、申请和营销则交由 RC，高校不需投入过多的行政资源。第二，保持高度独立性。学校向研究公司披露可能产生专利的发明后，RC 提供包括技术与市场评估、申请专利以及寻求授权对象、授权协商、签订合约、收取权利金等在内的一整套服务，甚至要求转移技术的所有权以避免大学的行政干扰，其独立性可见一斑。第三，适应性强。美国有 3500 多所大学，如前所述，有独立技术转移办公室的仅有 350 所，剩下的 90%的大学(多为中小型)和研究机构，这些大学和机构因各种原因没有设立独立技术转移办公室，该模式的存在，可以满足这些主体技术转移的需求，从而有广阔的市场。

其缺点是因为技术转化完全依赖第三方，这导致高校容易失去自主权；规模所限，RC 无法同时应付众多大学的专利管理事务，与高校间的收入分配纠纷频发；[①]同时，有些研究人员对营利的管理公司信任不够，影响其研发的积极性。

(三)斯坦福大学 OTL 模式

斯坦福大学最初采用第三方模式，历经十多年经营，几乎没有取得任何成效。斯坦福大学“项目资助办公室”主任尼尔斯·赖默思(Niels Reimers)经分析认为，贴近发明源头并开展专业营销才是技术许可成功的关键，高校有必要亲自进行专利事务管理。1970 年 1 月 1 日，斯坦福大学正式成立技术许可办公室(Office of Technology Licensing 简称 OTL)，赖默思为首任主任，开始独立提供技术披露、技术评估、专利申请、成果营销、许可谈判及收益分配等专利服务的试点工作。试点当年就创收 5.5 万美元，取得了巨大成功。[②] 据其官方网站的统计数据，其目前已经评估过万项发明，实施 3500 多项专利许可，给学校和发明者超过 15 亿美元的回馈，因而被誉为该领域的“黄金标准”，20 世纪 90 年代以来，为各研究型大学纷纷效仿。

这种模式的优点在于：(1)知识产权机构完整。现有工作人员 46 名，自称是“从高校到产业技术转移领域最活跃的办公室”，包括办公室主任、许可专员、许可联络员、版权许可和营销人员、生物材料知识产权事务人员、合规管理员、专利代理人、ICO 工作人员、财务员、行政辅助人员、计算机及网络管理员。其中，由许可专员和许可联络员两两组成的工作团队是 OTL 成功运转的关键，管理着发明技术“从摇篮到坟墓”的整个流程。(2)知识产权管理重点分明，有主有次。OTL 的主要业务是发明专利许可和营销事务，但也涵盖了版权(包括软件)、生物材料的材料转化协议等业务。后者主要是以商业秘密、商标或者版权等方式进行管理。(3)专利许可流程规范。其工作流程如下：①为发明人提供成果披露表格，记录发明名称、发明资助、发明描述以及公开披露和出版物等信息。②分配。分配一个案卷号，并把披露表格分配到特定的运营公司以及一个特定的助理手里，这个助理专门协助发明管理。

---

① 林举琛：《中美高校的专利技术转移及产业化比较研究——以斯坦福、加州理工学院、北京大学为例》，载《科技创新与知识产权》2011 年第 16 期。

② 顾征、李文：《创业型大学知识产权管理经典模式——斯坦福 OTL 四十年经验启示》，载《高等工程教育研究》2011 年第 6 期。

③评估。助理和发明人见面进行现有技术的检索;评估发明的制造可行性、新颖性、可专利性、潜在的应用性及可能的市场等;探讨技术授权的策略,如独占性或者非独占性许可;考虑技术风险和市场风险,搜集、整理其与现有技术的关系、决定是否申请专利。④申请专利。助理不会把他收到的信息披露都申请专利,评估之后,才会与潜在被许可人达成初步许可意向后提出专利申请。这个时候可能会选择一名专门的专利律师或者代理人进行申请。⑤市场营销。其通过会议、宣讲、出版著作、寻找企业代言人、电子商务、营销工作外包等多种方式寻找可以许可的公司。⑥制定许可战略,进行谈判。许可协议因具体的技术、公司和市场而异。⑦监测进展。签署许可协议,要求被许可方定期完成财务或者发展报告。许可条款和进展报告都以商业信息对待。⑧版税分配。每个财政年度结束后(8 月 31 号),OTL 在扣除运作的费用后(15%),将收集的版税在发明人、发明人所在的系以及发明人所在的院和学校之间按照 1/3 的比例进行分配。[①]⑨修改许可协议。由于技术、公司和市场的变化,其需要重新评估授权。(4)知识产权创造、运用、保护和管理并重。OTL 的重点业务不仅是激励创新、促进转化,还注重知识产权诉讼策略,加强知识产权保护。例如,2003 年 Asymmetric Digital Subscriber Line(ADSL)技术的专利诉讼和反垄断诉讼一案,就使斯坦福大学和得到其专利独占性许可的德克萨斯仪器公司得到来自 Globespan Virata112 亿美元的侵权赔偿,[②]这也让 OTL 有了一种新的专利收益渠道。该模式的缺点在于:不具有普适性。技术转移工作办公室的工作队伍庞大,经营业务需要巨大的财政支出,专利申请与管理成本高,预算常常不足,“除了最成功的技术转移办公室以外,其他的技术转移办公室都是在亏本的状态下运营的”,[③]因此不适合发明专利数量少的学校。

三、美国高校专利技术转化经验

德国明斯特大学学者 Davey、Rossano 和 Sijde 认为,高校更贴近学术研究环境。同时,高校被嵌入一个包含其他行动者,尤其是政府和企业的环境当中。每个行动者的特性和他们之间互动的性质都被认为是大学投身创业尝试成功与否的决定性因素。[④] 美国高校专利技术转移模式多样化、高效化,是政府、企业和高校三方联动、共同协作的结果:政府提供法律保障,从权利归属和资金保障等角度激励高校与企业进行技术创新和技术研发;企业向高校提供研发需求和研发资助,同时推动国家研发结构调整;高校通过技术创新吸引企业,并通过技术转移实践完善政策制定和执行。政府、企业和高校互动,共同促进了技术创新和转化。

(一)政府层面

纵观美国高校技术转移的过程,政府的政策在确认权利和收益的归属、规范权利的运作

---

① 翁君奕:《美日中高校技术转移激励政策比较》,载《高等教育研究》2000 年第 4 期。

② 薛汉卿、余昶:《斯坦福大学技术许可战略对我国高校的启示》,载《当代经济》2009 年第 2 期。

③ John P. Walsh、洪伟:《美国大学技术转移体系概述》,载《科学学研究》2011 年第 5 期。

④ Davey T, Rossano S& Sijde P V D, Does context matter in academic entrepreneurship? The role of barriers and drivers in the regional and national context, *Journal of Technology Transfer*, 2016, pp.1-26.

和提供配套措施等方面起着重大的推动作用。20世纪80年代以前，联邦政府资助的发明归属于政府，政府有权向任何企业颁发专利非独占许可，企业需要承担一切技术转移风险，同时无法阻止其他企业"搭便车"。企业技术转移积极性受损，直接导致1978年美国政府持有的2800项专利中，授权专利不足4%。[①] 1980年，美国联邦政府开始出台一系列法案促进技术发展和技术转化。为此美国国会还通过立法建立专业机构，如国家技术信息中心(NTIS)、国家技术转移中心(NTTC)和联邦实验室技术转让联合体(FLC)等。其中NTIS的主要任务是整合国家相关研究计划、各类实验室以及大学的专利、技术发明、可转移技术，建立数据库，为中介机构提供信息查询服务，[②]以此来满足企业日益增长的技术咨询、技术交流和技术转移的需求。笔者对美国相关法案进行梳理，结果如表1所示。

表1 20世纪80年代以来美国主要的技术转化法案

作用对象	法案出台时间及名称	法案要点
政府	1980年《技术创新法》	要求政府部门推动技术转移作为其重要职责
	1989年《国家竞争性技术转移法》	允许政府所有/委托运营实验室参与合作研究与开发协议
	1995年《国家技术转让与进步法》 1997年《联邦技术转让商业化法》 2000年《技术转让商业化法》	《联邦技术法案》修订版，加强了联邦政府及研究机构的技术转让责任，加速联邦资助技术成果转移
企业	1982年《小企业创新发展法》	出台《小企业创新研究项目计划》(SBIR)，规定联邦政府及其实验室按照竞争方式资助小企业，鼓励中小企业参与联邦实验室研发
	1984年《国家合作研究法》	改变反托拉斯法对企业间合作的限制，允许企业间合作
	1988年《贸易与竞争法案汇编》	推动企业为提高竞争力开发高风险先进技术
	1991年《国防授权法》	要求联邦实验室为小企业提供技术转移中介服务和建立、实施国防制造技术计划
	1992年《小企业技术转移法》	出台《小企业技术转移计划》(STTR)，要求五大主管部门资助小企业与大学、联邦资助研发中心或非盈利研究机构合作研发

① Vicki Loise, Ashley J.Stevens. The Bayh-Dole Act Turns 30, http://www.autm.net，下载日期：2016年4月20日。

② 傅正华、林耕：《美国的技术转移》，载《科学时报》2006年11月14日。

续表

作用对象	法案出台时间及名称	法案要点
大学	1862年《莫利尔法案》	为从事农学、工程学和军事科学等应用学科研究的大学提供联邦土地和资金资助
	1887年《哈奇法案》	对赠地大学的农学实验室提供资助
	1965年《高等教育法》	政府应对学生资助、学生支持服务、K-12教师培训等事务予以资金支持
	2007年《美国竞争再授权法案》	在接下来三年里为科学、工程、技术、基础教育等领域增加额外投资
大学和企业	1980年《杜拜法案》	允许各大学、非营利机构和小企业对联邦政府资助的科研成果申请专利,并实施技术转让
	1986年《联邦技术转移法》	授权联邦机构与公司、大学合作,与非营利机构达成合作研发的开发协议
	2011年《美国发明法案》	将"先发明制"改为"先申请制"

从表1可知,政府技术转移的立法要点在于:第一,明确联邦政府和其他政府部门的技术转移职责,加强部门间的协作;第二,放松政府资助科研成果的知识产权管制,为高校重点研究领域提供土地资助和教育投入,鼓励校企合作;第三,通过拓宽融资渠道、提供政府资助、放宽垄断限制等途径,解决小企业不同发展阶段面临的难题,引导小企业间合作、竞争与创新。

(二)企业层面

在高校技术转化中,企业的积极作用体现为:第一,企业向高校提供的研发资助规模迅速提高。美国企业逐渐提高的科学知识应用能力是驱动研究型大学大量产生的最基础因素,1990—2000年,企业的研发资助由11.27亿美元增加到21.56亿美元,年增速为6.7%。2005年,企业的研发资助跃至31.97亿美元。2014年,其更是达到36.33亿美元。[①] 得益于企业资助,高校向企业进行的技术成果转移种类迅速增加,质量稳步提高,极大增强了企业的市场竞争力和产品创新力。美国硅谷、波士顿128公路及葛兰素、通用电气、默克制药公司、惠氏等国际知名企业的发展都离不开高校技术转移的协助。

第二,推进国家研发结构调整。范保群、张晶认为国家R&D经费结构的演进趋势是:政府主导型—政府企业双主型—企业主导型。[②] 政府R&D经费比例及其对企业的研发资助额将随企业研发投入增加而降低,同时,政府会增加基础研究投入,推动研发结构演变。目前,美国企业已成为R&D经费主要的投入主体和执行主体,政府研发经费比例及政府基

① National Science and Engineering Indicators, http://www.nsf.gov/statistics/herd/,下载日期:2016年5月22日。

② 范保群、张晶:《R&D经费来源结构转变的国际比较与我国转变模式选择》,载《研究与发展管理》1999年第2期。

础研究投入比例已趋向稳定，如表 2 所示。这代表美国已进入企业主导型阶段。

表 2　2008—2013 年美国企业和政府研发投入情况

年份	企业研发投入/总研发投入(%)	政府研发投入/总研发投入(%)	政府基础研究投入/总基础研究投入(%)
2008	71	11	53
2009	70	12	52
2010	68	12	52
2011	69	12	53
2012	69	12	51
2013	71	11	47

资料来源：美国科学基金会、科学和工程指数。

(三)高校层面

19 世纪 30 年代，斯坦福大学已开始集群创业，管理本校知识产权及企业知识产权。二战后，其他高校纷纷仿效斯坦福大学的管理模式，建立技术转移办公室，将科学和工程学科、高校和企业主体联合起来，共同完成研究项目。技术转移办公室联合企业集群发展，推动了新型技术市场的产生。2015 年 2 月，针对美国国会提出旨在减少专利诉讼滥用的专利法修订措施很可能提高了专利持有者专利保护的风险，延缓大学技术转移的进展，亚利桑那州立大学、耶鲁大学等 145 所高校联名向众议院和参议院上书，建议进行严谨的政策论证。① 美国高校以其实践表明了政策需求，再次显示出其在推动技术转移政策制定方面的实力。

高校的创业角色逐渐为人们了解，其途径如下：第一，通过教育。美国知识产权人才培养模式基于知识产权启蒙教育及知识产权高等教育两种途径。在美国，中小学生都可参加知识产权基础课程，参加高校知识产权高等教育的人员则需拥有本科以上学历和不同的专业背景；高校知识产权课程设置主次分明，内容丰富；为避免学生的知识产权理论与实践脱节，美国高校或聘用知识产权法律工作经验丰富人员兼职教师，或推出相关计划，为学生提供实践机会，如斯坦福大学商学院聘请英特公司前任首席执行官安德鲁·斯·格如佛担任兼职讲师。美国伦斯勒里工学院和普渡大学成立创新计划，为学生提供与其他院系教师合作、参与调查和其他商业活动的机会等。第二，通过宣传和长年积累的实践。如犹他大学的 Bench to Beside 平台，为大学的实验室和医院搭建了一个沟通的桥梁，该学校每年 4—5 月份会在州政府大厦举办一些竞选活动，让学生就自己的发明进行演说，并投票选举出获奖者。这同样吸引了很多实业界人士的投资目光。第三，通过协会等形式，有组织地、定期地实现信息交流。成立于 1974 年的 AUTM(the Association of University Technology Managers)，其目的在于加强高校技术转化的信息交流，每年出台一个年度报告。其官方网站显示，其成员从 1980 年的 100 个增加到现在的 3500 多个。其中，45%是高校，13%是律师(多数是企业的专利律师，同时是高校的顾问)，11%来自实业界，6%是顾问，其余的分布在基金

① Final patent letters, http://www.aplu.org/，下载日期：2016 年 3 月 19 日。

会、医院、风投公司以及其他组织。AUTM在高校技术转移中起到了重要的推波助澜的作用。

四、美国高校专利技术转移对我国的启示

近年来,我国高校技术转移取得了一定进展,技术市场交易额和科技进步贡献率都有所提高。然而,相较于美国完善的政府—企业—高校关系链,我国高校技术转移体系存在诸多问题。借鉴美国经验完善技术转移体系,笔者建议:发挥政府引导和规制功能;通过产学研合作,推动企业转型升级;增强转化意识,拓展高校专利技术转化渠道,最终促进高校专利技术转化。

这就成为我国提高技术转移实力的当务之急。

(一)完善促进技术转移政策体系,健全政府引导、规制功能

我国目前在政府引导方面主要存在两个方面的问题:第一,政策体系有待于完善,不断更新。为促进科技成果向现实生产力转化,尽管目前我国已经出台了一系列政策,如《技术合同法》《科学技术进步法》《专利法第四次修改草案》《高新技术企业认定管理办法》《促进科技成果转化法》,以及2015年4月国务院法制办公布的《职务发明条例草案(送审稿)》,但是,这个政策体系存在政策规定不科学、不配套以及滞后于现实需求的问题。如,2007年修订的《科学技术进步法》确立了产学研结合创新的大方向,并就企业科技进步和科研机构进行了详细的规定,但对于产学研结合创新体系中的另外两个重要主体——高等学校和科技中介机构缺乏规定,这说明了我国对高校主体和科技中介机构在创新体系重要功能和地位的忽视。《促进科技成果转化法》尽管确立了权益模式和保障措施,但是技术转化模式有待进一步明确,操作性有待进一步增强。《专利法》对产学研合作创新的针对性不强,制度运用规则不明朗。① 法律制定中诸如此类问题的存在,阻碍了促进产学研合作、推动高校技术创新与转化。

第二,政策之间不配套。所谓的政策配套包括两个层面:1)分属不同领域但是相互关联的政策体系,如人才政策、教育政策、科学政策、财政税收政策等。技术转移要有配套的政策措施。技术转移活动,需要一个系统、配套的政策环境,人才政策、税收政策、财政政策等都必须协同跟进,才能切实促进技术转移的实现。而目前政策体系中存在的问题就是,政策之间没有形成一个有机整体,部门之间、政策之间缺乏配合。例如,在税收减免方面,对于促进技术转移的群体并没有具体的规定以及操作标准。2)不同层级的政策体系,如中央政策和地方政策体系。以2015年《职务发明条例草案(送审稿)》为例,该草案拟用立法和修改法律的形式明确规定知识产权权属,通过职务发明制度等方式进一步明确知识产权报酬以及权利运用行使问题。然而,任何一项政策的制定、修改和颁布,与达到政策宗旨之间都有相当远的距离。法律的实施有赖于现实中执法的有效程度,比如,其他相关部门和地方政府配套的促进科技成果转化的相关制度。我们可以预测,即使近几年内《职务发明草案》能出台,但地区配套的政策肯定有一定的时滞性,因此影响整个促进技术转化的政策体系的引导、规

① 胡冬雪、陈强:《促进我国产学研合作的法律对策研究》,载《中国软科学》2013年第2期。

制、控制等功能的正常发挥。

健全政府引导功能应从如下几个方面改进。第一，与时俱进，增强政策制定的科学性。如表1所示，自1980年以来，美国技术转移政策不仅体系完整，而且政策修订已成常态，我国存在缺陷的《促进科技成果转化法》《专利法》《科学技术进步法》也得紧跟现实的步伐，不断更新，以适应现实的法律需求，弥补政策不足。并且，为克服中央法律规定过于宏观、缺乏操作细则的缺陷，地方政策与中央政策保持一致，将政策分解、细化以利于实际执法，并适时更新，协同配套发展。第二，提供配套政策，促进高校专利技术转化。建议措施如下：人才政策方面，如各省市政府可以制定相关人才培养和引进计划，以解决技术转移人员缺乏的瓶颈问题；财政税收方面的优惠和减免，包括：对经认定的技术开发、技术转让、技术咨询、技术服务合同，对相关机构给予财政税收优惠政策；“借鉴韩国做法来调整个人所得税，高校科研机构和企业如果将技术转让给中国企业，那么技术转移的个人所得部分全额免征个人收入调节税；如果转让给在中国的外国企业，则减半征收个人所得税”[①]；对于提供促进技术转移与推广、技术咨询和体测、知识产权服务（如专利申请代理等）等服务的知识产权中介服务机构，实施税收减免的优惠政策；《促进科技成果转化法》规定“可以对在科技成果的研究开发、实施转化中做出重要贡献的有关人员给予报酬或者奖励”，建议对这些奖励实施税收减免或者不征收个人所得税。

（二）通过产学研合作，推动企业转型升级

根据我国国家统计局公布的数据，2005—2014年，尽管开展产学研合作的企业数量呈现上升趋势，但是高校技术仍然转化率低下。胡冬雪等人通过文献分析和实证研究结果得出结论，关于影响产学研合作开展的突出障碍，主要包括合作双方是否有较好的技术研发互补条件、缺乏政府引导和支持、缺乏良好的中介机构的介绍和服务、产学研合作的运行机制和组织模式、合作的动力机制、合作的风险和利益分配机制、合作各方的内外部管理和协调问题等。[②] 综合已有研究，不难判断，目前我国高校向企业进行技术转化的障碍主要体现在：知识产权保护和利益分配问题，不重视利用高校资源，缺乏适当的信息交流平台，以及科研成果的商业化前景无法判断等方面。

企业发展模式转型不仅依赖自身实力，也依赖外部支持。其改革途径如下：首先，重视高校资源，加强与高校间的合作。南加利福尼亚摩尔商学院学者 Annique 和 Alvaro 于1998—2002年间研究了781个美国制造企业的发展态势。其结论是，与和供应商、竞争者及消费者合作研发相比，企业和大学进行研发合作更可能在产品创新、市场开发和市场成功方面产生影响。[③] 产学间战略资源互补是建立与增强企业竞争优势的重要途径。合作方式可以是企业直接购买高校已有的专利技术，或者企业通过资助的方式，委托高校进行技术或产品的研发。其次，探索多元化技术转化信息平台。充分和频繁的信息互动，是沟通高校与

---

① 林耕：《关于〈促进科技成果转化法〉修订的建议》，http://blog.sciencenet.cn/blog-473911-878397.html，下载日期：2016年5月24日。

② 胡冬雪、陈强：《促进我国产学研合作的法律对策研究》，载《中国软科学》2013年第2期。

③ Un C A，Cuervo-Cazurra A&Asakawa K，R&D Collaborations and Product Innovation，*Journal of Product Innovation Management*，2010，pp.673-689.

企业关系的最好桥梁。建议构建行业性的技术信息交流平台,例如,技术数据库或者高校专利技术年度展会,或者建立高校专利技术超市。最后,加强知识产权保护,明确发明人、企业等各方权益的分配和归属。尽管法律有了一个大致明确的收益分配比例,但是,由于技术存在的市场风险,在技术转化合同中,应该本着公平、合理、客观、科学的原则,实施“利益共享,风险共担”的合作机制,在权利人和企业之间进行利益分配,以促进企业和高校的相互协作。

(三)增强转化意识,拓展高校专利技术转化渠道

高校技术转移的短板主要表现如下:第一,知识产权转化意识不强。这主要体现在:多数高校缺乏专门的知识产权管理机构,这导致学校对专利技术无法进行有效的管理,并促进其产业化;知识产权权利人缺乏技术转化的意识,这使得许多有市场价值的专利技术被束之高阁,无法变成现实的生产技术;缺乏对政策需求的诉求意识。在政策不科学、不完善的背景下,技术转化缺乏有效的制度保障,我国高校并没有像国外高校那样,积极与政府沟通,反映自身的利益需求。第二,科研成果脱离市场。我国高校科研项目经费的重要渠道就是来自国家及地方政府设立的纵向项目。而政府部门在经费分配、费用开销、项目运作等方面控制力较强,缺乏对研究项目目标及其价值转化的关注。① 因此,高校科研人员的科学研究成果多数体现为发表学术论文或者申请专利,而忽视探索其实用价值,更不用说建立技术转移平台促进科技成果转化。

促进高校专利技术转化的途径有:第一,增强技术转化意识。政府通过国家法律及相关政策,明确知识产权的权属和收益,并且通过产业化政策以及财政税收方面的优惠和减免政策,以此来增强技术权人的转化意识,促进技术的产业化和市场化,放松管制;通过市场调节、市场导向的原则来增强转化意识,即高校的研发技术以市场需求为导向,考核评介指标也以市场化为导向。高校科研项目不仅以论文和专利为验收指标,还要以商业化、产业化为指标。将技术转化的绩效与项目验收挂钩,增强高校促进技术转化的意识;高校应该增加政策主体意识,反映自身的利益诉求,寻求政策的修改和调整,增强话语权,以促进技术转化,实现技术的市场化,从而获得经济报酬和收益。第二,设立知识产权专门管理机构,负责本校的知识产权信息收集和管理,包括申请专利、技术营销以及收益管理和分配等工作。第三,寻找知识产权中介服务机构,实施业务外包。如果条件不成熟,高校可以采取第三方模式,把知识产权业务委托给社会中介机构,让其进行技术包装、专利申请和营销等活动。这种模式既节省了行政资源,也可以保证知识产权管理的专业性。

---

① 温兴琦、David Brown、黄起海:《概念证明中心:美国研究型大学科技成果转化模式及启示》,载《武汉科技大学学报(社会科学版)》2015 年第 5 期。

CPC 专利分类体系及其与 IPC 的比较研究*

邱洪华　陆潘冰**

摘　要：通过对联合专利分类体系（CPC）与国际专利分类体系（IPC）的对比分析来介绍联合专利分类体系的构成，突出联合专利分类体系检索精确、兼容性强和修订及时等优势，与此同时，简要分析了联合专利分类体系对我国专利信息检索和应用的影响。

关键词：专利分类；联合专利分类体系；国际专利分类体系；比较研究

A Comparative Study on the Two Patent Classification Systems of CPC and IPC

Qiu Honghua　Lu Panbing

Abstract: the constitution of cooperative patent classification(CPC)is introduced and the advantages of CPC, such as precision retrieval, strong compatibility and timely revision were summarized comparing to IPC. Moreover, the effects of CPC on the patent information retrieval and applications in China were investigated lastly.

Key Words: patent classification; cooperation patent classification; international patent classification; comparative study

一、专利分类体系的发展演变

专利分类是将专利文献按照不同的技术主题分别归入不同的分类位置，给出特定的分类号。我们通过专利分类，能够分析相关技术领域的现状，找出关键技术，发现技术发展的变化规律，更加精确地判断申请趋势和新兴技术的动向，进而为竞争策略的制定以及国家的宏观调控提供有力的支持。

国际专利分类（IPC）是目前唯一国际通用的专利分类体系。1967 年，保护知识产权联合国际事务局将《发明的国际（欧洲）分类表》作为国际专利分类法的基础，建立了世界通用的国际专利分类，并于 1968 年 9 月 1 日出版生效。此外，一些主要国家的专利分类方法依

* 基金项目：国家社科基金“基于专利视角的面向企业技术创新风险管理的竞争情报预警研究”（项目编号：15BTQ047；主持人：邱洪华）。

** 邱洪华，西北大学知识产权学院副教授，硕士生导师，全国专利信息师资人才，研究方向为企业技术创新与专利战略；陆潘冰，华进律师事务所律师，硕士研究生，研究方向为专利制度与专利信息分析。

旧发挥着作用,例如:欧洲专利分类(ECLA)、美国专利分类(USPC)以及日本专利分类(FI/F-term),等等。由于各国专利分类法的差异,任何国家在利用其他国家的专利文献时都因分类思想和分类方法的不同带来了专利分类与检索的不便。即使是国际通用的IPC分类法,同一专利、相近的技术主体在不同的国家的IPC体系下仍然存在一定的差异,这在很大程度上影响了专利检索的效率与效果。

为了在世界范围内建立一个相对统一并能包括现有专利分类体系主要优点的专利分类体系,欧洲专利局(EPO)和美国专利商标局(USPTO)于2013年1月1日宣布,正式启用全新的联合专利分类(Cooperative Patent Classification,简称CPC),用于专利文件的全球分类系统。为此,EPO于2013年1月起停止使用ECLA,而美国在2015年之后也将全面使用CPC对专利文献进行分类标引,而在2013年至2015年期间,USPTO将同时使用CPC和USPC对专利文献进行分类和检索。USPTO和EPO将共同推进CPC的完善,赋予CPC美国专利数据、欧洲专利数据以及PCT最低文献量,同时CPC将会被全球超过45个专利局使用。这意味着CPC正在逐渐成为全球主流专利分类体系。

联合专利分类体系在及时性、灵活性以及兼容性方面具有很大的优势,[①]尤其是在检索精确性、兼容性和修订及时性等方面,并通过与FI分类的相互借鉴,可以形成一个兼具两大分类体系优势的新的分类体系。[②] 它不仅在分类查询和文献检索中具有广泛、有效的应用,[③]而且较容易实现扩展式检索、排除式检索和联合检索,[④]从而为IP5(五大专利局:EPO, SIPO, USPTO, JPO, KPO)建立混合分类体系奠定良好的基础。[⑤]

目前关于CPC的研究或者基于CPC分类体系的研究并不是很多。所检索到的文献内容主要是针对CPC体系的发展历程或者分类方法的介绍,而关于CPC在实际应用中的研究分析有待完善。本文将通过对IPC与CPC的比较分析来系统介绍CPC的专利分类特点,并结合实际案例,探讨CPC在我国的应用实践。

二、CPC专利分类体系及其与IPC的比较

(一)CPC专利分类体系的编排方式

CPC的整体结构是以ECLA分类系统的架构为基础,保留了ECLA的层级特性。但相对于ECLA,CPC分类表增加了受控关键词、ICO引得码以及部分USPC分类号;与此同时,CPC专利分类体系大体上沿用了IPC的分类规则,所以能够很好地与IPC实现兼容。

---

① 朱新超、霍翠婷、刘会景:《合作专利分类系统(CPC)与传统专利分类系统的比较分析》,载《数字图书馆论坛》2013年第9期。

② Gange, David, The New Cooperative Patent Classification System: Improving Patent Searching, *Online Searcher*, Vol.1, 2013, pp.27-30.

③ 刘建:《美国为什么选用专利分类新体系?》,http://www.cnpat.com.cn/show/news/NewsInfo.aspx?NewsId=4429&Type=G,下载日期:2014年7月10日。

④ 廖佳佳、高菲、吕良:《联合专利分类体系研究》,载《现代情报》2014年第1期。

⑤ 张晓东、王涛、张华山:《CPC分类体系在合金领域专利检索中的研究》,载《吉林工程技术师范学院学报》2014年第8期。

CPC 分类表包括了 IPC 组，同时 CPC 保留了 IPC 在“/”之后的部分，在保持对应的 IPC 符号的最后一个数字的同时对其进行细分。IPC 转换为 CPC 采用的是直接映射，如图 1 所示。

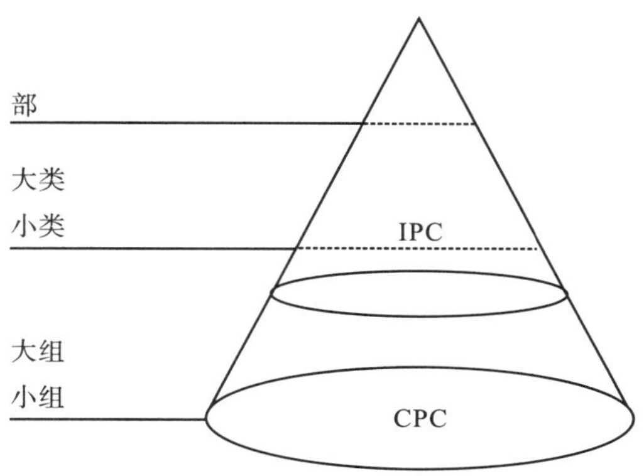

图 1　IPC 与 CPC 的层级对比

在 ECLA 分类号转换为 CPC 分类号的过程中，CPC 分类体系以数字组合替代了 ECLA 分类号中“/”之后的字母数字组合，同时在 CPC 中还包含了 ECLA 组，如表 1 所示。

表 1　ECLA 与 CPC 的映射

ECLA		CPC
H01L21/027 H01L21/027B	→	H01L21/027 H01L21/02709

CPC 中还包含了镜像 ICO(mirrored ICO)、细分 ICO(Futher breakdown ICO)以及不相关的 ICO(orthogonal ICO)。CPC 的编码规则将镜像 ICO 和细分 ICO 的部符号转换为与之对应的 ECLA 部符号，再将中间状态映射为 CPC 编码，如表 2 所示 ICO：T01L21/285B 被转换为 H01L21/285B，再将中间状态映射为 CPC：H01L21/28504。

表 2　mirrored(& breakdown) ICO 与 CPC 的映射

ICO				CPC
T01L21/285 T01L21/285B	→	H01L21/285 H01L21/285B	→	H01L21/285 H01L21/28504

然而，对于不相关 ICO 的编码映射，它首先将 ICO 的大组号码＋2000 转换为 CPC2000 序列，然后将“/”之后的字母数字部分修改为数字组合，再将所得的编码按照 ICO/ECLA 的映射规则对部符号进行修改。如表 3 首先将 orthogonal ICO 码 T01L925/065S 转换为

T01L2925/065S,随后又转换为H01L2925/06504。此外,CPC分类体系将关键词转换为CPC 2000序列,所以CPC中还包含了关键信息。

表3 orthogonal ICO与CPC的映射

ICO				CPC
T01L925/065 T01L925/065S	➡	T01L2925/065 T01L2925/065S	➡	H01L2925/065 H01L2925/06504

总而言之,CPC分类体系以ECLA分类系统为基础,同时融合了USPC的实践经验,并在格式上很好地与IPC保持一致,将ECLA分类号以及ICO根据规则算法一致转化成了CPC分类号,且其为日本专利分类(FI)预留了空间。

(二)CPC与IPC两种专利分类体系的比较

IPC是世界知识产权组织(WIPO)管理的分类体系,是许多国家普遍采用的专利分类法,也是其他分类体系细分的基础。IPC采用等级制度,一个完整的分类号按照部、大类、小类、大组、小组逐级分类,形成完整的分类体系。IPC的分类原则采用应用和功能相结合,以功能为主。国际专利分类表的使用指南规定,适用于两个以上技术领域的发明,应该优先分在功能分类的位置。① 我国从1985年实施专利法以来,一直采用IPC对发明专利和实用新型专利的技术主题进行分类,并按IPC系统建立、制备、管理审查用的检索文档。1997年6月19日,中国正式成为《国际专利分类斯特拉斯堡协定》的成员国。本文将从基本结构、更新与修订、分类号的编排方式三个方面,对CPC和IPC进行比较。

1.CPC与IPC的基本结构比较

在CPC的编码过程中保留了ECLA的层次结构,而ECLA主要是在IPC分类系统的基础上新增内部小组,在主体结构上与IPC基本相同,所以CPC与IPC在结构上也有着较大的相似性。CPC与IPC的等级编排设置基本相同,两者的分类表都是由8个部(A-H)组成,并且各个等级结构的设置也相同,由高到低分别是:部、大类、小类、大组和小组;CPC的类名、类号、参见、附注等术语与IPC也基本相同。

然而,在技术主题分类方面,CPC新增了Y部用于对超微技术等本身具有跨学科特性,涉及了电子、化学、生物、材料科学等众多技术领域的技术的专利文献进行分类和标引。而在国际专利分类中有关超微技术的分类分散在分类表中的不同部分,如A61B、B82B、C01B、C12M、G01N、H01L51/20、H01J9等,这样就容易造成分类和检索的困难;此外,涉及超微技术的IPC分类定义过于简单而不能有效满足分类的要求。CPC分类体系中的A-H部和Y部所涉及的技术主题如表4所示。

① 左晶:《IPC和USC分类体系下专利检索的对比分析》,载《现代情报》2007年第1期。

表 4　CPC 各部对应的技术主题

分类号	类名
A 部	人类生活必需
B 部	作业;运输
C 部	化学;冶金
D 部	纺织;造纸
E 部	固定建筑物
F 部	机械工程;照明;加热;武器;爆破
G 部	物理
H 部	电学
Y 部	新发展技术;跨领域技术;USPC 交叉索引和摘要

CPC 是在 IPC 的基础上,实现对专利文献的细分,在 CPC 中包括了 IPC 组,同时 CPC 保留了 IPC 在"/"之后的部分,并在原有 IPC 分类号的基础上对其进行细分,"/"后面的部分为采用 6 位以内的十进制序列。此外,IPC 小组分类号不包含任何有关等级的信息,而 CPC 小组还可以进一步细分为 1 点组、2 点组,等等。在分类表中,它们通过分类号和类名之间的点数来表示小组的层级,点数越大,层级越低,如表 5 所示。

表 5　IPC 与 CPC 的小组细分比较

IPC		CPC	
1/00	IPC 大组	1/00	IPC 大组
		1/0004	. 内部第一级小组
		1/0008	.. 内部第二级小组
1/02	.IPC 第一级小组	1/02	. IPC 第一级小组
		1/0204	.. 内部第二级小组

IPC 与 CPC 分类体系主要是对专利文献中对现有技术有贡献的技术信息进行分类,并且两者对"发明信息"和"附加信息"的定义基本相同。其中,发明信息是在专利文献全部公开文本中对现有技术做出贡献的技术信息,而附加信息本身不代表对现有技术的贡献,但对检索者而言却有可能构成有用的信息。

在 IPC 中对于附加信息的分类号使用规则与发明信息一样。CPC 分类体系 A-H 部的主体部分的分类号可同时作为发明信息或附加信息,其包含了 647 个小类以及约 16 万个分类号;而 A-H 部中的引得码和 Y 部中的分类号则只能用作附加信息,其中引得码约 8.2 万个,Y 部分类号约有 7300 个。CPC 中引得码的大组采用以"2"开始的 4 位十进制来表示,与主体部分的命名规则有所不同,因此称为"2000"系列。

2.CPC与IPC的修订工作的比较

专利分类体系作为专利文献分类管理和检索的工具,随着科学技术的发展,新技术不断涌现,就会出现条目重叠、差错、不协调、不一致等问题,为了使专利分类系统适应技术发展的需要,每种专利分类体系都会设立相应的修订制度。

为保持分类系统的相对稳定,IPC体系基本版的修订为3年一次;并且为了更好地利用信息技术、提高工作效率,相关人员将在网络上进行对IPC体系高级版的修订,修订周期最多3个月。同时在新版本生效前3个月就会出版该分类表,目的是给各专利局提供充足的时间来适应新版的高级分类。[①] 从2013年1月1日起,EPO和USPTO对CPC进行共同管理,每月都将对CPC系统进行修订与更新,更新的内容包括分类号/定义内容的变更、交叉引用表、修订索引表、CPC-IPC对照表等,更加充分地确保了分类的及时性和灵活性。

3.CPC与IPC的编码方式的对比

CPC是以欧洲专利分类号ECLA作为整个分类体系的基础,继承了ECLA的层级结构,不同的是CPC采用了IPC的数字编码。在ECLA、ICO以及USPC转化为CPC的过程中都需要按照一定的规则"IPC化"。与IPC不同的ECLA分类号转化为CPC时,需要将ECLA分类号中"/"后面的字母用数字替代。

CPC与IPC一样采用等级制度,一个完整的分类号按照部(Section)、大类(Class)、小类(Subclass)、大组(Maingroup)、小组(Subgroup)逐级分类,形成完整的分类体系,如图2所示。

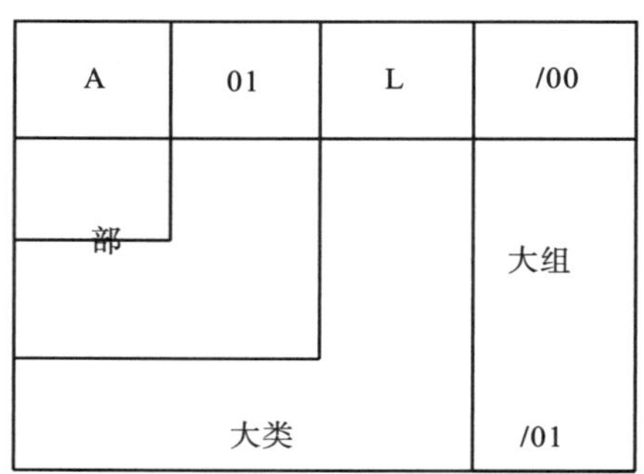

图2　IPC分类号结构

CPC保留了IPC在"/"之后的部分,在保留IPC分类号的最后一个数字的基础上对该分类号进行细分,所以在IPC中小组"/"之后最多是两位不为"00"的数,而在CPC小组中"/"的数字位数可达三位或者四位。因此,在CPC中包含IPC分类号,IPC转换为CPC采用的是直接映射。

① 黄迎燕:《第8版国际专利分类表的特点》,载《中国发明与专利》2007年第5期。

表 6　CPC 与 IPC 的比较

项目	IPC	CPC
起始年代	1968 年 9 月	2013 年 1 月
小组数	7 万个	26 万个
修订周期	随时(第八版高级版) 3 年(第八版基础班)	随时修订
应用范围	目前在 100 多个国家使用 IPC 分类法	USPTO 和 EPO
文献覆盖	几乎世界上所有已经公开的专利文献	欧洲专利文献和美国专利文献

综上所述，CPC 具有检索精确、兼容性强和修订及时等优势，可以促进工作共享，适应技术发展趋势，可随时引入新技术细分条目。通过 CPC 分类体系，全球的专利审查员和用户可以通过访问同一个文档库进行专利文献检索；与传统的专利分类体系相比，CPC 具有更加详尽的细分，并且融入了新能源、环保等新兴技术分类，同时还保留了 USPC 中商业方法的分类实践。

三、CPC 体系对专利信息的检索与应用的影响

CPC 专利分类相比于传统专利分类，在技术主题的细分程度上有了很大的改进，目前已有 26 万个小组。分类号的进一步细分有助于提高检索的精确性和检索效率。同时，CPC 分类体系针对新兴技术专门设立了 Y 部，解决了相关技术在 IPC 中分类过于分散、检索困难的不足。本文将以云计算和碳捕捉技术为例，阐述 CPC 专利分类在技术细分和新兴技术中的优势及其实现。

(一)CPC 分类体系在专利检索中的应用：以云计算为例

云计算(Cloud Computing)是一种基于互联网的计算方式，它可以将计算机软件和硬件资源以及有关信息实现共享，从而按需提供给计算机和其他设备用户。专利是云计算领域技术创新成果法律保护的重要手段。在 IPC 分类中，云计算相关的专利申请集中分布在数据信息的传输(H04L)、电数字数据处理(G06F)等核心技术领域。本文将以 H04L29/00 大组为例，对比分析 IPC 与 CPC 在该大组下的分类框架。

从表 7 中可看出，CPC 对 IPC 在该大组中的二点小组、三点小组都做了细化和扩充，同时 CPC 对 IPC 小组细分并扩充至十点小组。在此大组中，IPC 分类号的 3 个一点小组中有两个每个得到细化，在 3 个二点小组中有 2 个得到细化，在三点小组也得到了充分的细化。为确保划分的精确性，CPC 将 H04L12/20 从分类表中移除，其原本涉及的主题内容归纳于大组 H04L29/00。

以 H04L29/08“传输控制规程，例如数据链级控制规程”为例，在 IPC 中 H04L29/08 作为最后的小组分类，IPC 分类表并未对其进行细分。但是 CPC 在 H04L29/08 的基础上又进一步细分出 2 个四点小组、24 个五点小组、28 个六点小组、23 个七点小组、20 个八点小组、5 个九点小组以及 2 个十点小组。在 EPO 的 DOC 数据库中对 H04L29/08 进行检索得

到的文献量为4503篇，而经过CPC细分后，在H04L29/08144“用于访问多复制服务器的网络规程或者通信协议规程”下得到的文献量仅为181篇。因此，相对于IPC分类体系，CPC分类更加细化，能够避免采用关键词难以准确表达某些特征的缺陷，在提高检索的准确性的同时也大大提高了检索的效率。

表7　H04L29/00在IPC和CPC中的分类结构比较

小组点数(个)	1	2	3	4	5	6	7	8	9	10
IPC	3	3	1	0	0	0	0	0	0	0
CPC	3	4	25	53	92	87	26	18	8	2

(二)CPC体系关于新兴技术的特别分类：以碳捕捉与封存(CCS)为例

碳捕捉与封存技术(carbon capture or storage，简称CCS技术)是近年来备受关注的环境技术之一，其是通过对碳的捕获、存储有效阻止CO_2向大气排放的新技术，具有相当大的碳减排潜力。随着CCS技术的商业化，CCS技术将迎来非常大的市场空间。适当的专利分类方法，能促进对CCS专利信息开展系统的跟踪与预警工作，进而益于抓住机遇，争取占据CCS技术领先地位，在未来的低碳经济竞争中增强竞争优势。

在IPC分类表中，CCS技术的专利申请主要集中在B01D53/00(气体或蒸汽的分离；从气体中回收挥发性溶剂的蒸汽；废气化学或生物净化)、C01B03/00(氢、含氢混合气及其分离氢)，另外，C02F01、B01J20等IPC小类也都有少量的专利申请。由此可见，在国际专利分类中有关CCS的分类分散在分类表中不同的部分，这样就很容易造成分类和检索的困难，难以保证专利检索的查全与查准。

然而，CPC在不改变原有体系的前提下，建立了专门用于CCS的分类位置。大组Y02C10/00是专门针对CCS的分组，其包括了7个一点小组，如表8所示。CPC通过专门的技术分类，根据CCS的主要技术特征具体细分拓展，便于扩展式检索，同时解决了CCS专利分类在IPC中过于分散的缺陷，利于专利的分类与检索。其中，Y02C20/00大组以及它的三个一点小组属于CPC应用细分，能用于减少噪音文献，适于排除式检索。

表8　CCS在CPC中的分类位置

分类号	定义
Y02C10/00	碳捕捉或者碳封存
Y02C10/02	.通过生物分离捕捉
Y02C10/04	.通过化学分离捕捉
Y02C10/06	.通过吸收作用
Y02C10/08	.通过吸附作用
Y02C10/10	.通过膜的作用或扩散作用
Y02C10/12	.精馏冷凝捕捉
Y02C10/14	.地下或海底封存CO_2

续表

分类号	定义
Y02C20/00	捕获或处理除 CO_2 以外的温室气体
Y02C20/10	.亚硝氧化物
Y02C20/20	.甲烷
Y02C20/30	.全氟化碳、六氟化硫、氢氟碳化物

四、研究结论:CPC 专利分类体系的优势及其在中国的适用

通过对 CPC 与 IPC 的对比分析,本文系统地介绍了联合专利分类的分类方法,同时也突出了 CPC 的特点和优势。CPC 系统以 ECLA 分类体系为基础,引入了美国专利分类的实践经验,同时与 IPC 保持格式一致,通过映射将 ECLA 和 ICO 转换为 CPC,同时 CPC 也为容纳 JPO 的 FI 分类号保留了空间。

相对于 IPC 而言,CPC 具有的优点包括:(1)比 IPC 具有更加细化的分类,所覆盖的数据量远远超过 IPC,能够实现动态的更新与修订,对减少重复检索、提高专利检索的效率和质量起到了很大的作用;(2)CPC 增加了 Y 部,用以对新发展技术、跨领域技术、USPC 交叉索引和摘要的标引,解决了 IPC 在相关方面分布过于分散,分类和检索比较困难的缺点;(3)CPC 的细分标引不仅包括了正向细分,还包括了排除某些组分的细分标引;(4)CPC 相对于 IPC 可以很容易地实现扩展式和排除式检索。总而言之,CPC 是一个能够不断更新并与国际专利分类体系相兼容的分类系统,方便了各国专利审查员和专利系统用户在专利申请领域的共同合作,也加强了各个专利局之间分类和检索结果的一致性。其检索精确、修订及时等优势有效地提高了专利审查员的检索效率和准确程度。

2013 年 6 月 4 日,欧专局与中国知识产权局签订了一份关于加强专利合作分类的备忘录,并且从 2014 年 1 月起,中国国家知识产权局在备忘录期间,经欧专局的专门培训之后将对其新公开的发明专利申请按照联合专利分类方案中的部分技术领域进行分类;争取从 2016 年 1 月起,全部新的发明专利申请可以按照 CPC 所有的技术领域进行分类。CPC 的引入,对中国专利文献的分类与检索而言,将有力地加强中国国家知识产权局和欧专局的双边合作,也将提高世界范围内专利审查员对我国专利文献的检索效率,同时也会为全球范围内的用户提供更好的服务。

我国专利转化模式及效率问题研究评述*

■游晓珊　乔永忠**

摘　要:探索专利转化模式、提高专利转化效率是贯彻党的十九大报告提出的"促进科技成果转化和强化知识产权运用"精神的重要措施。在分析国内专利转化研究成果发展趋势的基础上,针对区域高等院校专利转化重要性及评价,高等院校专利转化模式,专利转化法律制度,专利许可、专利转化与专利权归属及自身性质的关系,专利转化中的信息不对称及其错位,不同技术领域专利转化特征等问题进行综述,并提出了提高专利转化效率的对策。

关键词:专利转化;转化模式;法律制度;技术领域

A Review of Domestic Patent Transformation Models and Efficiency Issues

You Xiaoshan　Qiao Yongzhong

Abstract: Exploring the patent conversion model and improving the efficiency of patent conversion is an important measure to implement the spirit of "promoting the transformation of scientific and technological achievements and strengthening the use of intellectual property rights" proposed by the Party's 19th National Congress. On the basis of analyzing the development trend of domestic patent transformation research results, the importance and evaluation of patent transformation in regional colleges and universities, the patent conversion model of higher education institutions, the patent conversion legal system, patent licensing, patent conversion and patent attribution, and their own characteristics. The relationship between information asymmetry and its dislocation in patent transformation, patent conversion characteristics in different technical fields, etc. And the countermeasures to improve the efficiency of patent conversion have been proposed.

Key Words: patent conversion; transformation mode; legal system; technical field

近年来,我国在坚持自主创新、加快国家创新体系建设、探索创新型国家建设进程中,通过创新拉动产业、经济及社会发展,成为创新驱动发展战略的核心内容。创新成果以专利为

* 基金项目:福建省科技厅软科学项目"专利转化运用评价指标体系建立及其应用"(项目编号为:2018R0094);国家自然科学基金面上项目"专利维持机理及维持规律实证研究"(项目编号:71373221)。

** 乔永忠,厦门大学知识产权研究院副教授;游晓珊,厦门大学知识产权研究院在读硕士研究生。

代表,将专利转化为现实生产力,才能实现以创新驱动社会和经济发展。专利的有效转化不但是促进技术创新成果为企业生产力服务的机制,而且是形成良性创新机制的重要环节,也是知识产权强国建设的主要任务之一。党的十九大报告提出,深化科技体制改革,建立产学研深度融合的技术创新体系,促进科技成果转化;倡导创新文化,强化知识产权创造、保护、运用。新时代背景下探索专利转化模式、提高专利转化效率是贯彻党的十九大报告的重要措施。

一、我国"专利转化"研究成果趋势及其原因

本文采用内容分析法,对专利转化文献做客观系统的定量分析,探究中国专利转化研究的本质和发展趋势。数据来源是中国知网数据资源中的核心期刊论文,截至 2017 年 11 月 30 日,整理发现与专利转化主题直接相关的论文文献有 90 篇。将其进行数据统计,我们可得到中国专利转化研究期刊论文成果的时间分布(图 1)。

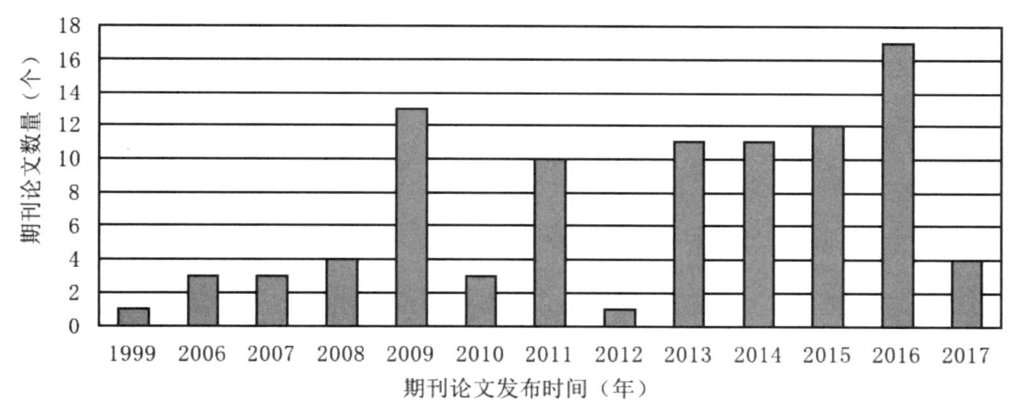

图 1　中国专利转化研究期刊论文成果的时间分布

从论文数量可以看出,专利转化研究成果的发展趋势:1999 年开始出现波浪式增长,其中高峰期在 2009 年、2015 年以及 2016 年,三年文献数达 42 篇。从研究内容看,2009 年之前我国专利转化研究成果的内容主要集中在局部分析专利沉睡现状及治理对策、借鉴国外经验和总结国内成功经验。2009 年之后,研究成果不仅从高等院校、政府、市场技术中介和企业多角度进行分析,还有针对有效专利转化、专利转化有效模式、公共治理等的理论研究和深入的案例研究。如王健认为,"海安模式"对高等院校专利转化的启示是高等院校的技术转移中心要下沉到县级行政区,专利转化要针对地方的技术短板,高等院校要形成专利转化的主流文化;[①]项春媛等以浙江省高等院校授权专利为分析基础,通过抽样分析、问卷调查、典型案例分析等研究方法,定量分析高等院校可转化专利比例、产业化技术对接等问题,并从公共治理视角探讨高等院校专利转化方式及存在的问题,提出区域协同促进专利产权

① 王健:《海安模式对高校专利转化的启示》,载《中国高校科技》2015 年第 12 期。

转化的针对性策略,以提升专利技术转化效率,增强高等院校服务社会的功能,并指出对高等院校来说,要从学科的组织化及其生长、教师的专业发展、社会服务的影响力等方面创新治理和考核激励机制。①

研究成果数量变化的背后有我国专利转化政策的推动。2009年4月29日,科学技术部发布《科学技术部关于做好支持科技人员服务企业工作的通知》,鼓励企业利用科研院所、高等院校的科研力量,加快技术创新和科技成果转化及产业化。之后,科学技术部相继颁布的多个文件强调了科技成果转化在创新体系中的作用,探索提高转化率的对策,为专利转化研究的开展指明了方向。2015年修改后的《中华人民共和国促进科技成果转化法》(以下简称《促进科技成果转化法》),对加强产学研合作、促进科技成果转化为现实生产力、保护创新者的合法权益等做出具体制度安排。2016年3月16日,第十二届全国人民代表大会第四次会议批准《中华人民共和国国民经济和社会发展第十三个五年规划纲要》,其中明确规定实施科技成果转化行动,全面下放创新成果处置权、使用权和收益权,提高科研人员成果转化收益分享比例,支持科研人员兼职和离岗转化科技成果,建立从实验研究、中试到生产的全过程科技创新融资模式,促进科技成果资本化产业化。

二、我国关于"专利转化"研究主题的变化趋势

将已有与专利转化主题直接相关的研究成果按照主题类型划分为有效专利缺乏、产学研合作、专利文献信息、转化效率、专利许可、转化模式、技术创新、政策扶持、影响因素、市场化、专利运营和对策研究等类型,具体情况如图2所示。

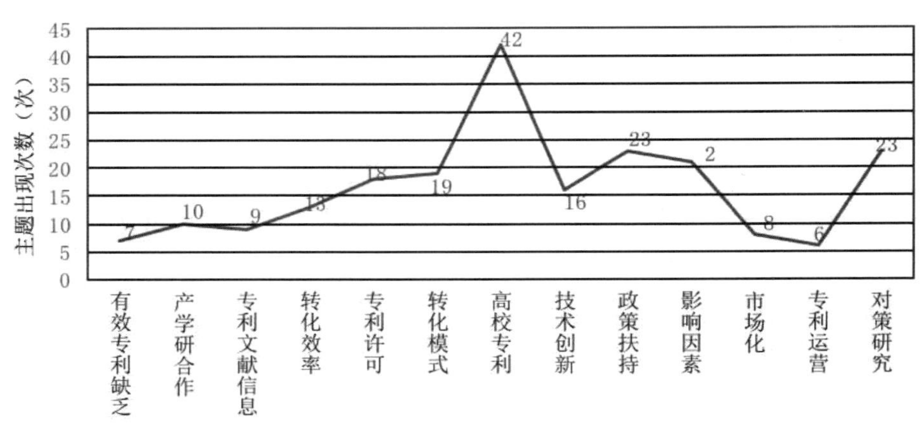

图2　中国专利转化期刊论文主题类型分布

从图2可以看出,"高校专利""对策研究""政策扶持"关键词在文献中所占比例较大,几乎每年发表的论文文献中都有关于高等院校专利转化的影响因素和对策建议。总的来说,

---

① 项春媛、王瑞敏:《论公共治理视野下的专利转化策略——基于浙江省高校数据分析》,载《浙江社会科学》2015年第11期。

“专利转化”研究的主题主要集中在四个方面：一是高等院校、企业内部管理问题，如管理机制、运营模式、转化模式、产学研合作、企业规模、风险投资等；二是研究其发展的趋势，如产业化、商业化、市场化、信息平台、产业集聚等；三是特定技术领域的专利转化研究，如石油化工领域、国防领域、医药卫生领域、材料领域等；四是专利转化与转化环境间的关系，如政策扶持、道德风险、法制环境等。

三、国内关于“专利转化”研究不同主题的主要观点及其评述

专利转化是一个完整的体系，它由专利转化主体（专利拥有者、专利实施者）、支撑主体（政府、法律体系、科技中介）、专利转化客体（专利成果）和信息流构成。专利转化成功与否不但取决于研发主体和产业需求，而且还受转化环境的影响和制约。

（一）专利转化主体和支撑主体

专利转化主体和支撑主体作为专利转化的主体，其转化和支撑能力以及转化策略等对专利转化的成功率发挥着不可替代的作用。王瑞敏等以抽样数据分析和描述性统计数据为基础，从高等院校的惯性价值观、高等院校职称评审政策导向、高等院校专利的价值判断、高等院校专利与产业关联度、国家专利政策性导向、中小企业技术创新能力、市场技术中介服务能力七个方面分析了制约专利转化成功率的因素，并从高等院校、政府、市场技术中介、企业四方联动角度，提出了具有针对性的对策。[①] 张慧等、[②]王渊等、[③]张武军等国内学者多是从定性分析入手，多角度多方面地提出高等院校专利成果转化策略。[④]

1. 区域高等院校专利转化重要性及评价

不同地区高等院校的技术创新能力不同，专利技术转化能力不同，对专利转化的重要性认识也存在一定差异。曹勇等通过对武汉高等院校专利转化的研究，提出武汉市应当把建立三级科研体系作为科技发展战略的重要组成部分，并探索高等院校通过专利转化强化与企业的合作，形成提升区域自主创新能力的有效机制。[⑤] 万晓玲等通过比较和分析指出上海高等院校专利数量的发展趋势，揭示了在不完备的市场经济条件下专利数量不再能有效反映技术进步对经济发展的推动作用，并在借鉴美国经验的基础上提出上海高等院校的定位应明确为“建设创新型城市的创新源”。[⑥] 陈东林等以江西 20 所高等院校为例，建议利用“专利周”等契机，开展以“高等院校专利成果展示交易”为主题的交易会，拉近校企间的距离

① 王瑞敏、滕青、卢斐斐：《影响高校专利转化的因素分析和对策研究》，载《科研管理》2013 年第3 期。

② 张慧、王雷：《论高校专利技术转移及产业化》，载《研究与发展管理》2007 年第 1 期。

③ 王渊、康建辉：《高校专利转化中知识产权保护和管理问题研究——一份专利许可协议引发的思考》，载《科技管理研究》2009 年第1 期。

④ 张武军：《高等学校实施专利战略的重要性及保护策略》，载《科技进步与对策》2010 年第 9 期。

⑤ 曹勇、陈仁松、董宏伟：《“中部崛起”战略与武汉高校专利转化研究》，载《中国高校科技》2008 年第 10 期。

⑥ 万晓玲、陈宏民、周军：《上海高校专利转化率低下的瓶颈突破及对策》，载《上海交通大学学报（哲学社会科学版）》2009 年第 4 期。

以及搭建"高等院校科技成果交易网"等网络平台,促进校企间的"全天候"对接。① 陈志芳等结合已有文献对影响因素的理论分析和云南省有效专利的调查数据,利用定性和定量分析的方法构建影响因素评价体系,在充分征求专家调查意见的基础上确定各指标权重,为专利转化实施的评价提供参考。② 贺银娟对江西省高等院校近5年的专利数量及转化情况进行定量分析。③ 可见,学者针对地区及其管辖或作为所在的高等院校的差异性,希望决策者对区域高等院校专利转化工作的重要性给予足够的认识。

2.高等院校专利转化模式

专利转化模式对专利技术转化是否成功或者成功率高低发挥着非常重要的作用。郭晓娟通过对牛津大学科技园在专利转化方面情况的较深入调研,从国家政策支持力度大、具有通晓高科技产业化的领军人才以及依托大学资源和科技优势三方面总结牛津科技园的专利转化成功之处。④ 杨光结合技术许可办公室(Office of Technology Licensing,OTL)模式在专利转化过程中的作用指出该制度对我国当前技术创新的启示。我国绝大多数高等院校都建立有开展技术转移工作的机构,例如科技处、高新技术研究院、技术转移中心、科技园,等等。但是以科研人员为主导的转化模式并不利于高等院校的专利转化。⑤ 张平等通过梳理高等院校专利技术转化的主要模式,对相关模式的特点进行了探索性分析,认为高等院校专利转化成功模式没有标准的模板,应当结合高等院校自身的发展特点,服务于高等院校的整体发展战略。⑥ 范晓波就当前高等院校专利技术转化模式与机制存在的问题研究认为,应当借鉴美、英等发达国家高等院校专利转化的经验,建立与完善以技术转移机构为主导的技术转化模式等。⑦ 王健等选取了37所"985"工程大学作为样本来研究高等院校专利转化的有效模式:地校模式、队企模式和科技中介模式,其中的队企模式便是结合OTL模式的升级版构建,属于强强联合的一种形式,中国高等院校的产学研合作办公室或者技术转移中心通过加强专业人员的培训等提高专利转化的运作效率,创造强研发团队与大型企业合作的机会,促进地方性大型企业继续做大做强。⑧ 可见,要提高高等院校专利转化成功率就要从高等院校管理体制的特征出发,探索符合其特征的专利转化模式。

3.专利转化支撑主体的其他问题研究

学者们还研究了与专利转化支撑主体相关的其他问题。如唐恒等、符昌昭基于客户价值的视角提出了高等院校专利运营模式的构建策略,以更好地提升我国相关主体的专利转

① 陈东林、邹开亮:《地方高校专利保护工作的反思与重构——以江西20所高校为例》,载《中国高校科技》2014年第12期。

② 陈志芳、史进杰、段江涛:《基于AHP的专利转化实施影响因素及其评价体系研究》,载《现代情报》2015年第11期。

③ 贺银娟:《江西省高校专利成果转化的现状及对策研究》,载《中国成人教育》2016年第22期。

④ 郭晓娟:《浅谈英国牛津大学科技园的成功之道》,载《中国高等教育》2006年第1期。

⑤ 杨光:《OTL制度对我国技术创新的启示》,载《情报科学》2009年第5期。

⑥ 张平、黄贤涛:《高校专利技术转化模式研究》,载《中国高校科技》2011年第7期。

⑦ 范晓波、钟灿涛:《高等学校专利技术转化模式与机制研究》,载《知识产权》2014年第11期。

⑧ 王健、李燕萍:《基于专利权转移的高校专利转化有效模式分析》,载《中国科技论坛》2016年第4期。

化效率。[①] 徐明等提出增强专利密集型产业的竞争力，更好地为经济发展提供动力，以及我国必须做好应对制造业回流对专利密集型产业带来冲击的准备。[②] 杜兴涛提出构建专利产业化过程中的科技人员利益保障机制，促进专利转化效率。[③] 张永成等认为政府应出台优惠政策和鼓励措施，培育和发展各种赢利性科技中介组织，以适当的方式建立急需的非营利性中介机构，引导并鼓励具有互补性的科技中介机构与创新支持服务机构之间形成策略联盟。借助市场牵引和政府推动，它们最终形成多层网状的立体中介体系，同层次的科技中介机构形成网络，互通有无，联结互助；各层次之间相互制衡，协调发展。[④] 可见，支撑主体的专利转化能力需要多方面因素有机配合。

（二）专利转化理论模型和制度

1.专利许可的理论和模型

专利许可是专利转化的重要方式之一，有效的专利许可可以大幅提升专利转化率。学者对专利许可的理论和模型等问题进行了较为全面的研究。如李攀艺等应用委托—代理理论，从专利许可的角度构建了基于发明者和专利受让方道德风险的高等院校专利转化的博弈模型，通过对均衡结果的求解，揭示出正是道德风险导致了高等院校专利转化低效的可能性，并进一步从激励的角度对最优许可契约的特征进行了分析，研究结论为高等院校如何设计专利许可契约、合理分配发明者的奖励额度、提高专利实施率提供了重要的理论依据。[⑤] 赵馨等运用以有限理性为基础的演化博弈论，从专利许可的二次研发角度构建了一个演化博弈模型，分析不对称环境条件下有限理性的专利权人与被许可者的专利许可行为决策，并探讨决定系统收敛方向的影响参数，研究得出二次研发的激励动机受到二次研发的成本、二次研发的额外收益、专利转化的成功率和收益分配比例的影响。[⑥] 刘利等基于大学—产业—政府三螺旋互动创新的专利联营具备促进成果转化的许可动力优势、许可契约优势和许可市场优势等多维优势，指出多元来源的必要专利可持久的资本化特性保证了许可动力强劲，契约双方的合作共赢目标保证了许可契约的顺利达成，容易形成事实标准保证了许可市场的有效占领。[⑦] 李庆保、曾学东等学者提出当然许可制度的完善建议，以当然许可制度作为开放端口，衔接专利产业化的布局，搭建数字化网络平台。[⑧] 可见，完善专利许可理论、模型和许可制度是通过专利许可提高我国专利转化率的基础性问题。

---

① 唐恒、朱伟伟:《高校专利运营模式的构建——基于客户价值的视角》，载《研究与发展管理》2013年第1期；符昌昭:《基于客户价值视角的高校专利运营模式构建》，载《中国成人教育》2014年第4期。

② 徐明、姜南:《专利密集型产业对工业总产值贡献率的实证分析》，载《科学学与科学技术管理》2013年第4期。

③ 杜兴涛:《专利产业化过程中科技人员利益保障机制研究》，载《技术经济与管理研究》2016年第6期。

④ 张永成、郝冬冬:《专利转化动力体系构建研究》，载《科技管理研究》2009年第12期。

⑤ 李攀艺、蒲勇健:《基于道德风险的高校专利许可契约研究》，载《科研管理》2007年第5期。

⑥ 赵馨、叶春明:《专利许可二次研发的演化博弈分析》，载《科技管理研究》2015年第7期。

⑦ 刘利、陈朝晖:《三螺旋互动下专利联营促进成果转化的许可优势研究》，载《科技进步与对策》2016年第22期。

⑧ 李庆保:《市场化模式专利当然许可制度的构建》，载《知识产权》2016年第6期；曾学东:《专利当然许可制度的建构逻辑与实施愿景》，载《知识产权》2016年第11期。

2.专利转化法律及制度

学者关于专利转化的研究成果多侧重具体法律对高等院校专利转化的影响，而对法律环境的宏观和全面的分析不多。如宋东林等从法律引导的激励机理入手，提出立法构想：应当借鉴美国经验，建立一部中国版的《拜杜法案》，在法律环境层面为高等院校科技创新和科技成果转化提供激励。[①] 刘纯林指出，我国高等院校职务发明专利法律保障欠缺，与之相关的立法及相关规定过于原则、单位和发明人权益分配失衡、职务发明人的权利难以落实，并提出应当重新界定“主要利用本单位物质技术条件完成的发明创造”的归属，允许对“本职工作中或履行本单位交付的本职工作之外的任务所完成的发明创造”进行约定，同时建立专利发明报告制度，将职务专利发明管理进一步规范化。[②] 刘彦指出，我国促进大学专利转化的政策重点已从奖励和税收优惠转向知识产权激励制度建设，应建立专业化的技术转移服务体系。[③] 黄丽君通过回顾药品恩度(Endostar)的专利转化过程，并借鉴美国《拜杜法案》从法律和操作角度剖析了高等院校专利转化的制约因素和可行路径。[④] 张国富等提出规定专利实施合同中的强制条款，应从技术垄断和提高专利授权标准两个方面对“专利丛林”的困境进行治理。[⑤] 李文江认为实施专利信托的制度创新，不但有利于推动专利成果转化、促进资金融通，而且具有保障专利权人受益和改善集团公司对专利资产进行管理等作用，于是他针对我国专利信托制度存在的问题，有目的地借鉴日本在专利信托方面的成功经验，对我国专利信托制度的完善提出了对策建议。[⑥]

3.专利转化的客体

专利转化的客体是决定专利转化效率的基础。杨健安提出应通过科学论证有选择性地保护一些重点核心专利技术，同时通过产业资本或质押贷款等支持部分核心技术专利的开发和产业化。[⑦] 吕明瑜认为在进行专利联营中对必要专利审查的过程中，应密切关注必要专利与非必要专利之间的转化，及时清除蜕变后的非必要专利，补充新的必要专利，维持专利联营中必要专利的动态平衡。[⑧] 牛玉宏等通过检索1990—2012年期间上海市卫生系统单位在我国申请的专利，分析专利数量、种类、权利要求数、专利被引数、维持寿命及专利转让/许可的情况及变化趋势后发现，专利被引次数及专利转让数始终维持在较低水平，建议加强专利成果的质量管理，促进转化，建立预审制度。[⑨] 金玉成在分析专利技术质量、专利技术成熟度、互补性资产、市场和技术不确定性特征的基础上，对168件已转化专利的研究结果显示，专利技术特征影响高等院校专利转化。[⑩] 徐小钦等从非职务成果本身的技术风

---

① 宋东林、付丙海：《高校专利技术转化的法律制度建设研究》，载《科技进步与对策》2011年第7期。

② 刘纯林：《高校专利转化法律保障影响因素及其完善措施》，载《中国高校科技》2015年第6期。

③ 刘彦：《我国大学技术转移的发展与问题》，载《中国科技论坛》2007年第3期。

④ 黄丽君：《药品恩度的专利转化对我国高校专利转化的启示》，载《知识产权》2017年第4期。

⑤ 张国富、韩宁：《“沉睡专利”之成因与激活路径探讨》，载《学习论坛》2013年第8期。

⑥ 李文江：《我国专利信托制度的价值取向与立法完善》，载《金融理论与实践》2013年第6期。

⑦ 杨健安：《我国高校专利状况研究与分析》，载《研究与发展管理》2010年第5期。

⑧ 吕明瑜：《专利联营中专利性质的竞争影响审查》，载《当代法学》2013年第1期。

⑨ 牛玉、饶旻昱、金春林：《上海卫生专利保护回顾分析与建议》，载《中国卫生资源》2015年第5期。

⑩ 金玉成：《基于专利技术特征的高校专利转化模式选择研究》，载《中国科技论坛》2017年第8期。

险和市场风险分析了专利转化难的原因。[①] 可见，专利价值和专利质量等指标是提高专利转化率的基础。

(三)专利转化过程中信息不对称及错位

1.专利转化过程中的信息不对称问题

专利转化的有效性是建立在信息完全的基础上，专利信息不对称问题给专利转化带来了困难。唐要家等认为，专利转让主体和接受主体对于技术成果的真实价值就无法形成一致的预期，缺乏有效的专利信息平台会加剧“专利沉睡”现象的出现，并且信息不完全和检索成本问题会降低社会福利。[②] 梁正等指出通过对咨询公司、中介机构、行业协会的规范和引导，在整合目前专利信息资源的基础上，逐步实现服务的多元化，向企业提供专利文本检索等基础服务，以及多层次、多种组合的专利信息服务，特别是如“专利地图”之类的深度分析，有助于提高专利转化效率。[③] 专利技术的特殊性决定了专利转化过程专利自身信息的重要性，而专利信息的不对称性给专利转让和许可等转化方式带来了很大的挑战性。

2.部分专利成果与市场需求错位

市场需求是专利转化成功的前提，没有市场需求，专利转化在很大程度上是空谈。现实中部分专利成果与市场需求存在错位问题。如唐恒等构建了基于企业需求的高等院校专利产品与服务组合选择矩阵和转化模型，通过服务建立市场与专利应用反馈信息，强化高等院校研究的市场适应性，从而使得高等院校能够充分利用后续服务这种渠道，获取来自专利技术产业化下游的反馈信息，及时调整与完善专利产品的研发方向，也会为企业提供适合其发展的后续服务模式。[④] 钟优慧等基于我国 29 个省份 2002—2013 年的面板数据，运用 SFA 方法实证考察了市场化改革对专利转化效率的影响，发现新产品需求、企业创新主体地位对专利转化效率的影响不显著，这反映出很多专利成果的市场需求导向不明显及企业在成果转化过程中的主导作用不明显。[⑤] 可见，专利技术的市场化导向在很大程度上决定了专利成果转化的成功率。

(四)特定技术领域的专利转化

随着研究时间的推移，国内学者对特定领域专利转化的研究内容越来越多。现有研究主要对以下技术领域中的专利转化问题进行了研究。

1.石油化工技术领域的专利转化

石油化工技术领域是专利技术相对密集的产业，该技术领域的专利转化问题对该产业发展的影响非常重要，相关学者对此问题进行了研究。如侯建国等在分析甲烷化催化剂技

---

① 徐小钦、王利、黄蕾：《当前我国非职务专利成果转化问题及对策研究》，载《科技进步与对策》2006 年第 1 期。

② 唐要家、孙路：《专利转化中的“专利沉睡”及其治理分析》，载《中国软科学》2006 年第 8 期。

③ 梁正、朱雪祎：《跨国公司在华专利战略的运用及启示》，载《中国软科学》2007 年第 1 期。

④ 唐恒、程龙、冯楚建：《高校专利转化中产品与服务组合效应研究》，载《科技进步与对策》2014 年第 4 期。

⑤ 钟优慧、杨志江：《市场化改革对专利转化效率的影响》，载《企业经济》2016 年第 1 期。

术领域中国授权专利的基础上,结合产业特征研究了我国专利转化的现状。① 纪红兵等以国家创新推动产业升级的大战略为重要背景分析了化工园区的知识产权建设,并就化工园区的专利转化问题提出了通过解决专利本身价值以及专利供需双方信息对接的问题,提高专利转化效率。②

2.国防技术领域的专利转化

国防技术领域的专利本身具有其保密等特殊性,该领域的技术转化特殊性更具有一定的神秘性和限制性,相关学者对该技术领域专利转化问题进行了研究。如高炜分析了导弹技术领域先进技术的推广转化现状以及在推广转化过程中遇到的问题、难点,提出应借鉴国外专利推广转化经验,构建转化支撑与服务平台的建议。③ 旷毓君等在假设国防专利权人是单一市场经济主体的前提下,将国防专利转化过程看成是专利权人与接受企业之间的一个激励相容的过程,并提出应设立明确的国防专利降解密制度,调整失泄密处理办法;完善投融资和风险投资制度;发挥市场在国防专利转化中的基础作用,降低交易成本。④ 何培育立足于当前经济新常态以及军民融合的战略背景,分析了新常态下国防专利转化的现实意义、国内外国防科技成果转化现状及我国国防专利转化的现实瓶颈,并提出了多项对策建议。⑤ 随着军工专利、国防专利的解密,军民两用技术的发展,国防技术领域专利转化问题会受到更多学者的关注。

3.材料技术领域的专利转化

材料技术,尤其是新材料技术作为我国战略性新兴产业的重要组成部分,其专利转化问题是该领域技术发展的关键问题之一,相关学者对其进行了研究,如段黎萍通过 Derwent Innovation Index(DII)专利数据库和中国国家知识产权局专利数据库对在国内外申请公开的利用纤维素生产乙醇的专利进行了检索,并分析了该技术领域专利转化问题及其对策。⑥

4.医药卫生技术领域的专利转化

医药技术的特殊性决定了专利保护制度对其发展的重要性,同时也在很大程度上决定了专利转化问题对该技术领域可持续发展的影响。不少学者对此问题进行了研究。如杨旭杰等采用简单统计与聚类分析方法,以心脑血管专利申请量、维持量、相关科研论文数量为聚类变量,对心脑血管中药复方技术领域的专利权人展开聚类研究认为,促成科研成果专利转化并推动专利保护与科研创新协调发展是成功的心脑血管中药复方专利权人的法宝。⑦ 熊国兵等通过 Google 专利检索平台,以“尿管”为关键词进行检索(检索日期截至 2014 年 3 月 26 日),分析结论认为,当时尚未见抗感染尿管专利转化应用于临床,相关研究多为实验

① 侯建国、姚辉超、王秀林:《中国甲烷化催化剂专利现状及分析》,载《天然气化工(C1 化学与化工)》2015 年第 3 期。

② 纪红兵、林名钦:《面向化工园区的知识产权建设研究》,载《化工进展》2016 年第 8 期。

③ 高炜:《导弹先进技术推广转化机制探讨》,载《飞航导弹》2014 年第 12 期。

④ 旷毓君、翟晓鸣:《“国防专利沉睡”之因及治理之策》,载《科技进步与对策》2014 年第 23 期。

⑤ 何培育:《新常态下国防专利转化的现实瓶颈与对策研究》,载《科技进步与对策》2015 年第 22 期。

⑥ 段黎萍:《纤维素乙醇的专利综述与分析》,载《现代化工》2008 年第 5 期。

⑦ 杨旭杰、肖诗鹰:《基于聚类分析的心脑血管中药复方专利权人研究》,载《中国中药杂志》2015 年第 18 期。

室或动物实验阶段，中文抗感染尿管相关专利研究方式较为局限，研究水平亟待加强、深入。[①] 王志刚等在分析中药技术领域授权专利及中药新药授权专利特征的基础上，分析了中药专利转化率低的原因，并提出了应适当考虑加强中药专利审查标准中对申请专利的实用性审查和相关机构联动机制的建议。[②] 可见，医药技术领域的专利转化问题虽然已经引起学者的关注，但是依然存在不少问题。

（五）专利转化的典型案例

专利转化是将专利转化为收益的综合过程，专利转化率的高低反映了专利权人从专利技术中获得收益的大小，如何完成这个复杂的过程，对专利权人而言显得非常重要。不少学者对此问题也进行了研究。如王斌等构建了专利转化为新产品、销售收入为产出变量的超越对数随机前沿模型，利用 SFA 方法对专利转化效率及其影响因素进行分析，并基于对1995—2011 年期间五个一级行业的面板数据进行分析所得的结论对我国高技术产业专利技术转化提出了建议。[③] 韩奎国等利用江苏省的 1 个副省级市和 12 个地级市专利权人的实地调查数据，运用回归模型对专利权人的满意度及其影响因素进行实证研究表明，专利权人越来越看重专利能够获得的保护水平以及专利转化效果；鼓励专利转化政策、信息公共服务平台以及优秀专利奖励等因素都能对专利权人满意度产生显著影响。[④] 黄苹基于单要素效率理论，测度 30 个省份技术创新转化的单要素效率，得到我国技术创新转化中专利的单效率为 0.34，并发现专利转化效率存在空间溢出效应，不同的空间权重矩阵估计的空间溢出系数存在差异，其中技术相似度和区域经济关联度构建的空间权重空间溢出效应最显著。[⑤] 总之，我们从专利转化的典型案例中可以探索专利转化过程中更为具体和实际问题的对策。

四、结论

专利转化涉及的问题很多，有产权方面、评估方面、法律方面等诸多因素。可以说，在专利转化的链条上，产学研官缺一不可，不仅要提高大学和科研机构的知识创新能力、企业技术创新能力，还要有效地实施技术转化。

在众多研究中，学者们多以“专利转化”或“基于专利转化”作为研究主题，但由于专利技术的属性决定了其在转化实施的过程中本身存在着不确定性，同时不同技术领域的市场条件、政策支持力度以及宏观环境都存在巨大差异，在研究主题模糊的情况下，很难反映真实状况。鉴此，本文就完善专利转化机制、提高专利转化效率提出两点建议：一是针对细分技术领域特征的专利转化相关问题研究，应该成为将来对专利转化进一步研究的方向；二是根

---

① 熊国兵、王寓、邱明星：《抗感染尿管获中国专利现况》，载《中国组织工程研究》2015 年第 25 期。

② 王志刚、贺云龙、田侃：《专利转化视角下我国中药专利审查方式的再思考》，载《中国卫生事业管理》2014 年第 12 期。

③ 王斌、谭清美：《产权、规模及产业集聚对专利成果转化效率的影响——来自我国五个高技术产业的数据》，载《经济管理》2013 年第 8 期。

④ 韩奎国、程龙、唐恒：《专利权人满意度及其影响因素研究——基于江苏省调研的实证分析》，载《科技管理研究》2014 年第 19 期。

⑤ 黄苹：《专利转化效率测度及空间溢出研究》，载《科技管理研究》2017 年第 18 期。

据区域特征差异,因地制宜地探索专利转化模式。不同区域,由于经济、政治、文化发展差异,专利转化效果不尽相同,笔者建议在现有研究基础上,根据区域差异探索因地制宜的专利转化模式;在法律法规和政策允许范围内,根据地区高等院校、自身特点、不同发展阶段、学科优势、发展规划等实际情况,通过高等院校和企业、政府、中介机构、金融机构等,采取多渠道、多层次、多元化的专利转化形式,促进高等院校跨越式发展。

学术新声

美国告密人免责制度的最新发展及其借鉴

■姜明坤　阮开欣*

摘　要:2016年签署通过的美国《保护商业秘密法案》(以下简称"DTSA")中,确立了告密人免责(whistleblower immunity)制度。目前在美国涉及该条款的案例,适用规则不尽相同,在学理界也引发了相关争议。告密人免责制度从利益平衡角度出发,是对商业秘密保护制度的限制,有利于维护公共利益。我国商业秘密法有必要纳入告密人免责制度,并完善相关的配套措施。

关键词:商业秘密;《保护商业秘密法案》;告密人免责;公共利益

The Latest Development of Whistleblower Immunity in the United States and its Enlightenment

Jiang Mingkun　Ruan Kaixin

Abstract: In 2016, the Defend Trade Secrets Act ("DTSA") was signed into law providing the whistleblower immunity. To date, there have been only two reported cases squarely involving the DTSA's whistleblower immunity provisions have aroused correlative dispute, and they come out differently. Based on the balance of interests, whistleblower immunity is a kind of restriction of the trade secret protection, which is conducive to safeguard the public interest. It is necessary for China to establish whistleblower immunity and to improve relevant supporting measures.

Key Words: trade secrets; Defend Trade Secrets Act; whistleblower immunity; public interest

* 姜明坤,华东政法大学法学硕士研究生,研究方向:知识产权法;阮开欣,华东政法大学知识产权研究中心研究员,研究方向:知识产权法。

2016 年签署通过的美国《保护商业秘密法案》(以下简称 DTSA)中,确立了告密人免责(whistleblower immunity)制度。[①] 美国 DTSA 实施两年以来,目前仅有两起报道案件直接涉及这一条款,而这两起案件的结果却截然不同,这在一定程度上反映了美国司法界对该条款具体适用的把握仍不够清晰和明确。本文从该两起判例入手,分析了美国法院在适用这一条款时的出发点及说理过程,以期对我国相关空白制度的引入和建立提供借鉴。

一、美国最新判例情况

(一)Unum Group v. Loftus[②](尤拉-普诚保险诉洛夫特斯案)

Unum Group 是一家财富 500 强保险公司,其于 1985 年聘用了 Timothy Loftus。2004 年,Loftus 晋升为残疾保险福利总监,这一职位使得 Loftus 可以接触到许多 Unum Group 的保密信息。2016 年 9 月,在内部理赔调查中,Unum Group 的法律顾问采访了 Loftus。该星期的晚些时候,Loftus 在正常工作时间之后从 Unum Group 办公室带走了几箱文件和一台笔记本电脑。Unum Group 要求 Loftus 返还这些材料。Loftus 退回了笔记本电脑,但拒绝退还文件。

Loftus 通过他的律师告知 Unum Group,这些文件"可能是证据,或者可能会影响到先前和当下政府对 Unum Group 商业行为进行的调查";这些文件已得到保护以防止被销毁,"等待对 Unum Group 不当行为进行内部和外部调查"。2016 年 10 月 21 日,Loftus 的律师

---

① 《保护商业秘密法案》第 7(B)条:在法院立案中或者向政府机关非公开性地披露商业秘密责任的豁免。

(1)免责——当商业秘密在如下情况下被泄漏时,根据联邦或州的商业秘密法,个人不应当承担刑事责任或民事责任——

(A)泄露是——

(i)以直接或者非直接的方式,将秘密提交给联邦、州,或当地政府官员、律师;且

(ii)仅为报告或调查涉嫌违法事件的目的;或

(B)在申诉或者提交其他法律诉讼及其他程序的公印文书中泄露商业秘密。

(2)在反报复诉讼中商业秘密的使用——因雇主报复而提起诉讼的个人为报告涉嫌违法的行为,向己方律师泄露商业秘密且在庭审过程中使用该商业秘密信息的可免责,其需满足以下要求——

(A)提交法院公文中包含商业秘密;

(B)除依法院命令,未泄露商业秘密。

(3)通知——

(A)一般性规定——当雇员掌控商业秘密或者其他保密信息的使用时,雇主在与该雇员达成的任何合同或协议中,应当提供本款规定的免责通知。

(B)政策文件——若雇主在提供给雇员的政策文件中,陈述对于涉嫌违法行为的报告政策时提供了相互参照,应当认为雇主遵从了(A)款规定的通知要求。

(C)违反要求——若雇主未能遵守(A)款规定的通知要求,在雇员起诉未收到通知时,法院不得依 1836 条(b)款第(3)项(C)或(D)的规定,判决惩罚性赔偿或者律师费给该雇主。

(D)适用性——本条应适用于在本法实施后签订或者更新的合同或协议。

② 220 F. Supp.3d 143 (D. Mass. 2016).

告知 Unum Group 的律师，Loftus 向他的律师提供了这些文件，以获得“他和雇主之间的法律地位分析以及他的雇主遵守其所加入的监管和解协议的问题”。尽管如此，Unum Group 还是起诉至美国马萨诸塞州地区法院，认为 Loftus 构成联邦和州法律下的侵犯商业秘密以及州法律下的非法财产转换。

Loftus 不否认其未经授权带走过公司文件，也不否认该文件中包含商业秘密。在其抗辩中，Loftus 认为他享有 DTSA 下的告密人免责条款所规定的免责权。Loftus 主张，他仅仅是将文件交给了他的律师，以追查一宗指控雇主涉嫌非法活动的案件。但法院没有驳回 Unum Group 的侵犯商业秘密诉讼，并批准了初步禁令。

（二）Christian v. Lannett Co., Inc.[①]（克里斯汀诉兰内特公司案）

2018 年 3 月 9 日，另一家联邦法院驳回了针对一名前雇员的 DTSA 诉讼请求，认为 DTSA 的告密人免责条款保护了前雇员免于对这一诉请进行抗辩。这是首次成功援引该免责条款的案例。

原告 Christian 于 2015 年被解雇，然后以违反联邦法律的性别和残疾歧视为由对她的前雇主提起诉讼。原告保留了一批其有义务归还的公司文件。在 DTSA 颁布之前，Christian 向她的丈夫披露了文件中的一些内容。此外，在 2016 年 5 月 DTSA 生效之后，原告的歧视指控证据开示期间，这名前雇员向她的律师交出了超过 22000 页的雇主文件，而律师又根据被告提出的与歧视指控有关的证据开示请求，向被告出示了这一材料。雇主提出了反诉，声称这些文件载有其商业机密，而前雇员在案件中向其律师披露这些秘密已构成商业秘密侵犯，违反了 DTSA。原告请求驳回该诉请，理由是她有权获得 DTSA 告密人免责权，因为向她的律师披露是在保密的情况下进行的，并遵守了联邦法律中的案件证据开示要求。

美国马萨诸塞州东部地区法院同意了原告的意见，承认“DTSA‘在保密的条件下……向律师……只是为了报告或调查涉嫌违反法律的行为’提供了披露商业秘密的免责”。

二、法院认为告密人免责条款是一项积极抗辩

在 Unum Group v. Loftus（尤拉-普诚保险诉洛夫特斯案）一案中，法院探讨了两个问题：一是是否批准 Loftus 请求法院驳回 Unum Group 侵犯商业秘密动议的请求；二是是否批准 Unum Group 申请颁发初步禁令的请求。

对于前者，Loftus 的理由是他享有 DTSA 下的告密人免责条款所规定的免责权。但是法院直接认为，该免责权是一种积极抗辩，并援引了 Rodi v. Southern New England School of Law[②] 一案中的规则，认为“在一般规则下，只要满足以下两条件，适当提出的积极抗辩可被用于裁定驳回动议：一是从诉求和其他可允许的信息来源中能够确定抗辩的事实；二是这些事实足以证明具有积极抗辩”。

放在本案中看，Loftus 没有否认他带走的文件中包含商业秘密，虽然 Loftus 争辩他有

---

① No.16-cv-00963-CDJ, 2018 WL 1532849 (E.D. Pa. Mar. 29, 2018).

② 389 F.3d 5, 12 (1st Cir. 2004).

权根据 DTSA 获得免责,因为他将文件交给了他的律师,以便就涉嫌的非法活动对 Unum Group 提起法律诉讼。但案卷记录里面缺乏事实来支持或反对他在这一诉讼阶段中的积极抗辩。证据开示没能确定 Loftus 所带走的文件及其内容的重要性,且 Loftus 没有提出任何可能得到这些文件中的信息支持的诉讼。

此外,从动议中无法确定 Loftus 是否向其律师交出了所有文件,也无法确定他拿走了哪些文件,其中包含了哪些信息,或者他是否正在或计划将这些文件用于调查潜在违法行为以外的任何其他目的,因此,法院认定动议请求陈述了侵犯商业秘密的合理主张,并拒绝驳回侵犯商业秘密动议。

三、"公平和诚实披露"标准不必然导致商业秘密的丧失

在 Christian v. Lannett Co., Inc.(克里斯汀诉兰内特公司案)一案中,经评估后,法院认为,Christian 的文件属于 DTSA 规定的免责披露范围,理由是:"原告所称的披露是根据本法院的一项证据开示指令向原告律师披露的,这是在一项关于违反《民权法案第七编》(Title VII)、《美国残疾人法案》(*Americans with Disabilities Act*)和《家庭与医疗假期法案》(*Family and Medical Leave Act*)的诉讼中进行的。"

同时,法院说明了其他法院在先的确认规则,例如,最高法院明确认为,商业秘密的保密要件并不一定丢失,"如果根据不使用或不披露商业秘密的默示义务,商业秘密的持有人以保密的方式向另一人透露商业秘密……",则"商业秘密法……不会以公平和诚实的方式保护商业秘密防止被泄露……例如意外披露"。[①] 第三巡回法院也承认最高法院在决定是否适用商业秘密法时的"公平和诚实披露"标准。[②] 法院还指出,被告,即指称的商业秘密所有人,没有提出任何事实表明原告的律师打算向被告以外的任何其他人披露涉案的商业秘密材料;且被告未能提供任何事实,使法院能够辨别原告是否有意或无意地披露了指称的商业秘密。

综上,由于被告提出的事实不充分,原告驳回所述反诉的动议应予批准。

四、对 Unum Group v. Loftus 一案的批判

有学者认为 Unum Group v. Loftus 一案中法院的判决违背了国会立法的初衷与目的,是对 DSTA 告密人免责条款的错误理解。[③]

(一)告密人免责条款不应作为积极抗辩

免责制度的本质应当是在诉讼开始前即消灭责任,如同疫苗能使人对疾病免疫一样。

---

① Kewanee, 416 U.S. at 475.

② Merchant & Evans, Inc. v. Roosevelt Bldg. Prods. Co., 963 F.2d 628, 638 (3rd Cir. 1992); Penwalt Corp. v. Akzona, Inc., 570 F. Supp.1097, 1115 (D. Del. 1983).

③ Peter S. Menell, *Misconstruing Whistleblower Immunity under the Defend Trade Secrets Act*, UC Berkeley Public Law Research Paper No.2893181, Posted: 6 Jan 2017.

免责不是对责任的“抗辩”，而是“免于起诉”。在DTSA之下，免责条款的目的是消除告密人需要承受的为商业秘密诉讼辩护的费用和负担。但是在Unum Group v. Loftus一案中，法院仅将告密人免责条款当作是一项积极抗辩，进而作出判决。虽然Unum Group没有证据表明除了与其律师分享公司文件之外，Loftus还做过什么其他事情，但法院仍向Loftus施加了需自证没有不正当目的的责任。这一点恰恰是国会想要极力纠正的：通过与律师秘密分享公司文件而被强加的大量成本和不利影响。如此一来，只要声称雇员向律师提供文件的动机存在争议，那么，任何商业秘密所有人都能要求告密人对商业秘密诉讼进行抗辩。这会破坏鼓励告密人挺身而出进行检举揭发的公共目的。①

(二)法院的禁令过于宽泛

在该案判决中，法院批准了初步禁令，命令Loftus及其律师将Unum Group的所有文件(无论是纸质版还是电子版)交给法院，销毁Unum Group文件的所有副本；在未经法院明确许可的情况下不得向任何第三方(可能包括政府)提供任何Unum Group的文件；且进一步命令Loftus及其律师提交一份宣誓书，说明Unum Group的文件是否已被给予第三方，如果是，则给出所提交文件的情况。② 上述一系列过于宽泛的救济令，很可能使得国会制定的这一免责制度成为泡影。

(三)不应考虑前雇员是否已实际提起诉讼

与Christian v. Lannett Co., Inc.一案相比，Unum Group v. Loftus一案中前雇员没有对公司提起过指控违法的实际诉讼，③不过几乎所有的告密人诉讼都是以上述这样的方式开始的。例如，《虚假申报法案》(*False Claims Act*)中的告密人免责法规和保护，授权关系人在政府调查指控期间，向政府提交盖章的物证和资料，并在没有向被告提供的情况下，以密封方式提起诉讼。密封的目的是保护政府的调查，这种调查通常(并且理想上)是在不通知被告的情况下进行的。④

五、对我国的启示与借鉴

2018年1月1日新施行的《反不正当竞争法》，对于侵犯商业秘密的行为，在原有法律基础上又作出特别规定。第9条第2款增加了“商业秘密权利人的员工、前员工或者其他单位、个人实施违法行为”的规制。⑤

---

① Peter S. Menell, *Misconstruing Whistleblower Immunity under the Defend Trade Secrets Act*, UC Berkeley Public Law Research Paper No.2893181, Posted: 6 Jan 2017.

② 220 F. Supp.3d 143 (D. Mass. 2016).

③ Scott E. Atkinson, *Defend Trade Secrets Act First: Claim Tossed Based on Whistleblower Immunity* [EB/OL].(2018-04-23), https://www.tradesecretslaw.com/2018/04/articles/dtsa/defend-trade-secrets-act-first-claim-tossed-based-on-whistleblower-immunity/，下载日期：2018年6月20日。

④ Peter S. Menell, *Misconstruing Whistleblower Immunity under the Defend Trade Secrets Act*, UC Berkeley Public Law Research Paper No.2893181, Posted: 6 Jan 2017.

⑤ 即“第三人明知或者应知商业秘密权利人的员工、前员工或者其他单位、个人实施前款所列违法行为，仍获取、披露、使用或者允许他人使用该商业秘密的，视为侵犯商业秘密”。

虽然该条款没有在法律字面上明示将员工和前员工纳入侵犯商业秘密行为的主体，但考量到 2017 年法律修订的重要意图是加强商业秘密的保护，而不是削弱保护，[①]且国际上侵犯商业秘密的行为主体通常系指员工或前员工，[②]那么作为商业秘密保护生态链中一个不可或缺的重要环节，应当将员工纳入《反不正当竞争法》第 9 条第 1 款的侵权行为主体。

我国目前尚无专门的商业秘密单行法，对商业秘密的保护缺乏统一体系的规制，也留有许多空白。其中之一就是偏重于一味地加强利益保护，而忽视了对其进行限制。商业秘密所有人能有效利用商业秘密获取竞争优势。在市场利益驱使下，我们要格外注重其利用优势地位滥用商业秘密的可能。商业秘密保护措施和侵权补救措施的实施，必须符合满足市场经济发展和创新顺利的目的，同时不会危害其他主体利益和公共利益的原则。[③] 因此，从与竞争者利益、公共利益相均衡的角度考虑，商业秘密法需要对商业秘密权人的权利有所限制。[④]

我国在商业秘密保护中，应当考量引入告密人免责制度。从侵权责任上说，豁免通常适用于完全不知情地获取、使用或披露商业秘密的行为人。从适用条件上讲，豁免可参考“公平和诚实披露”标准，如果行为人披露商业秘密是出于揭露或调查涉嫌不当行为或非法活动的目的，可适用有限制的豁免。司法机关在商业秘密诉讼程序中应允许采取相应的保密措施，只要商业秘密持有人有正当理由保持被诉商业秘密的保密性并限制其披露，以达到必要的诉讼目的。[⑤]

① 孔祥俊:《新修订反不正当竞争法释评(下)》，载“上海交大知识产权与竞争法研究院”微信公众平台。

② 郑友德、王活涛:《新修订反不正当竞争法的顶层设计与实施中的疑难问题探讨》，载《知识产权》，2018 年第 1 期。

③ 徐瑞:《商业秘密的保护与限制》，载《知识产权》2015 年第 1 期。

④ 冯晓青:《试论商业秘密法的目的与利益平衡》，载《天中学刊》2004 年第 6 期。

⑤ 李薇薇、郑友德:《欧美商业秘密保护立法新进展及对我国的启示》，载《法学》2017 年第 7 期。

基于区块链技术的版权登记问题研究*

■贾引狮**

摘　要：版权自作品创作完成自动取得，作品的登记不是版权取得的必要条件。但是，版权登记是版权权属和维权的初步证据，是版权交易的起点，创作者有动力去登记版权。基于区块链技术的版权登记可以有效解决传统版权登记费用高、期限长等问题，并在技术层面上增加登记的公信力，版权登记数据库会更安全。但是，区块链版权登记无法解决作品的"独创性"问题，难以解决登记作品的创作者身份认定问题，难以解决版权登记效力的公示公信问题，短期内也难以获得传统官方版权登记机构的法律地位。从促进区块链版权登记产业发展角度看，当前我们必须突破区块链版权登记的技术障碍，处理好与传统版权登记机构的关系，要加强合作解决行业面临的共性问题。我们应当以包容的心态、辩证的思维看待版权登记中的区块链技术应用前景。

关键词：区块链；互联网；版权登记；辩证思维

Research on Copyright Registration Based on Blockchain Technology

Jia Yinshi

Abstract: Copyright has been obtained automatically since the creation of the work, and registration of the work is not a necessary condition for obtaining copyright. However, copyright registration is a preliminary evidence of copyright ownership and rights protection, and also is the starting point of copyright transactions, which stimulate the creators to register their copyrights. Copyright registration based on blockchain technology can effectively solve the problems of high cost and long term of traditional copyright registration, and increase the credibility of registration on the technical level. The copyright registration database will be more secure. However, blockchain copyright registration cannot solve the problem of "originality" of works, and it is difficult to solve the problem of creator identification of registered works, It is difficult to solve the public trust issues of the validity of copyright registration, and it is difficult to obtain the law of traditional official

---

* 基金项目：2017 年度教育部人文社会科学研究青年基金项目"互联网环境下版权交易规则体系构建研究"（课题编号：17YJC820017）。

** 贾引狮，厦门大学知识产权研究院 2017 级博士研究生，桂林电子科技大学法学院副教授，研究方向：知识产权法。

copyright registration agencies in the short term. From the perspective of promoting the development of the blockchain copyright registration industry, it is necessary to break through the technical obstacles to the blockchain copyright registration, and handle the relationship with the traditional copyright registration agencies. It is necessary to strengthen cooperation to solve the common problems in the industry. We should view the application of blockchain technology in copyright registration with an inclusive mentality and dialectical thinking.

Key Words: blockchain; internet; copyright registration; dialectical thinking

版权登记制度滥觞于 1790 年的英国《安娜女王法令》,该法规定,登记是版权取得的强制要件。但是,随着科技的发展和文化的繁荣,人们逐渐认识到创作作品是作者人格精神的延伸,不应该受到公权力的钳制与干预,因此,版权自动取得原则得以提出并在《伯尔尼公约》中予以规定,即著作权自作品创作完成即取得,版权登记不再是取得著作权的必要条件,版权登记自此摆脱了公权力的强制色彩,转化成为著作权人自由选择的权利公示路径。版权登记从广义上讲,既包括静态意义的版权权属登记,也包括动态意义的版权转让与许可登记、版权质押登记、版权出资登记等与版权交易有关的登记。

在当前网络版权交易剧增的背后,存在着大量的数字作品版权确权和授权纠纷、版权收益结算不畅、版权维权效果堪忧等一系列问题。网络著作权问题俨然成为互联网领域的"阿喀琉斯之踵",是当前版权运营和治理无法回避的内容。[①] 在诸多网络版权问题中,版权登记是版权确权、版权交易、版权维权的起点,很多问题的发生和解决均与版权登记密切相关。如果能够妥善处理版权登记问题,就会增加网络交易的作品版权的可信度,减少版权权属纠纷,为版权维权提供可信证据。

随着数字化和网络技术的迅速发展,作品的创作和传播速度、广度较以往印刷时代已不可同日而语,逐渐呈现出创作"去中心化"和传播的"去产权化"分享的新趋势。[②] 区块链(Blockchain)是近年来被认为最能体现"去中心化"的新一代互联网技术,并在解决互联网时代版权交易问题方面被寄予厚望。区块链技术是从最初建构比特币数据结构的底层技术涅槃而生,它通过密码学的方式形成了一个分布式的数据库,并由集体予以维护,通过加密保护的链条式区块结构和分布式节点共识算法,执行数据验证、存储、更新及脚步代码的编程和运行,具有去中心化、可信任、集体维护性、数据库可靠四大特征。[③] 其具有的防篡改、可靠性、不可逆,公开透明等优点,使得区块链有望成为改进现行版权登记缺陷的首选方案,而通过区块链技术有效解决互联网环境下的版权登记问题,则是当前网络版权交易亟待解决的首要问题。

---

① 汪涌、史学清:《网络侵权案例研究》,中国民主法制出版社 2009 年版,第 1 页。

② 熊琦:《社交网络中的著作权规则》,载《法学》2012 年第 11 期。

③ 袁勇、王飞跃:《区块链技术发展现状与展望》,载《自动化学报》2016 年第 4 期。

一、基于区块链技术的版权登记相比传统版权登记的优势

版权登记证书是版权权属、效力和所载事实的初步证据，在版权交易、版权的行政保护、司法保护实践中具有很重要的作用。如在我国的司法实践中，版权登记是确定版权归属的初步证据，是撤销或有效抗辩他人恶意申请外观设计专利和商标的直接证据，也是许可使用和转让版权的法律凭证，是无权利凭证的版权质押生效要件。版权登记在美国司法程序中的作用则更大，作品发表前或发表后5年内签发的登记证书将构成司法上的初步证据，如无相反证据，登记证书的内容一般会被法院推定有效；在具体的版权侵权诉讼中，版权登记证书是主张律师费和法定赔偿额的前置条件；同时也是海关采取边境措施打击境外盗版侵权的前提，根据美国《海关职责》规定，作品只有按照该国版权法进行了有效登记，才可以申请海关备案，海关根据备案后的作品可以采取包括禁止相似侵权作品入境、扣押销毁侵权作品等措施。① 正是版权在法律救济方面赋予的多种好处，仍刺激着任何认为其作品具有商业价值的著作权人，一有机会就尽早登记其版权。

（一）可以解决传统版权登记费用过高的问题

由于版权登记在减少侵权纠纷、促进版权流转、维护版权交易安全等方面的显著作用，目前世界上有100多个国家和地区建立了版权自愿登记制度。当今各国，传统的版权登记是政府向公众提供的公共服务，都不是免费的。在我国，文字作品、美术作品、音乐作品登记费用为300元/件，地图、示意图、设计图登记费用为500元/件，计算机软件的登记费用则包括登记费250元/件、登记证书费50元/件、变更登记费150元/件次、请求延期处理费第一次100元/件次，第二次200元/件次。在美国，美国版权局除提供最基本的作品版权登记服务，还提供版权转让或许可合同的备案、登记证书的附加证明、作品样本的长期保留等其他收费服务。作品的基本登记费用为35～85美元/件，但船舶设计登记费用为400美元/件，相关版权服务的费用更高，如作品样本的长期保留服务费用为540美元，作品登记的特殊处理服务费为800美元，提供查询报告服务费用则按照时间长短，费用在100～300美元不等。②

我们根据复回归分析（multiple regression analysis）可以评估登记费用的变化对版权登记所产生的影响。根据兰德斯和波斯纳的研究，版权登记费用与著作权登记数量之间存在相当显著的负相关关系，有关收费的系数会产生一个0.2上下的负弹性，这就意味着在收费上增加25%将导致版权登记减少5%以上，即使版权登记收费很低（如2000年一般作品的版权登记费用为30美元/件），主要原因在于大多数作品只具有微不足道的价值，在一个很低的费用上哪怕增加很小一点，也会促使许多著作权人对之寻求登记。③ 由此可见，传统版

① ［美］谢尔登·W.哈尔彭等：《美国知识产权法原理》，宋慧献译，商务印书馆2013年版，第182～186页。

② 美国版权局网站，https://www.copyright.gov/docs/fees.html.，下载日期：2018年3月26日。

③ ［美］威廉·M.兰德斯、理查德·A.波斯纳：《知识产权法的经济结构》，金海军译，北京大学出版社2016年版，第297～298页。

权登记费用高企阻碍了相当多的创作者登记版权，尤其是对于网络作者、知乎作者等，不完整的版权登记数据不利于文化市场作品创作数量、交易数量的统计，也给部分版权纠纷埋下了隐患。

传统版权登记费用高的原因主要有两个：一是各国传统的版权登记中心处于垄断地位，缺乏竞争，如我国是中国版权保护中心，美国是版权局，日本是文化厅；二是技术的限制和人工费用，传统的版权登记虽然现在也已经升级了网络登记系统，但是大多数的版权登记还需要人工处理，比如美国版权局约有300名工作人员处理版权登记。约翰·希克斯曾说过“垄断利润的最大好处是安静的生活”，这种安静的生活，对垄断者而言则是可以懈怠，不用费劲心力去降低成本和提高效率，即“享受”列本斯坦所谓的X－非效率。

区块链是自动运行的程序代码，可以依靠计算机算法不知疲倦地处理数据，可以7＊24小时全天候地处理版权登记事务，比现在的版权登记中心模式以及版权代理登记等发生的成本要低得多。基于区块链技术的版权登记可以大幅度降低登记成本，据测算，基于主链的版权登记可以低至人民0.4元/件，基于侧链的登记成本则更低。目前，很多区块链平台为了商业营销的需要，在提供版权登记服务时都是免费的。

（二）从技术角度有助于提高版权登记的可信性

目前各国的数字版权保护方法(DRM)都是集中登记模式，本质是一种权威管理机构授权的中心化版权管理机制。版权登记机构对提交的作品材料进行形式审查后没有发现明显问题，就会颁发登记证书。由于缺乏实质审查，加之缺少大数据搜索技术平台的应用，使得更多版权纠纷仍有待法院的进一步认定，这一定程度上使得权利人的举证能力并没有得到有力提高。

但是，基于区块链技术的数字版权登记则提供了一个去中心化的版权登记新模式，可以有效提高版权在线登记的公信力。根据图1所示的技术架构，区块链版权登记流程可分解为“用户发出登记请求—矿工节点处理登记请求并存储登记记录—向用户提供版权登记数字证书”三个阶段。第一阶段，用户发出登记请求。首先由用户在客户端输入具体字段值生成登记数据，然后通过区块链远程过程协议(RPC，即 Remote Procedure Call Protocol)接口发送至区块链网络之中，区块链网络则调用智能合约将版权登记信息写入新的区块并链接至区块链网络中。第二阶段，矿工节点处理登记请求。主机节点在接收到用户提起的登记请求后，矿工通过工作量证明机制争取创建新区块的权利，得出正确哈希值的矿工打包数据块并加盖时间戳，向全网广播并由所有节点进行核对，全网节点核对正确后，该区块合法记录到区块链中，①至此新的版权登记信息被写入区块链中予以全网存储。第三阶段，向用户提供版权登记数字证书。主机借助公钥与私钥的密码学技术结合时间戳，将区块链中新登记的版权信息形成唯一的计算机编码，向用户提供版权登记的数字证书。

整个区块链网络中，矿工节点将某个时间点接收到的版权权属登记或版权交易登记和智能合约代码封装到一个版权区块中，并加盖时间戳，区块链网络中的其他节点将对区块进

① 张岩、梁耀丹：《基于区块链技术的去中心化数字出版平台研究》，载《出版科学》2017年第6期。

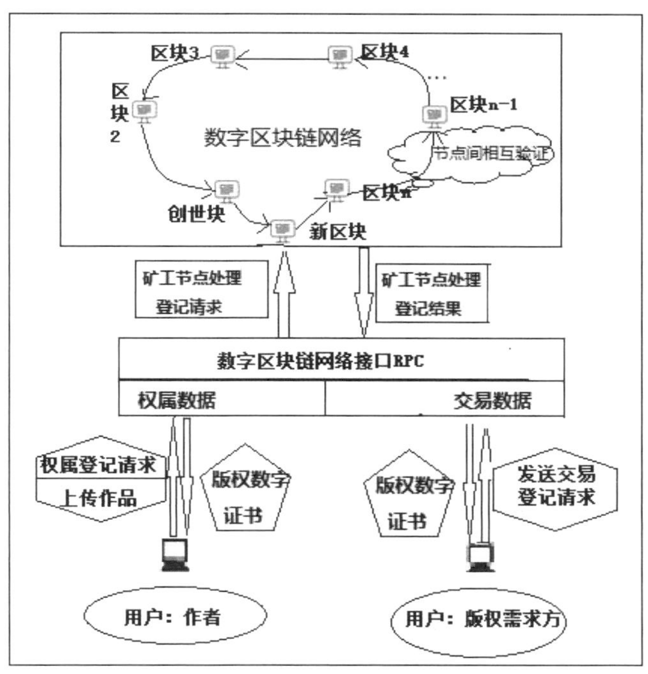

图 1　区块链版权登记技术架构示意图(根据公开资料整理)

行有效性验证，并按照时间顺序进行哈希衔接，并产生最新区块链，在各个节点同步。[①] 与传统版权登记相比，区块链版权登记在技术上更具公信力的根本原因在于：它可为特定时间点的版权登记提供独一无二的证明，且在区块链网络中有更多的节点可以为之证明。时间的不可拟性保证了历史区块中的登记数据不能被篡改和删除，最大化地保障了版权登记数据的真实性和可溯源性。区块链通过构建一个公信的交易平台把分散的数据全部集中展示，从而助力精准交易，实现作者、著作权人、服务商的多向共赢。[②]

(三)版权登记数据更加安全

传统的版权登记系统都是以中心服务器为核心进行架构，所有的版权登记数据均集中存储，数据的安全性完全建立在中心服务器的基础之上。现实生活中的数据篡改或泄漏几乎都是黑客对中心服务器的攻击所致，如 CC(Challenge Collapsar)攻击、SQL(Structured Query Language)注入攻击、DDos 供给等。2017 年，在我国就发生了多起针对中心服务器的黑客攻击事件，如浙江永嘉黑客通过篡改和干扰百度搜索引擎后台数据，扰乱百度搜索引擎排名规则，非法获利 7000 万元；河北邢台一黑客团伙入侵政府网站，篡改数据，在线下伪造相应证件牟利，非法获利 8 万余元。

但是，基于区块链技术之上的版权登记系统是建立在去中心化的模型之上的，支持区块链版权登记的最重要的数据即时间戳和哈希树根值存放于多个服务器的节点之中。根据图

---

① Garay J A,.Blockchain-based consensus, edited by proceeding of the 19th international conference on principles of distributed systems(ed.),2016,pp.2-4.

② 刘德生、葛建平、董宜斌：《浅议区块链技术在图书著作权保护和交易中的应用》，载《科技与出版》2017 年第 6 期。

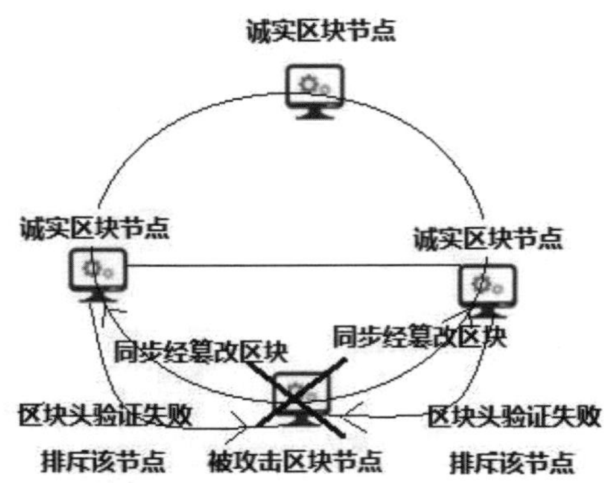

图2　区块链版权登记安全示意图(根据公开资料整理)

2所示的区块链安全示意图,即使黑客侵入了网络中的几个区块,也会因为无法通过其他诚实区块节点的验证而被排斥,不会影响整个版权登记系统的运行。而且区块链中的登记数据信息通过私钥予以加密传输和存储,从而保证了数据的机密性。这样的数据安全验证与防范机制,有效地避免了针对传统版权登记数据库的攻击。①

此外,应当予以特别说明的是,区块链中的版权登记数据不能篡改与正常删除或修改版权数据中的某些字段值是不矛盾的,否则作者将无法修改上传作品的版权信息或署名。其实,区块链不仅能记录版权登记的原始数据,更能记录后续某个字段被修改的过程,而这些记录都是不可删除或修改的。所以,我们最终可以在区块链系统中查询到某个作品版权权属的最初登记数据、更改后的版权登记数据以及修改的记录,最大化地保障了版权登记数据的可溯源性。相比于区块链的版权登记,传统的版权登记数据库很难保存某个字段值的历史修改记录,数据记录的可溯源性差,自然就会降低版权登记的可信性。

二、区块链技术难以解决网络版权登记的痛点

(一)难以解决登记作品的"独创性"问题

在版权法上,创作成果只有符合"独创性"的实质要件才能称之为作品。"独创性"中的"独"是指源于本人的独立创作,如果是在他人作品的基础之上进行的再创作,则新作必须与原作比较后有可客观区别的变化,且区别不能太过细微。"独创性"中的"创"是指最低限度的智力创造性,具备高度的美学或文学价值并不是作品构成的必备条件,但是,创造性也不能太过于微不足道,以至于创造成果被认为缺乏最基本的美感价值或过于平庸。② 因此,"独创性"必须从客观和主观两个方面予以认定,即文字、图片、图形、符号、音律等元素的表达形式必须经独立创作完成且具有差异性和非模仿性(非抄袭性)。

区块链版权登记的一个最重要的数据就是哈希数根值,登记成功的每个作品都对应一个确定的哈希值,对作品中的某个元素进行任何轻微修改并予以登记后都会得到一个新的

① 李悦、黄俊钦、王瑞锦:《基于区块链的数字作品DCI管控模型》,载《计算机应用》2017年第11期。

② 王迁:《知识产权法教程》,中国人民大学出版社2016年版,第30～35页。

哈希值。但事实上，很多作品元素的轻微修改，因缺乏与原创作品的非区别性，不能满足作品的“独创性”要件，很难成为一个新的作品，仍应受到原作品的版权控制，不应进行版权登记，但其在哈希值上的反映是完全不同的，[①]必然会产生错误的登记。本来，区块链版权登记相比传统版权登记更具有证明优势，该优势是建立在作品与哈希值之间唯一对应的理想状态之下，但事实上，两部区别不大的作品却得到了两个不同的哈希值，区块链版权登记具有的技术优势反而成为自身的劣势，这颇具讽刺意味。

此外，区块链版权登记的只是某个创作成果的创作者、具体表达形式、上传时间等信息，但该创作成果能否达到“独创性”的要求，区块链技术也是无能为力的。在司法实践中，区块链版权登记的权属证明力有限，提供的电子证据难以达到“高度盖然性”的证明标准，作品是否符合“独创性”的标准只能由法官裁定。如果将“独创性”认定完全寄托在不同的哈希数值上，只能注定是区块链版权登记平台的一厢情愿，也是区块链技术不能承受之重。

（二）难以解决登记作品的创作者身份认定问题

自古以来，署名被认为是明确作品创作者的天然形式。基于区块链技术的版权登记系统，对作者的身份认定还是根据作品上的署名予以确定，或者让作品上传者签署著作权“独创性”声明。但本质上，由于版权客体的无形性，权利人无法通过有形占有来宣示占有，只能通过署名的形式对自身著作权进行拟制占有。但是，署名更是一种私主体行为，没有信服的第三方作为中介为作者身份的真实性背书，因此，版权登记中的作品署名只具有推定的法律效力，在司法实践中还需要其他证据予以证明。

在当今技术革新与知识爆炸的年代，匿名、冒名、署假名的现象比比皆是的情形下，区块链作品资源数据库中的作者身份也仅具有推定效力。如果某人将他人的作品以自己的名义在区块链平台上登记，就会得到唯一的哈希数值，区块链平台会自动认定该登记者就是作者，但事实并非如此，且涉嫌侵犯真实作者的署名权。如果未经许可将他人的作品进行改编后形成的演绎作品在区块链平台登记并予以交易，就会形成不同的且唯一的哈希值，区块链平台自动认定该登记者就是演绎作品的作者，事实上未经许可进行改编侵犯了原作者的演绎权，对演绎作品的授权许可不但需要演绎作品作者的同意，还需要原始作品作者的同意，否则属于侵权行为。

此外，我国《著作权法》规定作者是指创作作品的公民，同时还规定了作者身份的推定规则，即在没有相反证明的情况下，在作品上署名的公民、法人或非法人单位被推定为作者。因此，如果在实践中发生了作者身份的争议，争议向对方往往会提供相反的证明，此时则必须通过确权诉讼程序才能证明作者的身份。因此，区块链版权登记所确定的作者身份，在司法实践是很难直接作为电子证据予以使用的，这一问题单靠区块链平台自身是难以解决的。

（三）难以从根本上解决版权登记效力的公示公信问题

关于登记行为的法律效力，我国《物权法》有完善的法律制度，其中具体规定了动产的登记对抗主义和不动产的登记生效主义两种模式，物权登记在司法实践中具有较高的权利公示效力，有利于促进交易的安全，提高了物权登记的积极性。但是，由于版权交易是建立在作品载体可以与财产性权利分离的前提之下，版权的交易不涉及载体的移转，权利的变动是

---

① 赵丰、周围：《基于区块链技术保护数字版权问题探析》，载《科技与法律》2017 年第 1 期。

建立在“以用设权”而非“以物设权”的基础之上，因此，从理论上讲，版权交易的登记难以起到不动产登记的法律效力，其公示效果在版权交易实践中的作用有限，也难以有效防范版权交易风险。

为此，我国《著作权法》中至今没有版权权属登记、交易登记效力的任何规定，唯一可循的是《著作权质权登记办法》中有关版权出质登记的效力规定。该办法于2010年由国家版权局出台，其中第5条规定：“著作权质权的设立、变更、转让和消灭，自记载于《著作权质权登记簿》时发生效力”，也就是说，版权质押采取登记生效主义。但是，该登记办法只能适用于版权质押领域，且只是部门规章，不具有法律的效力，在实际生活中发挥的作用极其有限。

因此，根据我国《著作权法》的规定，版权登记的公示公信制度仅能证明某作品进行过版权登记，却不能赋予版权登记以法律效力。版权登记仅仅具有版权权属的初步证据，版权登记效力的缺失不利于版权交易的安全、高效进行，版权交易过程中的一权多卖、多重买卖等纠纷屡见不鲜，这也是很多权利人不愿进行版权登记的原因之一。

与传统的版权登记相比，区块链版权登记因为多个节点可以证明版权登记的事实，从技术的角度来看，具有更高的公信力，但仅具有技术上的意义而已。从司法实践来看，区块链的版权登记并不具有直接的法律效力，也只能作为版权维权的辅助证据使用。在我国，缺乏区块链版权登记的效力和电子证据的相关规定，基于区块链技术的电子证据在版权侵权纠纷中的适用还存在诸多问题，公证效果有限。例如，华盖创意公司诉黎明之家公司版权侵权案中，北京知识产权法院认为：“认证行为针对的只是上传时间，而非文本本身，仅能证明原告在其申请认证的时间将相关文件上传至该机构网站，由于该文件来源和操作过程均由原告单方控制和操作，缺乏第三方的有效监督，因此无法保障光盘内容的客观性、公正性、合法性。在被告对该证据不予认可的情况下，本院对原告的证明目的不予认可。”[①]

(四)短期内难以获得传统版权登记机构的法律地位

即便作品的登记不是版权取得的必要条件，但是由于版权登记具有权属推定的效力，这促使创作者为许多有价值的作品前往登记机构予以登记。世界上大部分国家都是通过立法的形式授权某个机构办理版权登记，被授权的机构因此获得了国家的公信力。

按照美国《版权法》的规定，美国国会图书馆下属的版权局管理版权登记和样本交存系统。作品版权登记并伴以交存作品样本，为作品版权利益的记录和推定性公告提供了一个中心化的场所，而且该机构还确保作品样本的公开查阅。基于“怀疑规则”[②]，只要有至少一项合理的理由支持可版权性，即可给予登记，因此，绝大多数的登记申请都能得到准许。而且，如果版权局长拒绝登记，申请人可向联邦法院起诉。在我国，根据《作品自愿登记试行办法》和《著作权质权登记办法》，地方版权局负责本辖区的作者或其他版权人的作品登记工作，国家版权局负责境外作者或其他版权人的作品登记工作，国家版权局负责版权质权登记

---

① 北京知识产权法院(2015)京民终字第1868号判决书。

② 按照美国版权局创立的“怀疑规则”(rule of doubt)，在版权登记过程中，即使版权局对一项申请的可版权性持有合理的怀疑，总是倾向于将怀疑利益给予登记申请人，并准予登记。同时，版权局可以申明这一怀疑，并就此向申请人发出警示函。参见 Herbert A. Howell 的美国众议院报告 REP.No.388，103d cong.，1st sess.18 (1993)。

工作。实践中,国家版权局将登记工作转移给其直属事业单位——中国版权保护中心办理。在韩国,韩国著作权委员会(Korea Copyright Commission,KCC)则根据该国《著作权法》第112条第1项的规定,负责该国的版权登记事务。

当前,从事区块链版权登记的主要是民间机构,比如,中国就有小犀智能、太一云科技、纸贵科技、安妮股份公司,美国则有Codex Protocol公司、Blockai公司、Benji Rogers公司等。与传统的版权登记机构相比,从事区块链版权登记的机构仅具有技术上的优势。传统的中心化版权登记机构从事业务活动的权力来源于法律的直接规定,其签发的登记证书背后依靠的是国家公信力。关于传统的版权登记行为的性质,有专家指出,它既有民事事实,也有行政行为。而从民事主体实施行为的角度看,其属于民事事实;从行政机构进行形式审查并接受登记的角度看,则是国家行政管理机关依申请做出的一种具体行政行为,其体现了国家行政权力对版权形成和变动关系的合理干预,属于行政确认行为。[①] 传统版权登记机构行政色彩较浓,做出的版权登记具有政府的公信力,这是当前民间区块链版权登记机构难以望其项背的主要障碍之一。在版权纠纷的司法实践中,法官要考虑证据的来源、证据提供者的身份背景、证据采集过程等,区块链版权登记的法律效力相比传统版权登记不占优势。在美国,目前区块链的版权登记还不具有版权局注册登记的法律效力,Blockai公司特别希望数字指纹能和生物指纹具有同样的法律效力,但前景渺茫,除非国会修改《版权法案》。[②]

三、促进区块链技术在网络版权登记应用中的建议

与传统的中心化版权登记依靠国家公信力相比,基于区块链的版权登记可以"自证清白",在证据的证明力上具有技术优势。从现实角度来看,区块链版权登记要得到社会的广泛认同还需要假以时日,法官在司法实践中接受区块链版权登记的效力还需要很长的路要走。未来要推进区块链版权登记的落地推广,以下两个方面需要考虑。

(一)区块链版权登记的相关技术障碍仍待突破

任何技术都不是绝对安全的,区块链技术也是如此。非对称加密技术是区块链安全的保障支撑,盾愈坚、矛愈利,随着计算机算法和密码学等反制技术的迅速发展,区块链所依赖的安全机制将面临巨大的调整。区块链版权登记系统依靠公钥+私钥的方式向创作者发出版权唯一的数字证书,但是公钥地址的存在很有可能成为黑客攻击的突破口。

此外,区块链的效率受制于区块的容量。如用OP_RETURN将数字作品制作ID加密并存储在区块链中,按照比特币协议,其最大容量为40字节,随着海量版权登记数据的存储,对存储空间的要求将会越来越大,这也直接影响着大规模版权登记的应用。

另外,区块链技术的高能源耗费问题也不容小觑。区块链的去中心化的数据存储要求高容量的存储资源,这会造成严重的存储资源浪费,且版权登记及交易信息交互需要进行数

---

① 齐爱民、彭振:《我国计算机软件著作权登记机制的反思与完善》,载《河北法学》2013年第5期。

② Lance Koonce, Could a Blockchain-Based Registry Ever Replace the Copyright Office?, http://www.8btc.com/blockchain-based-registry,下载日期:2016年3月21日。

据加密、哈希算法又需要大量的算力,[①]数字版权登记是否愿意承担巨量的电力资源消耗也是问题。区块链是一种向全网同步传播消息的广播方式,这种方式很容易带来广播风暴,对底层网络带宽的消耗过大,容易导致网络性能下降甚至瘫痪。[②]

区块链技术在理论上存在的"不可能三角"悖论,即区块链的应用目标只能在去中心化、高效率低能耗、安全三个方面选择其二,[③]阻碍了版权登记的大规模应用。而要打破这一悖论,尚赖于区块链技术的纵深发展和应用场景的测试。

(二)要处理好与官方版权登记机构的关系

针对互联网带来的技术红利,各国官方的版权登记机构也正大力推行网络版权登记系统,提高版权登记效率。如美国版权局开发了网上版权登记系统,为了鼓励社会公众逐步适应和选择高效的网络在线登记系统,规定传统纸质介质登记费用明显高于在线登记费用,通过调整费率以降低传统版权登记的工作负担,且成果显著。在2016年,美国版权局共受理了版权登记申请46.8万件,其中91%来自网上登记系统。[④] 中国版权保护中心近年也应用了"著作权登记管理信息系统",推进版权登记工作的标准化、规范化和信息化建设,提高了版权登记效率。

传统官方版权登记机构通过应用在线登记系统,开发大数据平台努力做到"去伪存真",且已经公开的版权登记数据本来就不惧盗取,只要做好数据安全保障数据不被篡改即可。那么,随着传统版权登记机构的技术应用改进,我们还需要区块链版权登记吗?

区块链版权登记有其去中心化、可信任、数据库可靠等技术优点,还可以解决当前传统版权登记的收费高、效率低等问题,而且有利于协同作品、小微作品的网络登记与交易,自有其存在的合理性。面对版权登记市场的"大蛋糕",权利人不会情愿去重复登记,因此,区块链版权登记机构与传统官方版权登记机构之间必然存在着市场竞争关系。同时,双方也有互相合作的需要,如官方版权登记系统也可以引入区块链技术,解决自身在版权登记方面的"顽疾",可以将区块链民间登记机构纳入自己的版权登记节点;区块链民间登记机构由于自身没有国家公信力的背书支持,也需要与官方版权登记机构合作,获取官方的登记数据,以提高自身版权登记数据的准确性和公信力,以"润物细无声"的缓释方式逐步进入社会才是其发展之道。

在我国实践中,存在着版权登记多头并行的混乱局面,中国版权保护中心和各省、自治区、直辖市版权局早已突破《作品自愿登记试行办法》中规定的登记权限范围,中国版权保护中心在全国多地设立登记分中心,不同的版权登记机构业务存在交叉,各登记主体各自为政,各行其是,登记信息无法得到有效汇集和分享,重复登记现象严重,权利人与司法机关在面对不同登记机关的登记时往往陷入迷茫与质疑,尤其在发生版权纠纷时,版权人在某地的

---

① 聂静:《基于区块链的数字出版版权保护》,载《出版发行研究》2017年第9期。

② 鲁畅:《从无大同世界 区块链去中央化不是无国界》,http://server.zol.com.cn/630/6304619.html,下载日期:2017年3月10日。

③ 陈一稀:《区块链技术的"不可能三角"及需要注意的问题研究》,载《浙江金融》2016年第2期。

④ 马力海、李劼:《美国版权登记呈现六大作用》,载《中国新闻出版广电报》2017年10月12日第4版。

登记证书常常得不到异地司法机关或相关机构的认可,导致登记缺乏权威性和严肃性。[①]各个区块链版权登记的民间机构如果再各行其是,则会给原本就混乱的版权登记体系带来更大的紊乱,不利于版权登记市场的健康发展。因此,在我国,区块链版权登记民间机构更应该与官方版权登记机构有效衔接,公平竞争,相互协作。

(三)区块链版权登记平台要加强合作,解决行业的共性问题

在互联网时代,任何新的商业模式的出现,都会吸引大量资本涌入,其结果便是很多平台参与竞争。当前,我国已经开展区块链版权登记的平台如雨后春笋般出现,且竞争有加剧的趋势。实际上,该行业面临着共同的问题:各个平台采用的技术标准各异,核心技术、必要标准受制于人,整个行业的公信力亟待提高,司法实践中的证明效力需要提升,整个行业还面临着共同的技术障碍等。这些问题都制约着区块链版权产业的发展,而这些技术问题单靠某个区块链平台是很难解决的。

此外,区块链平台如何携手将数字版权登记的市场“蛋糕”做大,也是当前各区块链平台应该正视的问题。因为互联网时代有其自身的经济逻辑,其逻辑基础就是梅特卡夫定律——网络价值是参与者人数的平方量级。我们根据该定律可立即推演出“网络外部性”:人们加入一个网络的私人收益与已加入人数正相关,而加入网络的私人收益小于社会收益。[②] 对于区块链版权登记平台而言,“双边网络外部性”就意味着,加入该平台的创作者的收益与平台的潜在收益之间乃是一种“鸡生蛋,蛋生鸡”的正反馈过程。

因此,在面对行业存在的共性问题时,需要各区块链版权登记平台组成产业联盟,并由产业联盟制定统一的技术标准和版权登记规则,避免各自为战,向社会普及区块链版权登记知识及应用,争取以“同一个声音”向政府及司法系统提出自己的诉求。

综上所述,传统的版权登记模式虽有缺点,但其基本满足了当前的文化市场需求,由版权登记引发的矛盾并不是特别突出。传统的版权登记制度也没有发展到必须全盘否定、推倒重建的地步,对区块链技术的需求并不是十分迫切,各类媒体上有关区块链版权登记的应用有过度炒作的嫌疑。随着互联网时代的到来,版权演化出来的协同作品版权、小微作品版权也许才是区块链技术的真正用武之地,我们也非常乐见区块链技术在构建融合原创作品创作者、制作者、发行者、用户等全产业价值共享平台的过程中“大显身手”。目前,区块链在整个版权产业的应用还处在初级阶段,区块链的基础设施还不完善,我们既要抓住区块链在版权登记及交易领域的发展机会,也要理性看待基于区块链技术在版权登记中存在的问题,避免过度炒作带来的投资风险。未来的区块链版权登记也必须要与各国的版权法律、人文等因素相匹配,否则,区块链版权登记再有技术优势,也没有发挥其潜力的空间。

---

① 冯晓青:《我国著作权登记制度及其完善研究》,载《邵阳学报》2014 年第 2 期。

② 寇宗来:《互联网平台没有“安静的生活”》,http://www.ftchinese.com/story/001076723,下载日期:2018 年 3 月 15 日。

会议综述

“一带一路”与国际知识产权问题研究
——“改革开放40周年知识产权法治发展论坛”会议综述

■王　俊　董慧娟*

2018年11月2日下午,值厦门大学知识产权研究院建院10周年之际,“一带一路”与国际知识产权问题研究——暨“改革开放40周年知识产权法治发展论坛”在厦门国际会展酒店隆重举行。中国知识产权法学研究会刘春田会长、中国社会科学院知识产权中心李明德主任主持本次论坛,来自中外知识产权界的百名专家学者应邀出席,共同就加强知识产权的创造、运用、保护的前沿问题进行研讨,旨在秉持“一带一路”建设共商、共享、共建的原则,完善国际知识产权保护机制,营造更加互信互利、相知相交的营商环境和创新环境,让“一带一路”沿线国家的人民共享建设成果,也为全球治理体系的完善提供新的方向。

论坛的第一部分为主旨演讲,主持人刘春田教授首先分别介绍了来自德国慕尼黑大学法学院的Matthias Leistner教授和新加坡管理大学法学院的刘孔中教授两位演讲人。

Matthias Leistner教授带来了题为“大数据:现有的规制环境和可能的改革需求”的主旨发言。Leistner教授首先从物联网、应用层、机器学习、云服务、后台基础设施、大数据下的价值链等方面对工业4.0和大数据的背景作了简要介绍;然后主要从版权、数据库特殊权利、商业秘密、合同/数据版权管理/事实上的独占权以及数据可携权这五个方面结合案例进行了详细的解说。对于版权保护方面,Leistner教授探讨了大数据是否是电脑程序、汇编作品或数据库作品等问题。他认为,由于版权保护的主题与保护范围难以在诉讼中完全解决,版权法没有强制性或法定的二次使用许可,因此,版权法在大数据保护问题上发挥的作用可能是有限的;对于数据库特殊权利,Leistner教授从美国、日本与欧洲对合理使用、文本与数据挖掘(TDM)例外、访问上的限制与例外等方面进行了介绍;对于商业秘密保护层面,Leistner教授对美国、欧洲与中国商业秘密保护的立法进行了介绍,重点从包含反向工程的

* 王俊:厦门大学知识产权研究院助理教授;董慧娟:厦门大学知识产权研究院副教授。

合法使用、员工的流动性与言论自由等方面介绍了商业秘密保护中的限制与例外;对事实上的独占权方面,Leistner 教授提出现有的知识产权可能会加剧已经事实上通过所有权和合同来解决的访问问题,而从目前的状况看合同是解决数据访问问题的最优选择。针对数据可携性问题,Leistner 教授主要介绍了《欧盟通用数据保护条例》(GDPR),指出 GDPR 对个人数据的定义非常广泛,数据可携性条款将具有相当广泛的应用领域,但也应该谨慎处理,未来非个人数据是否会推广到数据可携性需要深入探讨。

此后,针对大数据是否需要新的制度来保护的问题,Leistner 教授认为,结合现实中存在的多层系统保护下缺乏数据生成的激励问题,以及新市场中出现的和数据分布产生的主要包括数据质量、信息、可携性等问题,数据产权很难解决相当具体的问题。在现阶段,市场对合同法的需求更大。版权方面的免责条款需要灵活化,法定/强制许可可能是另一种选择。Leistner 教授最后指出各个国家应当相互借鉴可移植性规定,整合知识产权,形成针对大数据保护的新的规则,才能更好地利用平衡大数据与个人权利之间的冲突,促进知识产权的完善和发展。

新加坡管理大学法学院刘孔中教授就"贸易战、大数据与云算法"进行主旨发言。刘教授以目前中美贸易战作为本次讲座的切入点,他认为虽然贸易战不是知识产权研究的领域,但是从其自身的体会出发,贸易战会改变人们对知识产权法、竞争法的众多认知。中美贸易战的根本问题是数据经济的问题,因为现今世界货物贸易是自由的、技术贸易也是自由的,但是数据经济的贸易是不自由的,是高度管制的。从这个角度看,对应最近中美贸易战的发生过程,刘教授认为贸易战是必然发生的,同时也认为这对中国并非全无益处。如果中国能够恰当地运用贸易战进行经济转型或者产业升级,那么贸易战便是契机,这将会惠及全世界。接着,刘教授从 Internet 的发展进一步讲述了贸易战与大数据的关系。他认为目前一个及时的、全球性的、互联的时代已经实现,可是目前所有的机制治理仍以国别、国界为基础。只有通过全球治理的方式才能达到世界普惠。然后,刘教授从历史纬度分析了美国发动贸易战的发展脉络,基于此,刘教授判断信息贸易的改革开放时机已经出现,中国也已经做好了相当程度的准备,应开放信息产业,允许国外企业进入。之后,刘教授讲述了世界大数据、云算法的相关发展,认为真正驱动大数据的是算法,但是目前还不清楚此种运算方式到底为何物。而算法来源于基于个人数据库的运算。因此,数据信息应当共享,任何人都可以使用。另外,刘教授认为,所谓的企业社会责任不是空话,如百度、腾讯的数据是通过大量网友使用而获得的,基于数据产生的营收,是有法律上的义务跟大家进行分享的,网络公司应当开放其拥有的数据,某种程度来说,这是十分必要的。最后,刘教授以幸福空间诉谷歌案、欧盟对谷歌的调查为例切入讲述大数据、云算法以及反托拉斯的关系。他强调小企业如何对抗大企业是当前广泛面对的一个大问题。刘教授最后总结认为,大数据、云算法都是新的、有益的事物,关键是如何想出规则应对其带来的问题。一个客观的、值得信赖的机构来处理信息产业涉及的相关问题,可能是未来发展的趋势。

论坛第二部分由李明德教授主持。一共有来自国内外的 8 位发言人进行了主题发言。

首先由欧盟驻华代表团贸易处知识产权参赞何林豪先生以"一带一路下的商标保护"为题进行主题发言,他指出,商标的统一分类好处颇多,并以欧盟支持下实施的 Arise+IPR 计划为例,介绍了东南亚联盟各成员国的知识产权局实施的东盟知识产权行动计划,通过该计划改善该地区的知识产权保护水平。这些项目将有助于东盟各国知识产权局制定统一的商标申请实质审查的共同标准,从而实现东盟各国各司法辖区对商标审查的一致性评估,进而提高商标审查的质量和权利人的决策水平。他进一步介绍了该计划的开展情况,图文并茂地展示了当前取得的建设性成果。

北京大学法学院杨明教授以“知识产权的研究方法”为题进行主题发言。杨教授首先强调了研究方法的重要性,对于当前学界存在的教义法学和社科法学之争,他认为这一争论是伪命题,法学研究本身就是社会科学,所以讨论教义法学和社科法学实际不是在一个位阶层面进行的。同时,两种方法实际的作用或者说服务的目的是不一样的。我们在实际应用中不应该选择一个而排斥另外一个。杨教授进一步谈了学术研究中的方法运用问题。他指出,在面临具体的法律纠纷的时候,我们是通过找法、释法、运用法来解决具体的法律纠纷,解决的核心问题在于利益分配。尤其是在知识产权领域,在具体的纠纷解决过程中,我们往往需要其他的分析工具来提供一些帮助。在学术研究中,我们往往也需要跳出司法本身,当提出研究问题的时候,现行的法律或规则是否是最优的选择,如何判断最优,都需要借鉴其他学科里成熟的研究方法进行运用。最后,杨教授结合对法律条款解释存在的争议以及相关案例总结认为,社科法学并不等同于价值判断,教义法学也不是没有价值判断的,但在现实中教义法学的价值判断是非常虚的。方法问题中最重要的是重视逻辑。

武汉大学法学院宁立志教授以“中国反不正当竞争法的发展历程及未来展望”为题进行了主题发言。他回顾了改革开放以来,反不正当竞争法从初步形成竞争政策至立法、修法而不断完善的历程,指出竞争法几十年的发展首先是跨越了竞争的阶级性的障碍,不再谈竞争是否具有阶级性。而竞争法在发展中有三个背景:一是宏观经济形势的变化;二是大量的市场消极运行逐渐产生,催生了对反不正当竞争立法的需求;三是中国为谋求恢复关贸总协议的缔约国地位而与美国谈判形成了中美知识产权谅解备忘录,从而直接促成了反不正当竞争相关法律的出台。接着,宁教授总结我国的竞争法立法存在两个特色,即采用综合立法模式,反不正当竞争法下又包含了不少反垄断的条文,同时行政干预色彩浓厚,特别是在 2006 年和 2013 年形成了两个行政执法的峰值。宁教授还对近年来反不正当竞争领域的执法和司法过程进行了统计分析,指出发案频率最高的是混淆类案件,最低的是商业诋毁和商业秘密案件。罚没收入占案值比例在逐年提高,其中商业贿赂案处罚最重。在数据不正当获取、使用和公开等新类型的不正当竞争行为等方面,这仍有待反不正当竞争法的规制。通过上述统计数据,宁教授希望从中找到一些启示,从而为将来的立法和执法提供借鉴。

中山大学法学院李扬教授以“知识产权霸权主义及其应对”为题进行主题发言。他指出,20 世纪 80 年代后,美国推行霸权主义主要依靠知识产权。而且知识产权霸权主义具有很大的吸引力,主要原因在于知识产权本身具有吸引力,是创新创造的产物,而对国家来说,知识产权已经成为国家之间进行政治经济斗争的工具。对企业而言,知识产权也是最有力的武器。对个人来说,它也是聚集财富的手段。而对于怎样应对知识产权霸权主义,李教授指出,面对知识产权霸权主义,要用更高层次的创新来应对挑战。对于企业,李教授以中兴事件为例强调了合规和创新对企业发展的重要性,法治不但要遵守国内的法律,也要遵守国外的法律。而从国家层面来说,李教授指出,应反思国家创新政策,改革和完善包括补贴在内的创新政策,从而鼓励产业的创新发展。

华东政法大学知识产权学院王迁教授以“国际版权条约与我国著作权法的变迁”为题进行主题发言。他首先总结了著作权国际条约和我国著作权法之间的关系,即没有改革开放,我国就无法融入国际版权保护体系。没有加入国际版权条约,我国就不可能建立与国际接轨的著作权法。王教授进一步指出,高质量的著作权法需要对国际版权条约的透彻理解,并以我国著作权法对广播权的规定和现行著作权法中对古籍整理是不是作品的争议为例阐述了国际版权条约对理解我国著作权法的重要意义。此外,现在随着我国国力的增强,要积极参加国际版权条约的改革和发展,我国也想要对国际版权法体系产生影响。但这个前提是,需要对国际版权条约进行深入研究。王教授以《马拉喀什条约》为例介绍了中国为了解决让盲人和视障者以更低廉的成本获得作品,从而积极推动条约的通过,而该条约的通过主要依赖于我国对《伯尔尼公约》的深刻认识。

清华大学法学院崔国斌教授以“网络著作权法完善的当务之急”为题进行主题发言。崔教授首先指出,信息网络传播权的革新、网络实时传播的定性、网络服务商的注意义务、大数据保护的模式选择是目前我国著作权法修订中亟待解决的问题,并分别进行了简要阐述。接下来,他重点围绕网络数据保护问题展开论述。就现有的保护模式是否充分的问题,他认为已有的模式很多人并不知道,这实质体现了学科的差异和学术话语权的竞争;对于额外保护是否需要,他认为首先需要提出可行的额外保护方案才能进一步讨论额外保护的正当性;对于额外保护到底应该怎样保护,保护的权利内容是什么,崔教授重点从数据保护模式应采用“财产法”模式还是“行为法”模式的争议,分析了相关典型的意见。支持“行为法”模式者认为,财产权意味着绝对的支配,会影响数据的后续利用,而“行为法”的模式相对较窄,有利于数据的利用;支持“财产法”模式者则认为,该模式有利于数据的收集、流通,使得数据中介市场可以发展起来。崔教授认为,讨论“财产法”还是“行为法”的模式是个假问题,财产权的保护范围可以很宽,也可以很窄,关键在于“支配权”与“权利限制”的相互作用。若有必要,其可为数据定义很窄的排他权、较宽的权利限制;而产权化有利于数据市场的形成和运作。此外,绝大部分的数据都是以商业秘密的形式存在的。商业秘密是非常有效的工具,绝大部分行业都是在这个基础上来安排数据的收集和交易。通过商业秘密法来保护实际已成为数据保护的主要途径,且著作权法可以提供补充保护。

华东政法大学知识产权学院黄武双教授以“数据收集者权益的边界”为题进行专题发言。黄教授以“百度 V.大众点评”“新浪微博 V.脉脉”“HIQ V. LinkedIn”这三个中美不正当竞争案案例为切入点,分析了“淘宝诉美景公司”一案的法院判决,指出对于运营者收集、使用网络用户行为痕迹信息,除网络用户已自行公开披露的信息之外,应比照“网络安全法”关于网络用户个人信息保护的相应规定来规制相关行为。网络运营者公开使用或者许可他人使用其收集的网络用户信息,应征得被收集者的明示同意。黄教授指出,网络运营商对于原始数据仍应受制于用户提供的信息控制,不享受独立权利;应当厘清网络用户信息和原始数据网络的权利边界,经济利益区别于财产权利。最后,黄教授结合美国和欧盟解决相关问题的思路,认为从竞争法的角度,为数据的保护提供正当性是最恰当的。

中南财经政法大学知识产权学院彭学龙教授就“商标法修订的反思与展望”进行专题发言。彭教授首先介绍了商标法修订的背景,包括商标注册数量的跨越式增长,商标抢注现象频发。他指出,现在很多企业注册和使用商标是为了混淆而非区分,是产生当前商标乱象的根本原因。解决这一问题需要有一种产权机制使得企业之间能够更好地进行区分,从而使得企业更加具有耐心,能够更加关注长远发展。彭教授以商标连续三年不使用不赔偿这一具体问题为例,指出三年不使用的商标本身是可以撤销的,因此不仅仅是不赔偿,应该所有的请求权都丧失。

最后,本次论坛在厦门大学知识产权研究院林秀芹院长的总结性发言后圆满结束,林院长对主持人和 10 位演讲嘉宾精彩纷呈的发言表达了诚挚感谢。她指出,本次论坛所分享的中外观点及信息具有卓越性、先进性、前沿性,从欧洲知识产权保护的概览透视到中国知识产权领域的前沿理论,国内外卓越法律专家的精彩演讲,让大家受益匪浅,将对我国今后的理论发展和实践工作产生十分重要的指导性、示范性作用。本次论坛的选题具有新颖性,理论具有深远性,实践层面具有重大意义,中美贸易、商业秘密、大数据等都契合经济转型的实际问题,对知识产权法治建设和完善会起到重要作用,能够促使理论成果转化为生产力和竞争力。

附　　录

《中外知识产权评论》格式规范

为统一来稿格式，特制订本规范。

一、书写格式

1.来稿由题目、作者姓名、摘要、关键词、英文题目、英文姓名、英文摘要和英文关键词、正文构成（依次按顺序）。

2.须提供作者简介（姓名、出生年份［如（1975—　）］、工作单位、学历、职称、研究方向等）。作者简介，请以脚注方式（编号为星号的上标“*”）注明。如若为基金项目或资助成果，请注明项目或课题的级别、正式名称和编号（用圆括号注明正式编号）。

3.正文各层次标示顺序按一、（一）、1、（1）、①、A、a等编排。

二、字体、字号、行距等

论文中文题目采用三号黑体，中文摘要和关键词均采用五号宋体；正文部分统一采用小四号宋体，其中一级标题需加粗，其余各级标题无需加粗；英文均采用Times new roman字体，英文题目为三号，英文摘要和关键词用五号。

题目中若有副标题，副标题用四号仿宋，中文作者署名用小四号楷体。

除中英文题目需居中外，各级标题均无须居中。

行距：全文行距须统一，段前0行、段后0行、1.5倍行距。

三、注释

无须单列“参考文献”，注释中包括“参考文献”，两者合二为一、混合编号，严格依照正文中出现的先后顺序来计码。

1.注释采用带圆圈的数字字符，如①（上标形式），采用页下计码制（脚注），每页重新记码。注释码一般置于标点符号之后。

2.引用中文著作、辞书、汇编等的注释格式为：

（1）刘志云：《当代国际法的发展：一种从国际关系理论视角的分析》，法律出版社2010

年版,第1～2页。(注意:连续页码的注释法)

(2)王彩波主编:《西方政治思想史——从柏拉图到约翰·密尔》,中国社会科学出版社2004年版,第211、215、219页。(注意:非连续页码的注释法)

(3)姚梅镇:《国际投资法》(高等学校文科教材),武汉大学出版社1989年修订版,第×页。——不是初版的著作应注明“修订版”或“第2版”等。

(4)中国对外贸易经济合作部编:《国际投资条约汇编》,警官教育出版1998年版,第8页。

(5)前后连续引用同一本著作者,不可使用“同上,第×页”或者“同上”。

3.引用中文译著的注释格式为:

(1)[美]詹姆斯·多尔蒂、小罗伯特·普法尔茨格拉夫著:《争论中的国际关系理论》(第五版),阎学通、陈寒溪等译,世界知识出版社2003年版,第×页。

(2)联合国跨国公司与投资公司:《1995年世界投资报告》,储祥银等译,对外经济贸易大学出版社1996年版,第×页。

4.引用中文论文的注释格式为:

(1)陈安:《中国涉外仲裁监督机制评析》,载《中国社会科学》1995年第4期。

(2)白桂梅:《自决与分离》,载《中国国际法年刊》1996年卷,法律出版社1997年版。

(3)徐崇利:《美国不方便法院原则的建立与发展》,载董立坤主编:《国际法走向现代化》,上海社会科学院出版社1990年版。

(4)前后连续引用同一篇文章者,均须列出所引用论文的详细要目,不可使用“同上,第×页”或者“同上”。

5.引用中译论文的注释格式为:

樱井雅夫:《欧美关于“国际经济法”概念的学说》,蔡美珍译,载《外国法学译丛》1987年第3期。

6.引用外文著作等注释格式为:

(1)I. Seidl-Hohenveldern, *International Economic Law*, 2nd ed., Martinus Nijhoff, 1992, p.125.(注意:书名为斜体)

(2) Chia-Jui Cheng (ed.), *Clive M. Schmittoff's Select Essays on International Trade Law*, Kluwer, 1998, pp.138-190.[注意:编著应以“(ed.)”标出;外文注释的页码连接号为“-”]。

(3)若前后文引用同一本著作,均须列出所引用著作的详细要目,不可使用“*Id.*, p.3.”或“*Id.*”。

7.引用外文论文的注释格式为:

(1)M. Paiy, Investment Incentives and the Multilateral Agreement on Investment, *Journal of World Trade*, Vol.32, 1998, pp.291-298.(注意:报刊名为斜体)

(2)D. F. Cavers, A Critique of Choice-of-Law Problem, in Conflict of Laws, edited by R. Fentiman (ed.), New York University Press, 1996, p.69.[注意:载于论文集中的论文应标明“(ed.)”]。

(3)若前后文引用同一篇论文,均须列出所引用著作的详细要目,不可使用“*Id.*, p.3.”

或“*Id*.”。

8.引用网上资料的注释格式为：

(1)P. Ford, A Pact to Guide Global Investing Promised Jobs-But at What Cost, http://www.csmonitor. Com/durable/1998/02/25/intl. 6. htm.，下载日期：1998年2月26日。

(2)于永达：《国内外反补贴问题分析》，http://www.cacs.gov.cn/text.asp? texttype=1&id=1611&power，下载日期：2002年7月10日。

9.引用报纸的注释格式为：

(1)赵琳：《练好本领保家卫国》，载《厦门日报》1999年7月29日第2版。

(2)《韩国遭强台风袭击》(新华社汉城7月28日电)，载《厦门日报》1999年7月29日第8版。

10.引用法条的注释格式为：《中华人民共和国民法通则》第12条第1款。——条文用阿拉伯数字表示。

四、简称

如名称过长，可在括号内注明“(以下简称×××)”。

五、数字

1.年、月、日、分数、百分数、比例、带计量单位的数字、年龄、年度、注码、图号、参考书目的版次、卷次、页码等，均用阿拉伯数字。万以下表示数量的数字，直接用阿拉伯数字写出，如8650等；大的数字以万或亿为单位，如2万、10亿等。

2.年份要用全称，不要省略。

3.年代起讫、年度起讫用“—”表示，如1937—1945年、1980—1981财政年度。

《中外知识产权评论》编辑部